Die zivilrechtliche Pflicht zur unaufgeforderten Offenbarung eigenen Fehlverhaltens

von

Jochen Taupitz

J. C. B. Mohr (Paul Siebeck) Tübingen

Jochen Taupitz, geb. 1953 in Detmold. Studium der Rechtswissenschaft in Göttingen und Freiburg. Promotion 1981. Zweite juristische Staatsprüfung 1982. Habilitation 1988. Seit 1988 Universitätsprofessor für Bürgerliches Recht, Zivilprozeßrecht, Internationales Privatrecht und Rechtsvergleichung in Göttingen.

CIP-Titelaufnahme der Deutschen Bibliothek

Taupitz, Jochen:
Die zivilrechtliche Pflicht zur unaufgeforderten Offenbarung eigenen Fehlverhaltens / von Jochen Taupitz. –
Tübingen: Mohr, 1989
ISBN 3-16-645538-8

Satz und Druck von Gulde-Druck GmbH in Tübingen; Einband von Großbuchbinderei H. Koch KG in Tübingen.

Printed in Germany

Vorwort

Die vorliegende Schrift ist aus dem Vortrag hervorgegangen, den ich am 5. Dezember 1988 im Rahmen meines Habilitationsverfahrens vor der Juristischen Fakultät der Georg-August-Universität Göttingen zur Diskussion gestellt habe. Allen Mitgliedern der Fakultät, die nicht nur den zügigen Fortgang des Habilitationsverfahren ermöglicht haben, sondern mir gegenüber schon während meiner gesamten Assistentenzeit großes Wohlwollen zum Ausdruck gebracht und vielfache Unterstützung gewährt haben, sei an dieser Stelle herzlich gedankt. In ganz besonderem Maße bin ich meinem verehrten Lehrer, Herrn Professor Dr. Erwin Deutsch, zu Dank verpflichtet. Förderungen durch vielfache Anregungen wie auch durch größtmögliches Gewährenlassen haben mir erst in ihrer guten Mischung ein stetiges und befriedigendes Voranschreiten auf meinem wissenschaftlichen Weg ermöglicht. Herrn Assessor Michael Schröder habe ich zu danken für eine zweitägige Marathon-Diskussion, in der viele der hier veröffentlichten Gedanken Kontur gewonnen haben. Nicht vergessen möchte ich zudem Herrn Vorsitzenden Richter am Oberlandesgericht Celle Dr. Volkhart Schmidt; während seiner guten und gleichwohl angenehmen Ausbildung in der Wahlstation des Referendariats lernte ich die „sekundären Schadensersatzansprüche“ gegen Rechtsanwälte und Steuerberater kennen, in der damaligen Zeit faßte ich den Entschluß einer näheren Beschäftigung mit den zugrundeliegenden Informationspflichten.

Ich widme die Arbeit meiner Ehefrau Christiane. Sie hat nicht nur die Zweifel des Forschers, das Lampenfieber des Lehrenden, die Sorgen des Habilitanden tagtäglich mitgetragen, sondern darüber hinaus eine Fülle von fachlichen Anregungen gegeben. Für alles sei ihr herzlich gedankt.

Göttingen, im Juli 1989 — Jochen Taupitz

Inhaltsverzeichnis

Abkürzungsverzeichnis

a. A.	anderer Ansicht
abl.	ablehnend
Abs.	Absatz
Abt.	Abteilung
AcP	Archiv für die civilistische Praxis
AG	Die Aktiengesellschaft; auch: Amtsgericht
AGB	Allgemeine Geschäftsbedingungen
AHB	Allgemeine Versicherungsbedingungen für die Haftpflichtversicherung
AK	Alternativkommentar zum BGB
AKB	Allgemeine Bedingungen für die Kraftfahrtversicherung
AktG	Aktiengesetz
allg.	allgemein
A.L.R.	American Law Reports
Alt.	Alternative
Anl.	Anlage
Anm.	Anmerkung
AnwBl	Anwaltsblatt
AO	Abgabenordnung
AöR	Archiv des öffentlichen Rechts
ArbG	Arbeitsgericht
ARS	Arbeitsrechts-Sammlung
ARSP	Archiv für Rechts- und Sozialphilosophie
Art.	Artikel
ArztR	Arztrecht
Aufl.	Auflage
AuR	Arbeit und Recht
BAG	Bundesarbeitsgericht
BAGE	Entscheidungen des Bundesarbeitsgerichts
BauR	Baurecht
BB	Der Betriebs-Berater
BBG	Bundesbeamtengesetz
Bd.	Band
BFH	Bundesfinanzhof
BGB	Bürgerliches Gesetzbuch
BGBl.	Bundesgesetzblatt
BGH	Bundesgerichtshof
BGHSt	Entscheidungen des Bundesgerichtshofs in Strafsachen

BGHZ	Entscheidungen des Bundesgerichtshofs in Zivilsachen
BHStB	Bonner Handbuch der Steuerberatung
BNotO	Bundesnotordnung
BO	Berufsordnung
BRAK	Bundesrechtsanwaltskammer
BRAK-Mitt.	Mitteilungen der Bundesrechtsanwaltskammer
BRAO	Bundesrechtsanwaltsordnung
BRRG	Beamtenrechtsrahmengesetz
BSG	Bundessozialgericht
BSGE	Entscheidungen des Bundessozialgerichts
BStatG	Gesetz über die Statistik für Bundeszwecke
BT	Deutscher Bundestag
BVerfG	Bundesverfassungsgericht
BVerfGE	Entscheidungen des Bundesverfassungsgerichts
BVerwG	Bundesverwaltungsgericht
BVerwGE	Entscheidungen des Bundesverwaltungsgerichts
BW	Baden-Württemberg
Cal. App.	California Appellate Reports
Cal. Rptr.	California Reporter
C.Cass.	Cour de Cassation
Ch.	Chancery Division
chron.	chronique
d.	der, des
D.	Recueil Dalloz Sirey
DÄBl.	Deutsches Ärzteblatt
DAR	Deutsches Autorecht
DAV	Deutscher Anwalt-Verein
DAZ	Deutsche Apotheker-Zeitung
DB	Der Betrieb
ders.	derselbe
Diss.	Dissertation
DJT	Deutscher Juristentag
DMW	Deutsche Medizinische Wochenschrift
DNotZ	Deutsche Notar-Zeitschrift
DöV	Die öffentliche Verwaltung
DRiZ	Deutsche Richterzeitung
Drucks.	Drucksache
DStR	Deutsches Steuerrecht
DStZ	Deutsche Steuer-Zeitung
Dt.ArchBl.	Deutsches Architektenblatt
DuD	Datenschutz und Datensicherung
DVBl.	Deutsches Verwaltungsblatt
EuGRZ	Europäische Grundrechte Zeitschrift
F.	Federal Reporter
FamRZ	Zeitschrift für das gesamte Familienrecht
FAZ	Frankfurter Allgemeine Zeitung

Fn.	Fußnote
FR	Finanz-Rundschau
F.Supp.	Federal Supplement
G.	Gesetz
GA	Goltdammer's Archiv für Strafrecht
Gaz.pal.	Gazette du Palais
GG	Grundgesetz
GmbH-Rdsch.	GmbH-Rundschau
GOÄ	Gebührenordnung für Ärzte
GroßKomm-AktG	Großkommentar zum Aktiengesetz
GroßKomm-HGB	Großkommentar zum Handelsgesetzbuch
Gruchot	Beiträge zur Erläuterung des Deutschen Rechts, begr. v. Gruchot
GRUR	Gewerblicher Rechtsschutz und Urheberrecht
GRUR Int.	Gewerblicher Rechtsschutz und Urheberrecht, Internationaler Teil
HÄBl.	Hessisches Ärzteblatt
HGB	Handelsgesetzbuch
Hrsg.	Herausgeber
JA	Juristische Arbeitsblätter
JBl.	Juristische Blätter
J.C.P.	Juris-classeur périodique
J. Crim. L, Crim. & P.S.	The Journal of Criminal Law, Criminology and Police Science
Jher. Jahrb.	Jherings Jahrbücher für die Dogmatik des bürgerlichen Rechts
JöR	Jahrbuch des öffentlichen Rechts der Gegenwart
JR	Juristische Rundschau
jur.	juristisch
JuS	Juristische Schulung
JW	Juristische Wochenschrift
JZ	Juristenzeitung
KG	Kammergericht
KJ	Kritische Justiz
KO	Konkursordnung
KostO	Kostenordnung
Kölner Komm.	Kölner Kommentar zum Aktiengesetz
LAG	Landesarbeitsgericht
LG	Landgericht
Lit.	Literatur
LM	Lindenmaier, Fritz/Möhring, Philipp, Nachschlagewerk des Bundesgerichtshofs
L.Q.R.	Law Quarterly Review
MDR	Monatsschrift für Deutsches Recht
med.	medizinisch
MedR	Medizinrecht

MMG	Medikament, Mensch, Gesellschaft
MMW	Münchener Medizinische Wochenschrift
Mot.	Motive zu dem Entwurfe eines Bürgerlichen Gesetzbuches für das Deutsche Reich
MünchKomm	Münchener Kommentar zum Bürgerlichen Gesetzbuch
m. w. Nwen.	mit weiteren Nachweisen
Nds.	Niedersachsen, niedersächsisch
NJW	Neue Juristische Wochenschrift
NJW-RR	NJW-Rechtsprechungsreport
N.W.	North Western Reporter
NZA	Neue Zeitschrift für Arbeits- und Sozialrecht
ÖJZ	Österreichische Juristenzeitung
OGH	(österreichischer) Oberster Gerichtshof
o.J.	ohne Jahr
OLG	Oberlandesgericht
OLGZ	Entscheidungen der Oberlandesgerichte in Zivilsachen
o.O.	ohne Ort
OR	Obligationenrecht
PatAnwO	Patentanwaltsordnung
pFV	positive Forderungsverletzung
Prot.	Protokolle der Kommission für die zweite Lesung des Entwurfs des Bürgerlichen Gesetzbuchs
pVV	positive Vertragsverletzung
PZ	Pharmazeutische Zeitung
RabelsZ	Zeitschrift für ausländisches und internationales Privatrecht
RAG	Reichsarbeitsgericht
Rbeistand	Der Rechtsbeistand
RdA	Recht der Arbeit
Rdn.	Randnummer
RDV	Recht der Datenverarbeitung
RG	Reichsgericht
RGBl.	Reichs-Gesetzblatt
RGRK	[s. Literaturverzeichnis]
RGSt	Entscheidungen des Reichsgerichts in Strafsachen
RGZ	Entscheidungen des Reichsgerichts in Zivilsachen
RRAO	Reichsrechtsanwaltsordnung
Rspr.	Rechtsprechung
RVO	Reichsversicherungsordnung
s.	siehe
S.	Seite
SAE	Sammlung arbeitsrechtlicher Entscheidungen
SJZ	Schweizerische Juristenzeitung
StB	Der Steuerberater
StBerG	Steuerberatungsgesetz
Stbg	Die Steuerberatung
StGB	Strafgesetzbuch

S.W.	South Western Reporter
SZ	Entscheidungen des österreichischen Obersten Gerichtshofes in Zivilsachen
SZ (Rom)	Zeitschrift der Savigny-Stiftung für Rechtsgeschichte, romanistische Abteilung
U.	Urteil
u. U.	unter Umständen
v.	von, vom
VersR	Versicherungsrecht
VerwArch	Verwaltungsarchiv
VVG	Versicherungsvertragsgesetz
Warn. Rspr.	Die Rechtsprechung des Reichsgerichts auf dem Gebiete des Zivilrechts, herausgeg. von O. Warneyer
WM	Wertpapiermitteilungen
WP	Der Wirtschaftsprüfer
Wpg	Die Wirtschaftsprüfung
WPO	Wirtschaftsprüferordnung
WRP	Wettbewerb in Recht und Praxis
WuW	Wirtschaft und Wettbewerb
ZfA	Zeitschrift für Arbeitsrecht
ZHR	Zeitschrift für das gesamte Handelsrecht und Wirtschaftsrecht
ZIP	Zeitschrift für Wirtschaftsrecht
ZPO	Zivilprozeßordnung
ZRP	Zeitschrift für Rechtspolitik
ZSR	Zeitschrift für Schweizerisches Recht
zutr.	zutreffend
ZVersWiss	Zeitschrift für die gesamte Versicherungswissenschaft
ZZP	Zeitschrift für Zivilprozeß

§ 1 Einleitung

Das freiwillige und ungefragte Offenbaren eines eigenen Fehlverhaltens gilt als ehrenhaft, als nobile officium, sogar als Zeichen menschlicher Größe; zeigt es doch, daß der so Handelnde bereit ist, vor den Augen der Umwelt die Verantwortung für sein Verhalten zu übernehmen und die Konsequenzen zu tragen. Bezeichnenderweise hat man das sofortige Eingestehen des eigenen Fehlers aus berufspolitischer Sicht als Werbung für den gesamten Berufsstand angesehen[1]. Wird ein derartiges – in der Praxis gleichwohl eher selten geübtes[2] – Verhalten aber auch vom Recht als rechtlich sanktionierte Pflicht verstanden und gefordert? Als dem Bestand einer derartigen Rechtspflicht entgegenwirkend denkt man sogleich an den Satz: „Nemo tenetur se accusare" oder weiter: „Nemo tenetur se detegere"[3]. Der Gedanke, daß niemand verpflichtet ist, einen Beitrag zu seiner eigenen Belastung zu liefern, beinhaltet einen uralten Grundsatz, der schon im talmudischen Recht bekannt war[4]; dieser Gedanke erscheint uns heute als so selbstverständlich, daß vom „natürlichen Recht auf Selbstschutz"[5] und

[1] Senf, AnwBl. 1931, 226 (zur Anwaltschaft); Pagel (Medicinische Deontologie, S. 45) riet dem Arzt dagegen, bei Erkennen eines eigenen Fehlers in „stummer Resignation" zu verharren.

[2] vgl. Tunc, International Encyclopedia of Comparative Law, Vol. XI, 1–127: „When the physician discovers them [the errors], he usually does his best to hide the malpractice". Wissenschaftliche Rechtstatsachenuntersuchungen sind dem Verfasser allerdings nicht bekannt; zweifellos nicht repräsentativ die Äußerung des Deutschen Patienten-Schutzbundes e.V. (DPS), wonach „dem DPS kein Fall bekannt [ist], wo ein behandelnder Arzt, ambulant oder stationär, dem geschädigten Patienten von sich aus den Fehler, der zur Schädigung führte, zwecks Kontaktaufnahme mit der zuständigen Haftpflicht-Versicherungsgesellschaft mitgeteilt hätte." (Deutscher Patienten-Schutzbund e.V., Der DPS nimmt Stellung, Betrifft: Patienten-Anspruch auf Herausgabe der Krankenakte, S. 1.) Gerade mit den „unproblematischen" Fällen werden Gerichte wie auch Verbraucher-(Patienten-)Schutzorganisationen nur selten befaßt.

[3] vgl. Vittorio Grevi, „Nemo tenetur se detegere", 1972, mit Besprechung Siegert, GA 1975, 156; genauer zum Grundsatz der Selbstbezichtigungsfreiheit unten S. 30ff.

[4] The Jewish Encyclopedia, Bd. I, 1901, Stichwort: Accusatory and Inquisitorial Procedure (S. 163); Cohn, 51 J. Crim. L, Crim. & P.S. (1960/61), 175; *a.A.* Wigmore, Evidence[3], §§ 2250, 2251, wonach der Ursprung des Privilege against self-incrimination „purely local" (aaO, S. 304) war und im England des 17. Jahrhunderts lag. Zur geschichtlichen Entwicklung insbes. Rogall, S. 67ff.; ferner Nothhelfer, S. 3ff. (S. 1 auch zur Verankerung des nemo-tenetur-Satzes in den Verfassungen vieler Länder).

[5] BGHSt 11, 353, 356

vom „Naturrecht" des Selbstschutzes gesprochen wird[6]. Also: doch keine Rechtspflicht zur ungefragten Offenbarung eigenen Fehlverhaltens, weil ein Zwang zur Selbstbezichtigung zugleich die Würde des Menschen berührt, „dessen Aussage als Mittel gegen ihn selbst verwendet wird"[7]? Andererseits wiederum: Läßt es sich nicht in Weiterführung des einleitend erwähnten Gedankens und in der geistigen Tradition der Hegelschen Straftheorie[8] gerade „im Gegenteil durchaus als eine Respektierung der Würde des Menschen interpretieren, wenn ihm die Verantwortung für Fehlverhalten nicht abgenommen, vielmehr von ihm erwartet wird, daß er kraft seines Personseins für die Folgen menschlichen Versagens einsteht"[9]? Oder handelt es sich – noch einmal „zurückargumentiert" – nur um einen Grundsatz der Ethik, nicht aber um einen solchen des Rechts, „daß die Würde des Menschen sich am höchsten im Bekennen begangenen Unrechts und in der Sühne und Buße dafür, nicht aber im Verleugnen der begangenen Tat und in dem Versuch, sich ihren Folgen zu entziehen, dokumentiert"[10]?

---

[6] Welzel, JZ 1958, 494, 496; zu den dogmatischen Grundlagen hier nur Rogall, S. 104ff.; Hahn, Offenbarungspflichten, S. 153ff.; Nothhelfer, S. 9ff.

[7] vgl. BVerfGE 56, 37, 42

[8] zur Strafe als „eigenes Recht" des Verbrechers und zu dem Gedanken, daß der Verbrecher mit der Strafe „als Vernünftiges geehrt" wird, Hegel, § 100.

[9] so in der Tat Günther, GA 1978, 193, 197

[10] zu diesem „Grundsatz der Ethik" Händel, NJW 1964, 1139, 1141

§ 2 Abgrenzung des Themas

Die im folgenden zu behandelnde Thematik ist zunächst sachlich und begrifflich näher einzugrenzen:

I. Beschränkung auf zivilrechtliche Pflichten

Die Untersuchung erfolgt aus rein (materiell) zivilrechtlicher Sicht; Offenbarungspflichten und -obliegenheiten aus anderen Rechtsgebieten, insbesondere dem Strafrecht[1], dem Verwaltungsrecht[2], dem Prozeßrecht[3] und dem Standesrecht[4] werden nicht erörtert; das gleiche gilt für ethische (moralische) Pflichten[5]. Zwar mögen durchaus bedeutsame Wechselwirkungen

---

[1] zur Problematik der Strafvereitelung durch Unterlassen nach einem ärztlichen Fehlverhalten hier nur Gubernatis, JZ 1982, 363, 365; Carstensen/Schreiber, Mitteilungen der Deutschen Gesellschaft für Chirurgie 1986, 121, 122

[2] zu den Leichenschaubestimmungen der Länder Schneider, Die Leichenschau, S. 104ff.; Mallach/Weiser, Festschrift Narr, S. 65ff. Bezüge zur Offenbarungspflicht nach einem eigenen Fehlverhalten bei Gubernatis, JZ 1982, 363, 364ff.; hierzu und zum möglichen Fehlverhalten eines anderen Arztes ferner Kleiber, HÄBl. 1989, 43ff.

[3] Man könnte z. B. überlegen, ob sich der Geschädigte zivilprozessual auf die Grundsätze über die Beweisvereitelung berufen kann, wenn der Schädiger ihn nicht alsbald auf den eigenen Fehler hinweist, so daß im erst später geführten Prozeß bestimmte Beweismittel nicht mehr greifbar sind. Zur Frage, ob der Arzt den Patienten unaufgefordert über die bei ihm vorhandenen Beweismittel (Krankenunterlagen) zu informieren hat, Taupitz, ZZP 100 (1987), 287, 332ff.

[4] dazu etwa bezogen auf den *Anwalt:* Lingenberg, in: Lingenberg/Hummel[1], Vorspruch Rdn. 7 (S. 20 unter d) (verneinend); Zuck, in: Lingenberg/Hummel/Zuck/Eich[2], Vorspruch Rdn. 28 (bejahend); Isele, § 51 Anm. V B 1 a (bejahend); unklar Meisner/Heinrich[2], S. 2 (Hinweis auf EGH XV, 125: dort ging es allerdings um eine wahrheitswidrige Tatsachenbehauptung); bezogen auf den *Arzt:* Francke, in: Francke/Hart, S. 135ff., 151ff.; Meinecke, in: Allgemeiner Patienten-Verband (Hrsg.), S. 20, 24 (beide bejahend); der 52. Deutsche Juristentag 1978 hat den ärztlichen Standesorganisationen die Prüfung nahegelegt, ob eine standesrechtliche Offenbarungspflicht zu *schaffen* sei, s. die Verhandlungen des 52. DJT, Bd. II, Sitzungsberichte, 1978, S. I 203f.

[5] sehr häufig wird zwar eine ethische (moralische) Pflicht zur Offenbarung bejaht, eine Rechtspflicht jedoch verneint; s. z. B. RG JW 1926, 795; H.L. Schreiber, in: v. Troschke/Schmidt (Hrsg.), S. 187, 189f.; ders., Festschrift Dünnebier, S. 633, 643f.; Baldus, DÄBl. 1979, 1573, 1576; Taupitz, ZZP 100 (1987), 287, 334 Fn. 224 m. w. Nwen.; ferner Friedländer/Friedländer[3], Exkurs II zu § 28 Rdn. 14: Es verlangt der Anstand; ähnlich Husmann, in: Mergen (Hrsg.), Bd. 2, S. 183, 200.

zwischen den verschiedenen Bereichen bestehen[6]. Ihnen kann an dieser Stelle jedoch nicht nachgegangen werden.

II. Beschränkung auf spontan zu erfüllende Informationspflichten

Behandelt wird nur die *unaufgefordert* zu leistende Offenbarung. Zur Problematik, wann ein eigenes Fehlverhalten auf *Nachfrage* hin zu offenbaren ist, sei nur angemerkt, daß eine ausdrückliche Frage des Gegenübers in der Regel zu einer umfassenderen Informationspflicht führt; dies ist hinsichtlich der Pflichten bei Eingehung eines Schuldverhältnisses für viele Vertragsverhältnisse anerkannt, gilt aber gleichermaßen für die Informationspflichten bei Vertragsdurchführung[7].

III. Beschränkung auf die Offenbarung eigenen Fehlverhaltens

Auch die Pflicht zur Offenbarung eines *fremden* Fehlverhaltens bleibt aus den folgenden Erörterungen ausgeklammert. Hier taucht das Problem der Selbstbezichtigung als solches zwar nicht auf. Stattdessen sind die Informationsinteressen des von einem Fehlverhalten Betroffenen jedoch oftmals gegenüber dem Gebot der Kollegialität oder gegenüber der Fürsorgepflicht des Arbeitgebers eines fehlerhaft Handelnden abzuwägen[8]. Feststehen dürfte immerhin, daß dem Ratschlag Pagels, ärztliche Kunstfehler aufgrund des Gebots der Kollegialität auf jeden Fall zu vertuschen[9], in dieser Allgemeinheit heute nicht mehr zu folgen ist.

---

[6] zum Einfluß des Standesrechts auf die vertragliche Pflichten des Freiberuflers gegenüber dem Auftraggeber Taupitz, Die Standesordnungen der freien Berufe, § 13 V (dort § 4 F auch zum Verhältnis der [Standes-]Ethik zum [Standes-]Recht); zum Verhältnis der materiellrechtlichen Dokumentationspflicht des Arztes zur prozessualen Beweissicherungspflicht Taupitz, ZZP 100 (1987), 287, 308 ff.

[7] vgl. etwa im Rahmen des § 123 BGB BGH NJW 1967, 1222; NJW 1977, 1914, 1915; Palandt/Heinrichs[48], § 123 Anm. 2 c aa; Erman/Brox[7], § 123 Rdn. 14; zu §§ 16 ff. VVG BGH VersR 1986, 1089, 1090; allgemein Soergel/Teichmann[11], § 242 Rdn. 152; Böhme, S. 74; Meyer-Lindemann, S. 93; BGHZ 87, 27, 32; zur Informationspflicht des Arbeitnehmers bei Eingehung eines Arbeitsverhältnisses MünchKomm/Roth[2], § 242 Rdn. 208; Berkowsky, Rdn. 215 ff.

[8] zur Informationspflicht des zweitbehandelnden Arztes z. B. Hart, in: Francke/Hart, S. 75 ff.; Franzki, DRiZ 1978, 257, 258; Gubernatis, JZ 1982, 363, 364; Leithoff, Geburtshilfe und Frauenheilkunde 1978, 247, 252 f.; Rieger, DMW 1986, 234; ders., Lexikon, Rdn. 220; Brüggemeier, Rdn. 672; Solbach, JA 1986, 419, 422; H.L. Schreiber, in: v. Troschke/Schmidt, S. 187, 188; Carstensen/Schreiber, Mitteilungen der Deutschen Gesellschaft für Chirurgie 1986, 121 ff.; zu eng Schlenker und Th. Solbach (dazu unten S. 86 Fn. 10).

[9] Pagel, S. 45.

IV. Ausschluß von Drittbeziehungen

Die Pflicht zur Offenbarung eines Fehlverhaltens kann nicht nur gegenüber dem vom Fehlverhalten unmittelbar Betroffenen, sondern auch gegenüber dritten Personen bestehen. Aus dem ärztlichen Bereich sei etwa auf die jüngere Diskussion zu der Frage verwiesen, ob in den Berufsordnungen der Ärztekammern eine Pflicht zur Anzeige ärztlicher Fehler bei der Ärztekammer zu verankern sei[10], wie sie übrigens vergleichbar in früheren deutschen Ärzteordnungen durchaus enthalten war[11]. Auch die Leichenschaubestimmungen enthalten möglicherweise inzident eine Pflicht zur Offenbarung eines iatrogenen, also durch (fehlerhafte) ärztliche Einwirkung verursachten Todes, indem sie den Arzt zur wahrheitsgemäßen Ausfüllung des Leichenschauscheines und zur Meldung eines möglicherweise unnatürlichen

[10] so insbesondere in Hamburg; aufgeschreckt durch den Skandal um das Allgemeine Krankenhaus Barmbek, bei dem mögliche Fehlbehandlungen des Chefarztes und erhebliche Mängel in den hygienischen Zuständen des Krankenhauses eine breite öffentliche Diskussion auslösten und zur Einsetzung eines parlamentarischen Untersuchungsausschusses führten (s. Drucks. 11/6600 der Hamburgischen Bürgerschaft), hat der Gesundheitsausschuß der Hamburgischen Bürgerschaft am 11.9.1984 beschlossen, von der Ärztekammer eine Änderung der Berufsordnung unter Aufnahme folgender Bestimmung zu verlangen: „Ärzte, die Kenntnis von medizinischen Behandlungsfehlern anderer Ärzte erhalten, sind verpflichtet, dies der Ärztekammer mitzuteilen. Die Ärztekammer prüft den Sachverhalt und informiert gegebenenfalls die zuständige Aufsichtsbehörde." (hier zit. nach Francke, in: Francke/Hart. S. 181, im folgenden auch Nachweise für die ablehnende Reaktion der Ärztekammer). Nach äußerst kontroverser Diskussion, die sich über mehrere Jahre hinweg erstreckte, wurde in der Kammerversammlung vom 30.11.1987 in § 15 Abs. 1 der Berufsordnung folgender Minimalkonsens formuliert: „Die Meldung des Verdachts auf ein ärztliches Fehlverhalten, insbesondere eine Fehlbehandlung, an die Ärztekammer Hamburg stellt keinen Verstoß gegen das Gebot der Kollegialität dar." (HÄBl. 1988, 165). Zuvor hatte man sich lange „in aller Schärfe" gegen diese Selbstverständlichkeit gewandt, s. Kalvelage, HÄBl. 1987, 124, 125.

[11] ausgedrückt z.B. im „Licenzschein für Aerzte", wie er den Ärzten nach der Badischen Medicinalordnung vom 1807 (gedruckt Carlsruhe 1807) erteilt wurde: „Zehentens: Bei der Entdeckung ... einer Vergehung gegen die Gesetze der Kunst – oder die vorhandene Sanitäts-Gesetze, wodurch die Gesundheit der Menschen gefährdet, oder ihr Beutel vervortheilt würde ..., soll er [der Arzt], ohne den Quartaltermin abzuwarten, auf der Stelle dem Bezirksbeamten und Bezirksarzt die Anzeige machen, und ihnen zur Untersuchung und Ueberweisung, hülfreiche Hand leisten." Absatz 28 verlangte zwar auch, ungerechtfertigte Verleumdungen über Kollegen abzuweisen; „... wo er aber je ein Vergehen eines solchen [verdächtigten Arztes] entdeckte, das gerügt und abgestellt werden müßte", sollte der Arzt „die Anzeige davon mit den Angaben zum Beweise bey der Sanitätsbehörde machen, an andern Orten aber eine strenge Verschwiegenheit darüber beobachten".

Todes verpflichten[12]. Zu fragen wäre ferner, ob eine originär zivilrechtliche Offenbarungspflicht gegenüber den Erben des aufgrund einer Fehlbehandlung Verstorbenen besteht. Angestellte oder beamtete Ärzte mögen gegenüber ihrem Arbeitgeber (z.B. dem Krankenhausträger) zur Information über die Fehlbehandlung eines Patienten verpflichtet sein[13], ebenso wie eine Offenbarungspflicht des Kassenarztes gegenüber der Krankenkasse in Betracht kommen kann. Schließlich bestehen im Versicherungsrecht umfangreiche Aufklärungsobliegenheiten des Versicherungsnehmers gegenüber der Versicherung, deren Verletzung einen (zum Teil summenmäßig beschränkten[14]) Verlust des Deckungsanspruchs zur Folge haben kann: nach § 7 Abs. 1 Nr. 2 AKB z.B. hat der Versicherungsnehmer „alles zu tun, was zur Aufklärung des Tatbestandes... dienlich sein kann"; nach § 5 Nr. 3 AHB hat der Versicherungsnehmer „alles zu tun, was zur Klarstellung des Schadenfalles dient, sofern ihm dabei nichts Unbilliges zugemutet wird..., ausführliche und wahrheitsgemäße Schadensberichte zu erstatten, alle Tatumstände, welche auf den Schadenfall Bezug haben, mitzuteilen...". Trotz mancher Streitigkeiten im Einzelfall läßt sich feststellen, daß diese Obliegenheiten in weitem Umfang auch das ungefragte Offenbaren eines eigenen Fehlverhaltens im Zusammenhang mit dem Versicherungsfall beinhalten[15]. Auf eine Untersuchung dieser unterschiedlich ausgestalteten Pflichtenbeziehungen zu Dritten, die von der Pflichtverletzung nicht unmittelbar betroffen sind, muß im Rahmen dieser Arbeit verzichtet werden.

V. Kein Versuch eines abschließenden Kriterienkatalogs

Aufklärungspflichten gründen sich zu einem großen Teil auf den Grundsatz von Treu und Glauben. Ihre Existenz hängt maßgeblich von den Umständen des Einzelfalls ab[16]. Der BGB-Gesetzgeber selbst hat aus dieser Erkenntnis heraus auf eine generelle Regelung verzichtet[17]. Auch im folgenden kann lediglich versucht werden, Leitlinien zu geben und typische Situationen aufzuzeigen, in denen eine Offenbarungspflicht besonders naheliegt[18].

---

[12] Nachweise oben Fn. 2; zu iatrogenen Todesfällen insbes. Kleiber, HÄBl. 1989, 43ff.

[13] dazu Lippert, MedR 1987, 176ff.

[14] vgl. § 7 V Abs. 2 S. 1 und 2 AKB und dazu BGH, JZ 1982, 808f.

[15] s. dazu hier nur Prölss/Martin, Versicherungsvertragsgesetz[24], § 34 VVG Anm. 2 B (Prölss), § 5 AHB Anm. 2 b (Voit), § 7 AKB Anm. 2 A, B (Knappmann); Kuwert, Rdn. 5010, 5012, 5025f.

[16] statt aller Staudinger/Weber[11], § 242 Rdn. A 829ff.; Soergel/Teichmann[11], § 242 Rdn. 135ff.; zur Offenbarungspflicht des Anwalts BGH NJW 1975, 1655, 1656

[17] s. unten S. 29

[18] s. auch unten S. 81f.

VI. Zur Terminologie

Für die hier zu erörternde Pflicht zur spontanen Offenbarung eines eigenen Fehlverhaltens hat sich noch keine einheitliche Terminologie herausgebildet; gesprochen wird auch von „Hinweispflicht", „Beratungspflicht", „Belehrungspflicht", „Aufklärungspflicht", „Informationspflicht", „Unterrichtungspflicht". Zweckmäßigerweise sollte der Begriff „Informationspflicht" als Oberbegriff und damit die hier gemeinte Offenbarungspflicht umfassend angesehen werden und der Ausdruck „Aufklärungspflicht" wegen der mit ihm verbundenen Assoziationen zur (ärztlichen) Risikoaufklärung (aus Sicht des Patienten: der Selbstbestimmungsaufklärung), welche nur einen Aspekt der Offenbarungspflicht erfaßt[19], vermieden werden[20]. „Offenbarung" meint im übrigen eher die Information über das Fehlverhalten an sich, während die „Belehrung" auch die erläuternde „Beratung" über die (zumeist rechtlichen) Konsequenzen beinhaltet[21]. Die Begriffe „Hinweispflicht" und „Unterrichtungspflicht" sind zwar tauglich, aber auch relativ nichtssagend.

Weitgehend anerkannt ist die Abgrenzung der auf Frage hin zu leistenden *Auskunft* von der spontan zu erbringenden *Aufklärung*[22]. Gleiches gilt für die Trennung der Informations- oder Offenbarungspflicht von der *Wahrheitspflicht* als der („negativen"[23]) Verpflichtung, positiv falsche Angaben

---

[19] s. unten S. 57ff.; 86ff.

[20] nicht überzeugend dagegen die Unterscheidung Balthasars (S. 18), der *prozessuale* Informationspflichten „Aufklärungspflichten" nennt, um Verwechselungen mit materiellrechtlichen „Informationsansprüchen" zu vermeiden.

[21] zu dieser Unterscheidung unten S. 49; dies entspricht der französischen Unterscheidung zwischen der „obligation de renseignements" und der „obligation de conseil", deren Grenzen jedoch zutreffend auch dort als fließend angesehen werden, s. R. Savatier, D. 1972, Chron. 137, 140; de Leyssac, in: Loussouarn/Lagarde (Hrsg.), S. 305, 306f.; Ghestin, no 458 m. w. Nwen.

[22] Böhme, S. 9; Staudinger/Weber[11], § 242 Rdn. A 814 und A 829 (wobei dort von Offenbarungspflicht sowohl bei Auskunfts- wie auch Aufklärungspflichten gesprochen wird; im übrigen führt die dort vorgenommene Einbeziehung der „stillschweigenden" und „zu erwartenden" Frage bzw. „Erwartung" als Grundlage der *Auskunft* letztlich doch wieder zu einer weitgehenden Verwässerung der Unterscheidung zwischen Auskunft und Aufklärung). Zur „spontan" zu erbringenden Aufklärung auch MünchKomm/Roth[2], § 242 Rdn. 197; sachlich gleich die Unterscheidung nach der Klagbarkeit, s. dazu nur Palandt/Heinrichs[48], § 242 Anm. 4 B d; kritisch Lauer, S. 20, der dann aber S. 21 doch von „Aufklärungspflicht" bei „spontan" zu erbringender Kundgabe spricht.

Zu Recht kritisch gebenüber dem tautologischen Begriff „Spontanaufklärung" Deutsch, VersR 1981, 293 (wenn auch ohne deutliche Zielrichtung der Kritik).

[23] s. Pollock, Principles of Contract[9], S. 570: „affirmative duty to tell the whole truth in relation to the matter of a contract, as distinct from the negative duty of telling nothing but the truth".

zu unterlassen[24]. Die Pflicht, spontan ein eigenes Fehlverhalten zu offenbaren, hat nichts mit einem Verhalten zu tun, das im aktiven „Verschleiern", im (wahrheitswidrigen) Abschieben der Verantwortung auf einen Dritten[25] oder gar im positiven Anraten einer Rechtsverfolgung gegenüber diesem Dritten besteht[26]. Allerdings kann aus einer (positiv) fehlerhaften Beratung selbstverständlich dieselbe Rechtsfolge resultieren wie aus einer Verletzung der Offenbarungspflicht (z. B. Versagung der Einrede der Verjährung gegenüber dem gegen sich selbst gerichteten Schadensersatzanspruch). Wegen dieses Gleichklangs der Rechtsfolge werden die verschiedenen Pflichtverletzungen häufig nicht genügend getrennt[27].

---

[24] Böhme, S. 3f.; Hildebrandt, Erklärungshaftung, S. 160ff.; MünchKomm/Roth[2], § 242 Rdn. 198; nach der Rechtsprechung handelt ein Arzt dann nicht treuwidrig, wenn er, „ohne die Tatsachen zu verdrehen", ein schuldhaftes Fehlverhalten leugnet: BGH NJW 1984, 661, 662; OLG Hamm, NJW 1985, 685; vgl. auch Hanack, Med. Klinik 1965, 1263. Zu undifferenziert Staudinger/Weber[11], § 242 Rdn. A 418; Erman, AcP 139 (1934), 273ff.

[25] Dazu, daß „Advocaten betriegen", „wenn sie bey Verspielung der Sache dessen Schuld von sich zur Ungebühr auf den Richter schieben / und solches ihrer Parthey weiß machen", schon Georg Paul Hönn, Betrugs-Lexicon, 1724, S. 4f.; bezogen auf Ärzte wird ein entsprechendes Verhalten von Hönn nicht angeprangert, was aber kaum als Indiz dafür gelten kann, daß diese sich prinzipiell anders als Advocaten verhielten.

[26] derartige Fälle z. B. BGH LM § 242 (Cb) BGB Nr. 5 = NJW 1964, 1022 und (österr.) OGH, SZ 56 Nr. 185 (S. 840) (beide zum Architekten); RG DNotZ 1937, 414 (zum Notar); vgl. auch BGH NJW 1983, 2630, 2631 a.E. (zur Information über die Notwendigkeit und damit die versicherungsrechtliche Erstattungsfähigkeit einer stationären Behandlung); BGH NJW 1971, 134 („Der wegen Eigentumsverletzung zu ersetzende Schaden umfaßt jedenfalls dann auch die Kosten eines Vorprozesses gegen einen Dritten, wenn der Schädiger den Geschädigten bei einer für diesen nicht aufklärbaren Sachlage durch unrichtige Angaben über den Verletzungshergang zu dem Vorgehen gegen den unbeteiligten Dritten veranlaßt hat.")

[27] s. BGH DB 1977, 2443 zur (aktiven) arglistigen Anspruchsverschleierung durch einen Unternehmer gegenüber einem Handelsvertreter, wo der BGH die Paralalle zur Offenbarungspflicht des Anwalts zieht; s. z. B. auch Hachenburg/Mertens[7], § 43 Rdn. 98, der das in „unlauterer Weise" erfolgende „Verheimlichen" des gesellschaftsschädigenden Verhaltens seitens des Geschäftsführers einer GmbH undifferenziert zu „Manipulationen" des Geschäftsführers zählt und Zitate bringt, die sich mit dem „Verschleiern" von Ersatzansprüchen beschäftigen.

§ 3 Überblick über die bisherige Erörterung der Problematik in Rechtsprechung und Literatur

I. Die Belehrungspflicht des Anwalts als Archetyp

Versucht man sich der Frage nach dem Bestehen einer *zivilrechtlichen* Pflicht zur *spontanen* Offenbarung *eigenen* Fehlverhaltens gegenüber der von der Pflichtverletzung betroffenen Person zu nähern – und in diesem Sinne soll die kurz als Offenbarungspflicht gekennzeichnete Pflicht im folgenden immer verstanden werden –, so stößt man unweigerlich auf ein seltsam erscheinendes Phänomen: Angesprochen ist der systematische Standort, an dem die Thematik zunächst ausschließlich angesiedelt wurde und auch heute noch ganz überwiegend diskutiert wird: Es handelt sich um die Verjährungsproblematik[1]. Dieser auf den ersten Blick merkwürdige Kontext erklärt sich jedoch aus der judikativen Entwicklung und Motivation der hier zu erörternden Offenbarungspflicht, oder genauer gesagt: einer *bestimmten* Offenbarungspflicht; denn zunächst wurde das Eingeständnis eines eigenen Fehlers nur von *Rechtsanwälten* und nur zu dem – von der Rechtsprechung offen erklärten[2] – Zweck verlangt, die im Anwaltsrecht als ungerecht empfundene und zu einseitig auf die Interessen der Anwaltschaft ausgerichtet erscheinende[3] gesetzliche Verjährungsregelung jedenfalls teil-

[1] s. statt vieler Palandt/Heinrichs[48], Überbl. 5 c vor § 194, § 198 Anm. 2 b bb; Erman/Hefermehl[7], § 198 Rdn. 11; MünchKomm/v. Feldmann[2], § 194 Rdn. 10, § 198 Rdn. 7; RGRK-Johannsen[12], § 198 Rdn. 15; Soergel/Wiedemann[11], Vor § 275 Rdn. 373; Späth, Haftung des Steuerberaters[3], Rdn. 451 ff.; Borgmann/Haug[2], S. 268 ff.; Medicus, BGB AT[3], Rdn. 111; MünchKomm/Soergel[2], § 635 Rdn. 77 (hinsichtlich des Architekten im Rahmen der für die Verjährung relevanten Abgrenzung von § 635 und pVV).

[2] BGHZ 83, 17, 25 f.; BGH NJW 1975, 1655, 1656; NJW 1985, 2250, 2252; AnwBl. 1988, 285; OLG Celle, U. v. 27.7.1979 – 3 U 70/79 -; zur Korrektur der Verjährungsregelung als Motiv für die Belehrungspflicht ferner Brandner, AnwBl. 1969, 384, 386; van Venrooy, DB 1981, 2364, 2367 f.; Soergel/Wiedemann[11], Vor § 275 Rdn. 373; Zimmermann, NJW 1985, 720

[3] Die dreijährige Verjährungsfrist des § 51 BRAO wurde seinerzeit auf Betreiben der Anwaltschaft so kurz bemessen, s. das Protokoll der 16. Sitzung des Rechtsausschusses vom 28.3.1958, S. 12. Schon der durch Gesetz vom 22.5.1910 eingefügte § 32a RRAO, der immerhin eine *fünf*jährige Verjährungsfrist enthalten hatte, war auf Betreiben der Anwaltschaft entstanden, s. Friedländer/Friedländer[3], § 32a Rdn. 1; sehr bald gab es Vorstöße, die Frist auf 3 Jahre zu verkürzen, s. die Beschlüsse des Vorstandes des Deutschen Anwaltvereins vom 26.11.1921, wiedergegeben bei Dittenberger, AnwBl. 1921, 211, 215.

weise zu korrigieren: Nach § 51 BRAO verjährt ein Schadensersatzanspruch des Mandanten gegen den Anwalt prinzipiell in drei Jahren nach Entstehung des Schadens[4], ohne daß es – wie z. B. bei der deliktsrechtlichen Verjährungsregelung des § 852 BGB – auf eine Kenntnis des Geschädigten von den schadensersatzbegründenden Umständen ankommt[5]. Der Regreßanspruch gegen den Anwalt könnte also verjähren, bevor der Mandant überhaupt von seinem Anspruch erfahren hat. Auf einem als „Trick" zu bezeichnenden Weg[6] konnte hier Abhilfe geschaffen werden, ohne den Gesetzeswortlaut der Verjährungsnorm offen mißachten zu müssen:[7] Man verpflichtet den Anwalt, seinen Mandanten auf das eigene rechtsanwaltliche Fehlverhalten und den daraus resultierenden Regreßanspruch hinzuweisen[8]; und man betrachtet offenbar auch die Verjährungsregelung der

---

[4] § 51 1. Alt. BRAO; nach der 2. Alt. „spätestens in drei Jahren nach der Beendigung des Auftrags". Hat der Anwalt einen Anspruch des Mandanten gegen einen Dritten verjähren lassen, *entsteht* der Schaden und der daraus resultierende Regreßanspruch gegen den Anwalt bereits mit Eintritt der Verjährung, nicht erst mit Erhebung der Verjährungseinrede durch den Gegner oder mit Erlaß (bzw. Rechtskraft) des klageabweisenden Urteils: BGH VersR 1967, 979; NJW 1975, 1655, 1657; NJW 1985, 2250, 2253; OLG Düsseldorf, VersR 1985, 92 f.; OLG Hamm, VersR 1981, 440, 441; OLG Frankfurt, VersR 1979, 775; Borgmann/Haug[2], S. 264; Taupitz, JuS 1986, 980, 983.

[5] zur Unbeachtlichkeit einer Kenntnis des Mandanten BGH VersR 1967, 979; VersR 1977, 617, 618; NJW 1984, 2204; AnwBl. 1988, 285; OLG Hamm, VersR 1981, 440 f.; vgl. zur vergleichbaren Situation in vielen Staaten der USA Barrett, 18 A.L.R. 3d 978 ff.; Levis, S. 93 f.

Auch Verhandlungen zwischen dem Auftraggeber und dem Rechtsanwalt hemmen die Verjährung des Ersatzanspruchs nach § 51 BRAO nicht; § 852 Abs. 2 BGB ist nicht (auch nicht entsprechend) anwendbar: BGH MDR 1989, 445.

[6] von einer „etwas gekünstelten Konstruktion" spricht Zimmermann, JuS 1984, 409, 418; Medicus kennzeichnet sie als „wenig glückliches Verlegenheitsprodukt zur 'Entschärfung' als zu kurz empfundener Verjährungsfristen" (Medicus, BGB AT[3], Rdn. 111). – Zur Unterscheidung von Schein- oder Fehlbegründung und einem offen als Notlösung bezeichneten „Konstruktionstrick" zum Erzielen eines wünschbaren Ergebnisses Engisch, Einführung in das juristische Denken[7], S. 207 ff. Fn. 36; s. ferner die „Studien über Tricks und Schleichwege in der Rechtsanwendung" von Scheuerle, AcP 167 (1967), 305 ff.

[7] für eine offene Restriktion aber van Venrooy, DB 1981, 2364, 2372; zu entsprechenden Vorschlägen im US-amerikanischen Recht Levis, S. 93 f. (auch zum Vorschlag, wonach die Verjährung bis zur Beendigung der Rechtsbeziehung gehemmt sein soll; entsprechende Erörterung bezogen auf das deutsche Recht [i. E. de lege lata allerdings ablehnend] bei Zimmermann, NJW 1985, 720 f.)

[8] s. aus der beeindruckend langen Kette der gerichtlichen Entscheidungen z. B. RGZ 158, 130, 134; BGH VersR 1967, 979, 980; VersR 1968, 1042, 1043; NJW 1975, 1655, 1656; VersR 1977, 617, 618; NJW 1979, 264; NJW 1984, 2204; NJW 1985, 1151, 1152; NJW 1985, 2250, 2252; NJW 1985, 2941, 2943; NJW 1986, 581, 583; VersR 1987, 718, 719; NJW 1988, 2245, 2246 f.; AnwBl. 1988, 285; OLG Bamberg, VersR 1978, 329; OLG Celle, VersR 1978, 1119, 1120; OLG Düsseldorf, VersR 1985, 92 f.; OLG Frankfurt, VersR 1979, 775 f.; OLG Hamm, VersR 1981, 440 f.; die Literatur (auch aus dem Kreis der Anwaltschaft) stimmt dem im Grundsatz ganz überwiegend zu, wenn auch zum Teil ein wenig Resigna-

Bundesrechtsanwaltsordnung als so ungewöhnlich – in Anlehnung an das Recht der AGB ist der Ausdruck „gesetzliche Überraschungsklausel" gerechtfertigt –, daß der Anwalt seinen Mandanten auch auf diese Verjährungsfrist und die Umstände ihres Ablaufs ausdrücklich hinzuweisen hat[9]. Verletzt der Rechtsanwalt schuldhaft[10] seine Hinweispflichten, so hat er für diese – jetzt schon zweite – Pflichtverletzung auf dem Wege des sog. sekundären Ersatzanspruchs Schadensersatz zu leisten. Nach dem Grundsatz der Naturalrestitution hat er den Mandanten so zu stellen, wie dieser gestanden hätte, wenn er in der Regreßfrage ordnungsgemäß belehrt worden wäre; da der Mandant nach dem normalen Verlauf der Dinge dann rechtzeitig vor Eintritt der Verjährung des Regreßanspruchs Sicherungsmaßnahmen eingeleitet und die Verjährung unterbrochen hätte[11], muß der Anwalt sich in Erfüllung des sekundären Schadensersatzanspruchs nun so behandeln lassen, als sei der primäre Regreßanspruch noch nicht verjährt[12]. Argumenta-

---

tion gegenüber der festgefügten und scheinbar kaum mit Aussicht auf Erfolg zu bekämpfenden Rechtsprechung zu spüren ist.

[9] BGH NJW 1984, 2204; NJW 1975, 1655, 1656f.; OLG Celle, VersR 1978, 1119, 1120; OLG Hamm, VersR 1981, 440, 441f.; Borgmann/Haug², S. 267; MünchKomm/v. Feldmann², § 194 Rdn. 10; Rinsche, VersR 1987, 239; zweifelnd noch OLG Hamm, U. v. 29.11.1977–10 U 72/77 -.

[10] Verschiedentlich hat der BGH für das Bestehen eines sekundären Schadensersatzanspruchs gegen den Rechtsanwalt wegen schuldhafter Verletzung der Belehrungspflicht verlangt, daß der Anwalt weiß, daß er einen Fehler gemacht hat, oder aber daß es für ihn wahrscheinlich ist, einen Fehler gemacht zu haben (BGH NJW 1979, 264, 265; VersR 1977, 622, 624); daraus hat das OLG Düsseldorf (U. v. 16.6.1982–8 U 226/81 und VersR 1985, 92, 93) hergeleitet, daß grobe Fahrlässigkeit gegeben sein müsse; mittlerweile hat der BGH gegen diese Auffassung des OLG Düsseldorf Bedenken geäußert: BGH NJW 1985, 1151, 1152; ausgehend vom sonst geltenden Fahrlässigkeitsmaßstab muß es tatsächlich ausreichen, daß dem Anwalt bei gebotener Sorgfalt erkennbar war, einen Fehler gemacht zu haben (§ 276 BGB); auf die Wahrscheinlichkeit kommt es nicht an. Nach Borgmann/Haug² (S. 272) handelt es sich wegen der fast bis zur Grenze der Gefährdungshaftung hochgeschraubten Sorgfaltsmaßstäbe im Anwaltsbereich ohnehin nur um einen graduellen Unterschied.

[11] die Rechtsprechung verfährt hier über § 287 ZPO recht großzügig, s. BGH NJW 1987, 326, 327; NJW 1985, 2941, 2943 m.w.Nwen.; behauptet der Anwalt zu seiner Entlastung, der Mandant hätte den Primäranspruch auch bei ordnungsgemäßer Belehrung nicht rechtzeitig eingeklagt, ist der Anwalt beweispflichtig: Rinsche, VersR 1987, 239, 241 m.w.Nwen.; richtigerweise ist dieser Einwand des rechtmäßigen Alternativverhaltens allerdings keine Frage der Kausalität (so aber Rinsche aaO), sondern des Rechtswidrigkeitszusammenhanges, vgl. allg. nur Deutsch, Haftungsrecht I, S. 173f.; zur ärztlichen Aufklärungspflichtverletzung Taupitz, NJW 1986, 2851, 2860 m.w.Nwen.

[12] BGHZ 83, 17, 27; BGH NJW 1984, 2204; NJW 1985, 1151, 1152; NJW 1985, 2250, 2252; AnwBl. 1988, 285; Scheffler, AnwBl. 1969, 50, 51 Fn. 3; Brandner, AnwBl. 1969, 384, 386; Borgmann/Haug², S. 270; Rinsche, VersR 1987, 239; van Venrooy, DB 1981, 2364, 2367; diskutiert worden ist auch, ob nur ein neuer Schadensersatzanspruch besteht, der sich seinerseits auf Zahlung richtet, vgl. BGH VersR 1977, 617, 619; NJW 1979, 264; van Venrooy, DB 1981, 2364, 2367

tiv gestützt wird das gewünschte Ergebnis einer Umgehung der gesetzlichen Verjährungsregelung durch den Hinweis auf die umfassende Rechtsberatungspflicht des Anwalts, die vor der eigenen Haftung nicht Halt machen dürfe[13]. Eher als Garnierung empfindet man häufig den zusätzlichen Hinweis auf die besondere Treuepflicht des Anwalts[14], auf das Vertrauensverhältnis zum Mandanten[15], auf die Stellung des Anwalts als Organ der Rechtspflege[16] und auf seine – im Vergleich zum Mandanten – überragenden Rechtskenntnisse[17].

II. Die Ausweitung der Offenbarungspflicht auf andere Berufe

Von der Keimzelle der Hinweispflicht des Anwalts breitete sich der Gedanke einer Pflicht zur ungefragten Offenbarung eigenen Fehlverhaltens und zur Belehrung über daraus resultierende Schadensersatzansprüche virusartig aus[18]. Eine gleichartige Verjährungsregelung wie im Anwaltsrecht findet sich bei Steuerberatern[19] und Wirtschaftsprüfern[20]. Konsequenter-

[13] RGZ 158, 130, 134; BGH VersR 1967, 979, 980; VersR 1968, 1042, 1043; VersR 1977, 622, 624; OLG Celle, VersR 1978, 1119, 1120; OLG Celle, U. v. 27.7.1979–3 U 70/79 -; Scheffler, AnwBl. 1969, 50f.; Brandner, AnwBl. 1969, 384f.; Carl, JW 1938, 2968; Rinsche, VersR 1987, 239

[14] BGHZ 83, 17, 23f.

[15] BGH VersR 1968, 1042, 1043; OLG Celle, VersR 1978, 1119, 1120; OLG Celle, U. v. 27.7.1979–3 U 70/79 -; OLG Celle, U. v. 1.8.1979–3 U 88/79 -; kritisch Evers, VersR 1979, 776

[16] BGH VersR 1968, 1042, 1043; OLG Celle, VersR 1978, 1119, 1120; OLG Celle, U. v. 27.7. 1979–3 U 70/79 -; OLG Celle, U. v. 1.8.1979–3 U 88/79 -; K. Müller, JR 1969, 161, 163; vgl. auch Seybold, DNotZ 1937, 416, 417; kritisch Evers, VersR 1979, 776; van Venrooy, DB 1981, 2364, 2367

[17] BGHZ 83, 17, 25; BGH NJW 1985, 2250, 2252; kritisch Evers, VersR 1979, 776

[18] Soweit bei anderen Berufen eine Belehrungspflicht diskutiert wird, fehlt selten der Hinweis auf die entsprechende Pflicht des Anwalts, s. etwa zum Arzt Gubernatis, JZ 1982, 363; Hart, in: Francke/Hart, S. 64ff.; Rieger, DMW 1986, 234, 235; H.L. Schreiber, in: v. Troschke/Schmidt, S. 187, 188; Solbach, JA 1986, 419, 421; zum Steuerberater BGHZ 83, 17, 23; Mutze, StB 1976, 93, 97; ders., StB 1977, 149, 152; zum Architekten: BGHZ 71, 144, 149; zum Notar: OLG Hamm, U. v. 22.10.1969 – 11 U 120/69 -.

[19] § 68 StBerG; dazu, daß die Verjährung auch hier mit Entstehung des Anspruchs unabhängig von einer Kenntnis des Berechtigten entsteht, BGHZ 83, 17, 19; BGH NJW 1982, 1288; NJW 1982, 1289; BGHZ 73, 363, 365; kritisch van Venrooy, DB 1981, 2364ff. – In § 68 StBerG fehlt lediglich die Regelung des § 51 BRAO, wonach die Ansprüche spätestens in drei Jahren nach der Beendigung des Auftrags verjähren; diese Abweichung von § 51 BRAO wurde bewußt im Hinblick auf spätere Betriebsprüfungen beim Mandanten gewählt, um dem Mandanten auch dann noch Schadensersatzansprüche zu ermöglichen; zur Gesetzesgeschichte und zu den (von der Rechtsprechung teilweise beseitigten Inkonsequenzen der Regelung) hier nur BGH NJW 1982, 1285, 1286.

[20] Verjährungsfrist allerdings 5 Jahre: § 51 a WPO, § 168 V AktG.

weise – wenn auch erst nach langem Zögern[21] – behandelt die Rechtsprechung den Steuerberater mittlerweile genauso wie den Rechtsanwalt, obwohl er keine *umfassende Rechtsberatung* schuldet[22]. Beim Wirtschaftsprüfer scheint es angesichts der Diskussion in der Literatur[23] nur eine Frage der Zeit zu sein, bis die Rechtsprechung auch hier eine entsprechende Offenbarungspflicht bejaht. Der Notar, obwohl wie der Rechtsanwalt Organ der Rechtspflege mit umfassenden Rechtskenntnissen, schuldet bisher keine Offenbarung[24]; verständlich, denn hier gilt (über § 19 Abs. 1 S. 3 BNotO) die auf Kenntnis des Geschädigten abstellende Verjährungsregelung des § 852 BGB. Gleiches gilt für den Arzt, den offenbar nur dieser Umstand und die ansonsten extrem lange Verjährungsfrist von 30 Jahren für vertragliche Schadensersatzansprüche[25] bisher vor der judikativen Auferlegung einer Offenbarungspflicht bewahrt hat[26], obwohl doch immer wieder argumen-

---

[21] ablehnend noch OLG Stuttgart, StB 1977, 263; OLG Schleswig-Holstein, BHStB R 822.8; OLG Koblenz, DStR 1979, 265, 266; OLG Celle, DStR 1978, 682, 683; OLG Celle, StB 1979, 13; OLG Stuttgart, VersR 1980, 54, 55; OLG Hamm, DStR 1981, 55; OLG-Karlsruhe, BHStB R 822.20; OLG Zweibrücken StB 1982, 66, 68; weitere Nachweise (auch zu den zahlreichen LG-Entscheidungen) bei Späth, Haftung[3], Rdn. 452; aus der Literatur Späth, StB 1976, 233, 236f., 236; ders., StB 1977, 82; ders., StB 1977, 201, 204f.; Bartelt, DStR 1978, 520f.; heute noch ablehnend Späth, Haftung[3], Rdn. 451ff.

[22] grundlegend BGHZ 83, 17, 22 = BGH NJW 1982, 1285, 1286f.; s. ferner BGH NJW 1982, 1532, 1533; NJW 1982, 2256, 2257; VersR 1982, 1053; BGHZ 96, 290, 298; BGH VersR 1986, 348; OLG Schleswig-Holstein, DStR 1984, 665, 666; OLG Celle, Stbg. 1985, 63; ebenso Dehner, LM StBerG Nr. 18; Soergel/Walter[12], § 198 Rdn. 20; schon zuvor LG Suttgart, U. v. 10.6.1975–10 O 279/75 -; Mutze, StB 1976, 93, 97; ders., StB 1977, 149, 152

[23] für eine Belehrungspflicht: Dehner, LM StBerG Nr. 18; Soergel/Wiedemann[11], Vor § 275 Rdn. 373; ablehnend (weil insgesamt gegen die Hinweispflicht) van Venrooy, DB 1981, 2364, 2371

[24] OLG Hamm, U. v. 22.10.1969–11 U 120/69 -; OLG Hamm, Rbeistand 1975, 46, 48; OLG Braunschweig, MDR 1972, 324; Haug, DNotZ 1977, 472, 480f.; Mutze, StB 1977, 149, 153; Späth, Haftung[3], Rdn. 451; ders., StB 1976, 233, 237; van Venrooy, DB 1981, 2364, 2366ff.; Evers, VersR 1979, 776; Gräfe, in: Gräfe/Suhr, S. 111; eine Belehrungspflicht befürwortend dagegen (in Österreich) Fenzl/Völkl/Völkl, ÖJZ 1986, 417, 422

[25] zur Verjährung der vertraglichen Ansprüche gegen den Arzt hier nur Narr, Rdn. 866; Taupitz, ZZP 100 (1987), 287, 290 m. w. Nwen.

[26] die einzige bekanntgewordene gerichtliche Entscheidung ist OLG Hamm, NJW 1985, 685; nur inzident BGH, NJW 1984, 661, 662 m. Anm. Taupitz, wenn dort ausgeführt wird, daß der Arzt nicht treuwidrig handele, wenn er, ohne die Tatsachen zu verschweigen oder zu verdrehen, ein schuldhaftes Fehlverhalten leugne; zur Auffassung der Literatur näher unten bei S. 57ff., 66ff., 86f.

Gänzlich obsolet ist die Frage nach einer Verknüpfung von Offenbarung und Verjährung auch beim Arzt nicht, wenn sie sich dort auch aus anderem Blickwinkel darstellt; ausnahmsweise mag die ausdrückliche Offenbarung des Fehlverhaltens durch den Arzt auch eine Verjährung des Schadensersatzanspruchs beim Patienten verhindern; dies ist nicht nur im Hinblick auf die nicht von einer Kenntnis des Patienten abhängigen 30-Jahres-Fristen der Fall, sondern bezogen auf deliktische Ansprüche etwa dann, wenn der Patient zwar Kenntnis im Sinne des § 852 BGB hat, sich aber gleichwohl nicht an eine Inanspruchtiert wird, daß eine Hinweispflicht hier angesichts der viel höherrangigen betreuten Rechtsgüter noch viel eher geboten sei als bei den nur vermögenssorgenden Berufen[27] und obwohl das (bei Anwälten ja immerhin zur Offenbarung nötigende[28]) Vertrauen in der Beziehung zwischen Arzt und Patient doch erst recht „übermächtige Bedeutung" haben soll[29] und weithin geradezu glorifiziert wird. Hätte sich also die um die Jahrhundertwende vorgeschlagene Übertragung der anwaltlichen Verjährungsregelung auf Ärzte[30] als Danaergeschenk erwiesen? Dem Architekten kommt dagegen die Wohltat der kurzen und nicht auf Kenntnis des Geschädigten abstellenden Verjährungsfrist des § 638 BGB zugute; nicht erstaunlich also, daß seine im Rahmen der übernommenen Baubetreuung bestehende Beratungspflicht auch umfaßt, den Bauherrn unaufgefordert über eigene Planungsfehler als mögliche Ursache zutage getretener Mängel und über die sich daraus ergebende Rechtslage zu informieren[31]. Im Gegensatz zum Rechtsanwalt[32] und

---

nahme des Arztes „herantraut", weil er das Risiko eines Prozesses scheut. Im übrigen bestehen in weiten Kreisen der Bevölkerung immer noch psychologische Vorbehalte dagegen, offen eigene „Rechte" vom Arzt einzufordern. Das Geltendmachen von Ansprüchen und schon das Aufwerfen der Frage nach einem Fehlverhalten wird als vertrauenswidrig empfunden. Die Einstellung der Bevölkerung entspricht auf einer außerrechtlichen Ebene wohl auch heute noch weithin jener Verpflichtung, die von Patienten in *Japan* lange Zeit *ausdrücklich* verlangt wurde: „I, a patient, and my family promise that we will never complain of any injury incurred during treatment" (zit. nach Bai, Jus medicum 10 [1984], 7). Solange man sich nicht „ganz sicher" ist, scheut man sich, als „Angreifer" zu erscheinen. Diese Hemmungen werden durch eine Offenbarung des Fehlers seitens des Arztes zweifellos abgebaut.

[27] Hart, in: Francke/Hart, S. 65f., 70ff.; vgl. auch Brüggemeier, Deliktsrecht, Rdn. 671. Im übrigen ist es nicht fernliegend, die Gedanken des Selbstbestimmungsrechts und der „personalen Würde des Patienten" heranzuziehen, „die es verbieten, ihm [dem Patienten] im Rahmen der Behandlung die Rolle eines bloßen Objekts zuzuweisen" (BGHZ 85, 327, 332, zum Einsichtsrecht des Patienten). Daraus könnte man herleiten, daß der Patient dann auch das Recht habe, „alles" über sich und über die erfolgte Behandlung – einschließlich begangener Fehlbehandlungen – zu erfahren.

[28] s. oben bei Fn. 15

[29] Deutsch, VersR 1981, 293, 297

[30] Hellwig, JW 1910, 308; heutige Vorschläge für eine Änderung der arztvertragsrechtlichen Verjährung befürworten dagegen eine Anlehnung an die auf Kenntnis des Geschädigten abstellende Regelung des § 852 BGB, s. z. B. Matthies, VersR 1981, 1099, 1101.

[31] BGHZ 71, 144, 148f.; 92, 251, 258f.; BGH BauR 1985, 232f.; VersR 1986, 37, 38; OLG Celle, BauR 1984, 647f.; OLG Bamberg, BauR 1981, 79; restriktiv OLG Frankfurt, Schäfer/Finnern/Hochstein, § 633 BGB Nr. 57. Trotz der Pflicht zu „sachkundige[r] Unterrichtung des Bauherrn vom Ergebnis der Untersuchung *und von der daraus sich ergebenden Rechtslage*" muß der der Architekt allerdings „im allgemeinen" (?) nicht „ausdrücklich auf einen gegen sich gerichteten Regreßanspruch wegen versäumter Rechtswahrung" hinweisen: BGHZ 71, 144, 148f.; BGH VersR 1986, 37, 38.

[32] nach allg. Meinung endet die Belehrungspflicht mit dem Ende des Mandats, s. BGH NJW 1985, 2250, 2253; NJW 1979, 264; VersR 1977, 622, 624; OLG Frankfurt, VersR 1979, 775, 776; OLG Hamm, VersR 1981, 440, 442; Brandner, AnwBl. 1969, 384, 385f.;

Steuerberater[33] trifft den Architekten diese Pflicht sogar noch nach Beendigung des Vertrages[34]. Man ist versucht, sarkastisch zu fragen, ob diese nachwirkende und damit besonders scharfe Hinweispflicht vielleicht aus den wohl geringeren Rechtskenntnissen des Architekten resultiert[35]; Anlaß für eine derartige Deutung gibt immerhin auch der Umstand, daß der BGH dem Architekten eine entsprechende Offenbarungspflicht ohne „Vorwarnung" auferlegt hat[36], während er Steuerberatern das Privileg eines entschuldbaren Rechtsirrtums gewährt hat, der dieser Berufsgruppe bis zum Bekanntwerden des Senatsurteils zugute kam, in welchem erstmals das Bestehen einer Belehrungspflicht des Steuerberaters höchstrichterlich festgestellt wurde[37]. Erstaunlich ist allerdings, um eine letzte Fallkonstellation

---

Mühlbauer, AnwBl. 1979, 475f.; Soergel/Wiedemann[11], Vor § 275 Rdn. 313, 373; MünchKomm/Seiler[2], § 675 Rdn. 9; dementsprechend handelt der Anwalt nicht pflichtwidrig, wenn er nach Mandatsende die Existenz von Regreßansprüchen leugnet: OLG Hamm, VersR 1977, 653; Soergel/Wiedemann[11], Vor § 275 Rdn. 373; vgl. auch BGH NJW 1975, 1655, 1656. Eine Pflicht zur Belehrung kann allerdings nach Beendigung des Vertrages im Rahmen eines neuen Mandats bestehen: BGH NJW 1986, 581, 583; VersR 1984, 162, 163; Palandt/Heinrichs[48], Überbl. 5 c vor § 194; allerdings muß dann (abgesehen davon, daß der Primäranspruch noch nicht verjährt sein darf: BGH NJW 1988, 2245, 2247) ein genügend enger sachlicher Zusammenhang mit dem ersten Mandat bestehen, so zutr. Rinsche, VersR 1987, 239, 240; Mühlbauer, AnwBl. 1979, 475, 476 („bei weitgehender Identität des Streitgegenstandes"); zu undifferenziert Soergel/Wiedemann[11], Vor § 275 Rdn. 373; *gegen* jede Pflicht, aufgrund eines neuen Mandats über Fehler im früheren aufklären zu müssen (und zwar selbst dann, wenn beiden Auftragsverhältnissen dieselbe Sache zugrunde liegt), LG München I, AnwBl. 1973, 76.

33 H. Hoffmanns, S. 79

34 BGHZ 71, 144, 148f.; BGHZ 92, 251, 258f.; Bindhardt/Jagenburg[8], § 3 Rdn. 63; Soergel/Wiedemann[11], Vor § 275 Rdn. 313, 373 Fn. 41; Moser, Der Architekt 1986, 111, 112; H. Hoffmanns, S. 80f.

35 Tatsächlicher Hintergrund für die nur bis zum Mandatsende reichende Belehrungspflicht des *Anwalts* ist allerdings das Bemühen, die gesetzliche Regelung (§ 51 BRAO 2. Alt.: Verjährung „spätestens... in drei Jahren nach der Beendigung des Auftrags") nicht völlig auszuhebeln, so deutlich BGH NJW 1979, 264; OLG Hamm, VersR 1981, 440, 442; Soergel/Wiedemann[11], Vor § 275 Rdn. 373; beim *Architekten* fehlt dagegen eine entsprechende *explizite* gesetzgeberische Entscheidung. Fraglich ist allerdings, wie der (von der Rechtsprechung bisher nicht ausdrücklich erörterte) Ausschluß einer nachvertraglichen Beratungspflicht des *Steuerberaters* begründet werden kann. Denn § 68 StBerG enthält die 2. Alt. des § 51 BRAO („spätestens...") nicht.

36 BGHZ 71, 144; OLG Bamberg (BauR 1981, 79) hat den Architekten verurteilt, obwohl das erste BGH-Urteil (BGHZ 71, 144) erst während des laufenden Prozesses veröffentlicht worden war; die vorherigen vom BGH zitierten Urteile waren noch „weit davon entfernt", aus der Beratungspflicht des Architekten so weitgehende Folgerungen zu ziehen wie BGHZ 71, 144, so zutr. Schubert, JR 1979, 21.

37 BGHZ 96, 290 (LS 3) und 298ff.; BGH VersR 1986, 348; allerdings ist die unterschiedliche Behandlung gleichwohl vertretbar: Denn während es zum Architektenrecht vor der grundlegenden BGH-Entscheidung keine gerichtlichen Entscheidungen gegeben hatte, die beim Architekten den Eindruck erwecken konnten, daß eine Offenbarungspflicht nicht bestehe, hatte sich zum Steuerberater zwischen 1977 und 1981 eine ganze

zu nennen, die ablehnende Haltung der Rechtsprechung gegenüber einer Hinweispflicht des Geschäftsführers einer GmbH: Denn auch § 43 Abs. 4 GmbH-Gesetz enthält (wie im übrigen auch § 9b GmbH-Gesetz[38]) eine fünfjährige Verjährungsfrist für einen Schadensersatzanspruch, die unabhängig von einer Kenntnis des Geschädigten zu laufen beginnt[39]. Bemerkenswert ist die von der Rechtsprechung hier gelieferte Begründung für das Fehlen einer Hinweispflicht: Nach Ansicht des BGH kann nämlich „die aus guten Gründen erlassene Verjährungsvorschrift des § 43 Abs. 4 GmbHG“ nicht durch die Annahme einer Pflicht zur Offenbarung eigenen Fehlverhaltens „aus den Angeln gehoben werden.“[40] Man fragt sich, warum dies und damit letztlich die Achtung vor der gesetzgeberischen Entscheidung[41] dann nicht zugunsten der Rechtsanwälte, Steuerberater und Wirtschaftsprüfer

---

Reihe von Oberlandes- und Landgerichten ausdrücklich *gegen* eine Belehrungspflicht ausgesprochen (Nachweise oben S. 13 Fn. 21); beim Steuerberater konnte daher *zumindest in dieser Phase* der Eindruck entstehen, die streitige Rechtslage sei nunmehr geklärt; vgl. zu den Anforderungen an einen nicht vermeidbaren Rechtsirrtum als Entschuldigungsgrund für die Nichterfüllung von vertraglichen Verbindlichkeiten BGH NJW 1951, 398; NJW 1972, 1045 f.; Mayer-Maly, AcP 170 (1970), 133 ff.; zutreffend weist Dehner (LM StBerG Nr. 18) auf die (zeitlich nur begrenzt) gegebenen Besonderheiten innerhalb der Diskussion um die Pflichten des Steuerberaters hin.

[38] dazu, daß auch hier für den Beginn der Verjährung nicht die Kenntnis der die Gründungshaftung auslösenden Tatsachen maßgebend ist, Baumbach/Hueck[15], § 9b Rdn. 4; Meyer-Landrut, § 9b Rdn. 5; bezogen auf diese Norm findet sich in der Kommentarliteratur ebensowenig eine Erörterung von Offenbarungspflichten wie bezogen auf § 43 Abs. 4 GmbH-Gesetz.

[39] dazu, daß der Beginn der Verjährung nicht von einer Kenntnis des Geschädigten abhängt, OLG Hamburg, U. v. 8.11. 1968 – 11 U 60/1968 –, bestätigt durch BGH, BB 1971, 369; OLG Bremen, GmbH-Rdsch. 1964, 8, 10; Mertens, § 43 Rdn. 97; Scholz/Schneider[7], § 43 Rdn. 205

[40] BGH BB 1971, 369; in der einschlägigen Kommentarliteratur findet sich regelmäßig kein deutlicher Hinweis auf die Offenbarungsproblematik; allenfalls wird auf die unzulässige Rechtsausübung eingegangen, die die Verjährungseinrede dann ausschalten könne, wenn der pflichtwidrig handelnde Geschäftsführer sein gesellschaftsschädigendes Verhalten „in unlauterer Weise“ verheimliche: Mertens, § 43 Rdn. 98; Hachenburg/Mertens[7], § 43 Rdn. 98; zust. Rowedder/ Koppensteiner, § 43 Rdn. 52; s. auch Scholz/ Schneider[7], § 43 Rdn. 205 (mit dem folgenden unklaren Hinweis: „Freilich kann in der Verheimlichung eine selbständige Pflichtverletzung liegen“); im übrigen wird in „Manipulationen“ eine selbständige, den Lauf der Verjährung neu begründende Pflichtverletzung gesehen: Hachenburg/Mertens[7], § 43 Rdn. 98.

[41] Auch bezogen auf die Verjährung von *kaufrechtlichen* Gewährleistungsansprüchen hat es der BGH ja bisher abgelehnt, entsprechend einer im Schrifttum verbreiteten Ansicht (z. B. Schwark, AcP 179 [1979], 57, 82; Schubert, JR 1981, 111, 112; Littbarski, NJW 1981, 2331 ff.; weitere Nachweise bei BGHZ 77, 215, 221) auf eine Kenntnis des geschädigten Käufers oder zumindest auf die Erkennbarkeit des Schadens abzustellen: BGHZ 77, 215, 221 ff.; BGH WM 1981, 525; vorsichtige Andeutung in die Gegenrichtung (freilich ohne praktische Konsequenzen) bei BGH NJW 1979, 2200, 2201; BGH NJW 1978, 2241, 2242. Für den Fall einer Gesetzesreform wird von Heinrichs (NJW 1982, 2021, 2026) die generelle Berücksichtigung der Kenntniserlangung befürwortet.

gilt, wo die Hinweispflicht doch offen dazu dient, die gesetzliche Verjährungsregelung zu korrigieren[42]? Als besonders delikat erweist sich insofern die Hinweispflicht des Architekten: Denn hier wird nicht nur die gesetzliche Verjährungsfrist umgangen, sondern die Rechtsprechung umgeht sich hier gewissermaßen selbst: Wie in der Literatur gezeigt worden ist, hat die an sich prinzipienwidrige Unterstellung der Leistung des umfassend zur Planung und Bauausführung verpflichteten Architekten unter das Werkvertragsrecht[43] einzig und allein den Effekt und wohl auch das Ziel, die dreißigjährige Verjährungsfrist für mangelhafte Dienstleistungen durch die fünfjährige Frist des § 638 BGB zu ersetzen[44]. Auf dem Weg über den sekundären Schadensersatzanspruch als Folge unterlassener Offenbarung eigener Fehler kehrt die Rechtsprechung jedoch im Ergebnis zu der dreißigjährigen Frist zurück, die sie gerade umgangen hat[45] – ein seltsames (wenn auch im Ergebnis vielleicht billigenswertes[46]) Vorgehen.

---

[42] abl. gegenüber einer Belehrungspflicht des Steuerberaters, weil dies „die aus wohlerwogenen Gründen erlassene Verjährungsfrist des § 68 StBerG aushöhlen" würde, Gräfe, in: Gräfe/Suhr, S. 111; unbefriedigend die dagegen gerichtete Argumentation des BGH: „Wäre dies richtig, so müßte man auch der Rechtsprechung den Vorwurf machen, sie höhle durch die Annahme einer Belehrungspflicht des Rechtsanwalts die Vorschrift des § 51 BRAO aus. Diesen Vorwurf wollen selbst Graefe-Suhr nicht erheben." (BGHZ 83, 17, 23).

Kritisch gegenüber der vom BGH bejahten Belehrungspflicht des Anwalts Zimmermann, NJW 1985, 720f. („blutleere Fiktion zum Zwecke der Gesetzesumgehung"); zum Steuerberater: LG Bad Kreuznach, wiedergeg. bei Späth, Haftung[3], Rdn. 453: die vom BGH vertretene Rechtsauffassung entferne sich vom Gesetzeswortlaut und eine so weitgehende Korrektur könne allenfalls der Gesetzgeber vornehmen; s. ferner Späth, Haftung[3], Rdn. 453. Für ehrlicher hält van Venrooy, DB 1981, 2364ff. eine offene Restriktion der fraglichen Verjährungsnormen.

[43] grundlegend BGHZ 31, 224, 228; ferner BGHZ 48, 257, 260ff.; kritisch z. B. Tempel, in: Vertragsschuldverhältnisse, S. 155, 173ff., 201f.; Ganten, Pflichtverletzung, S. 84ff., 94ff.; Peters/Zimmermann, S. 77, 201

[44] Jakobs, Festschrift Ballerstedt, S. 355ff., 369ff.; Peters/Zimmermann, S. 77, 201; BGHZ 31, 224, 228 weist allerdings auch auf das Bedürfnis hin, die Kündigungsmöglichkeit des § 627 BGB auszuschließen.

[45] die Verjährungsfrist für den aus der unterlassenen Belehrung resultierenden Sekundäranspruch gegen den Architekten beträgt 30 Jahre: BGHZ 71, 144, 151; 92, 251, 258; BGH BauR 1985, 232f.; OLG Celle, BauR 1984, 647, 649; Ganten, Dt. ArchBl. 1978, 1073; Soergel/Wiedemann[11], Vor § 275 Rdn. 373 Fn. 32; *kritisch* Moser, Der Architekt 1986, 111, 112; Schubert, JR 1979, 21; anders (über eine Gegeneinrede gegen die Verjährungseinrede) auch Ballerstedt, Festschrift Larenz, S. 717, 730.

[46] Dazu, daß die Verjährung nach § 638 BGB auf Beratungsverträge eigentlich nicht paßt und daß die Haftung für fehlerhafte Beratung, auch soweit der Beratung zufällig ein Werkvertrag zugrundeliegt, immer nach Dienstvertragsrecht erfolgen sollte, U. Huber, AcP 177 (1977), 281, 328f.; vgl. auch Ballerstedt, Festschrift Larenz, S. 717, 724ff.; ob die dreißigjährige Frist nicht insgesamt zu lang ist, ist freilich eine andere Frage, s. dazu nur Peters/Zimmermann, S. 77, 190ff., 214 und öfters; Medicus, Tübinger Festschrift Kern, S. 313, 327.

Eine weitere Ungereimtheit in der bisherigen Diskussion um die Offenbarungspflichten nach einem eigenen Fehlverhalten sei erwähnt: Auch § 93 Abs. 6 AktG beinhaltet (bezogen auf die Schadensersatzansprüche gegen Vorstandsmitglieder einer Aktiengesellschaft) eine fünfjährige Verjährungsfrist, die unabhängig von einer Kenntniserlangung vom Eintritt des Schadens zu laufen beginnt[47]. Hierzu wird in der Literatur darauf hingewiesen, daß das bloße Verschweigen des eigenen Fehlverhaltens deshalb keine zusätzliche Pflichtverletzung beinhalten könne, weil sich der Berufsangehörige nicht selbst eines strafbaren oder zum Ersatz verpflichtenden Verhaltens bezichtigen müsse[48]. Allenfalls das (aktive) „Verschleiern" der bestehenden Ersatzansprüche[49] soll eine selbständige Pflichtverletzung darstellen[50] bzw. als Grundlage des Einwandes unzulässiger Rechtsausübung gegenüber der Verjährungseinrede in Betracht kommen[51]. Bei Rechtsanwälten, Steuerberatern und Wirtschaftsprüfern wird dem Gedanken der Selbstbezichtigungsfreiheit[52] dagegen offenbar ohne große Hemmungen jede Bedeutung abgesprochen.

Das vorhandene Rechtsprechungsmosaik und die bisher in der Literatur diskutierten Fallgestaltungen zeigen sowohl von den Ergebnissen als auch von den vorgebrachten Argumenten her ein wenig konsistentes Bild. Zwar weisen viele der vorstehend eher aus der überzeichnenden Position eines Advocatus Diaboli heraus angegriffenen Lösungsvorschläge und Argumente durchaus in die richtige Richtung. Nicht zu verkennen ist jedoch, daß der Diskussion noch sehr die Eierschalen der case-law-artigen Entwicklung anhaften. Aber schon zeichnet sich eine Tendenz ab, die auf eine immense Ausdehnung der Offenbarungspflicht zusteuert: Konnte die Rechtspre-

---

Für die Anwendung des § 638 BGB auf den Architektenvertrag aber Jakobs, Festschrift Ballerstedt, S. 355ff., 371f.; Peters/Zimmermann, S. 77, 201

47 zum Beginn der Verjährungsfrist statt aller Kölner Komm/Mertens², § 93 Rdn. 162; Großkomm-AktG/Schilling³, § 93 Anm. 60.

48 Kölner Komm/Mertens², § 93 Rdn. 51, 129, 162; s. hinsichtlich strafbarer Handlungen auch Großkomm-AktG/Meyer-Landrut, § 90 Anm. 13; allerdings soll nach Mertens „die Wahrung der Heimlichkeit noch der pflichtwidrigen Handlung zuzurechnen" sein, „wenn das Verwaltungsmitglied, wäre diese von einem anderen vorgenommen worden, dagegen hätte einschreiten oder darüber den Vorstand oder den Aufsichtsrat hätte informieren müssen. Unter diesen Voraussetzungen beginnt die Verjährungs erst nach Ablauf des Stadiums eines widerrechtlichen – wenn auch subjektiv nicht vorwerbaren – Verschweigens der Pflichtverletzung durch den Täter." (Kölner Komm/Mertens², § 93 Rdn. 162).

A.A. offenbar v. Godin/Wilhelmi⁴, § 93 Anm. 31: „Läßt der Vorstand seine eigene Schuld verjähren, so haftet er aus Pflichtverletzung."

49 zum Unterschied zwischen „unterlassender" Verletzung der Offenbarungspflicht und aktivem Verstoß gegen die Wahrheitspflicht oben S. 7f.

50 Kölner Komm/Mertens², § 93 Rdn. 162 („Manipulationen zur Verdeckung eines pflichtwidrigen Verhaltens, die im Verhältnis zu diesem einen zusätzlichen Unrechtsgehalt haben"); Großkomm-AktG/Schilling³, § 93 Anm. 60

51 Geßler/Hefermehl, § 93 Rdn. 86; Großkomm-AktG/Schilling³, § 93 Anm. 60

52 dazu genauer unten S. 30ff.

chung zum Anwaltsrecht zunächst als singulär abgetan werden[53], so daß man glaubte, die Offenbarungspflicht allein unter Hinweis darauf von anderen Bereichen fernhalten zu können[54], so „zog" dieses „Argument" um so weniger, je weiter die Rechtsprechung selbst den informationspflichtigen Personenkreis ausdehnte. Heute wird bereits die Ansicht vertreten, daß eine Pflicht zum Hinweis auf gegen sich selbst gerichtete Regreßansprüche allen mit einem besonderen Betreuungsverhältnis verbundenen, meist freien Berufen eigen sei[55]. Und knüpft man allein an ein bestehendes Kompetenzgefälle an, indem eine Informationspflicht überall dort bejaht wird, wo der andere Vertragspartner einen Fehler aufgrund des eigenen Wissens nicht mehr erkennen kann[56], so steht in der heutigen, zunehmend auf hochspezialisiertem, arbeitsteilig angewandtem Wissen aufbauenden Gesellschaft wohl bald eine faktische Umkehr der Argumentationslast ins Haus: nicht mehr die Bejahung einer Pflicht zur unaufgeforderten Information über ein eigenes Fehlverhalten ist dann zu begründen, sondern deren Verneinung. Tendenzen in dieser Richtung sind zweifellos im Zusammenhang mit der allgemeinen Ausdehnung der Rechte des vermeintlich Schwächeren und insbesondere mit dem allseits propagierten Verbraucherschutzgedanken zu sehen: Bekanntlich geht ein Großteil der auf eine Stärkung der Position des Verbrauchers hin ausgerichteten Wege dahin, Informationsdefizite über die Statuierung von Aufklärungspflichten abzubauen; dies gilt sowohl für Überlegungen, die das materielle Recht in den Vordergrund stellen[57] als auch für prozessual ausgerichtete Lösungsvorschläge zur Beseitigung faktischer Rechtswegsperren[58]. Aber seltsamerweise scheint die

---

[53] Späth, StB 1977, 201, 204f.; Peters/Zimmermann, S. 77, 174, 336; Evers (VersR 1979, 776) spricht davon, daß der Anwalt als einziger aus einer Reihe vergleichbarer Berufsgruppen dem Auftraggeber einen Berufsfehler offenbaren müsse; das sei ein einmaliger Vorgang. Häufig wird allerdings die von der Rechtsprechung bereits bei anderen Berufen bejahte Offenbarungspflicht nicht zur Kenntnis genommen, so z. B. Zimmermann, NJW 1985, 720.

[54] z. B. Späth, StB 1977, 201, 204f.

[55] H. Hoffmanns, S. 79; Soergel/Wiedemann[11], Vor § 275 Rdn. 373

[56] vgl. die Erörterungen bei Hart, in: Francke/Hart, S. 56ff.; zur Bedeutung des Informationsgefälles für die Existenz vorvertraglicher Informationspflichten Soergel/Teichmann[11], § 242 Rdn. 140

[57] s. statt vieler weiterer Lauer, passim; Klingler, Aufklärungspflichten, insbes. S. 122ff.; Schumacher, Vertragsaufhebung, S. 69ff., 79ff., 93ff.; Hartwieg, JuS 1973, 733, 736ff.; Reich, NJW 1978, 513, 514, 519; zum Verbraucherschutz im Arzneimittelrecht jüngst Hasskarl, NJW 1988, 2265ff.; Warnungen vor einer Überdehnung von Aufklärungspflichten bei Werres, S. 15ff.

[58] zum „Ziel einer sozialen Zivilprozeßordnung" und zur Erörterung außergerichtlicher Zugangsbarrieren in Gestalt fehlender Wahrnehmung von Rechtsproblemen und fehlender Rechtskenntnisse Martin, ZSR 107 II (1988), 1, 34ff.; vgl. auch E. v. Hippel, Verbraucherschutz[3], S. 155ff.; Reich/Micklitz, S. 381ff. (S. 394 Hinweis, daß in 95% der untersuchten Fälle der Verbraucher nicht als Kläger, sondern als Beklagter auftrat).

Ausweitung von unselbständigen Informationspflichten bisher völlig unbeeindruckt von der an sich gegenläufig wirkenden Sensibilisierung der Gesellschaft für Geheimhaltungsbedürfnisse jeder Art abgelaufen zu sein.

§ 4 Rechtsfolgenorientierter Zugang zur Offenbarungsproblematik?

Wenn man versucht, sich der Offenbarungsproblematik von einer Warte aus zu nähern, die die bisher erörterten Fallgruppen mit dem Ziel der Erarbeitung (möglichst) allgemeiner Kriterien transzendiert, so bietet es sich zunächst an, das Verbindende der in der Vergangenheit positiv entschiedenen Fälle herauszuarbeiten. *Eine* Gemeinsamkeit, und zwar eine solche auf der Rechtsfolgenseite, wurde bereits genannt, nämlich die im Wege des Schadensersatzes untersagte Berufung auf die Verjährungseinrede. In der Tat schlägt das Rechtsgefühl hier in ganz besonderem Maße zugunsten des „Unwissenden" aus: Denn dieser beruft sich auf die Informationspflicht des Gegners hier nur *verteidigungsweise*[1] gegen dessen „Angriff" in Gestalt der Verjährungseinrede, durch die erst – wie der BGH im Zusammenhang mit der Hinweispflicht des Rechtsanwalts einmal formuliert hat – aus lediglich „formellen Gründen" der an sich bestehende materielle Anspruch zu Fall gebracht wird[2]; man ist hier wertungsmäßig sehr nahe beim Gedanken des dolus praesens, also bei der unzulässigen Rechtsausübung[3], der exceptio doli[4], dem venire contra factum proprium[5]: nicht

---

[1] zutr. Schubert, JR 1979, 21

[2] BGH NJW 1982, 1285, 1287; s. auch BGH NJW 1975, 1655, 1657: „Ein Interesse des Anwalts daran aber, auch berechtigte Ansprüche durch die Verjährungseinrede zu Fall zu bringen, müßte hier [d.h. angesichts der regelmäßig beim Mandanten gegebenen Unkenntnis von der Verjährungsregelung der BRAO, d.Verf.] gegenüber den Belangen des geschädigten Mandanten zurücktreten."

[3] dazu Staudinger/Weber[11], § 242 Rdn. D 19ff.; Soergel/Teichmann[11], § 242 Rdn. 11ff., 274ff.; Soergel/Siebert/Knopp[10], § 242 Rdn. 228ff.; MünchKomm/Roth[2], § 242 Rdn. 224ff.; RGRK/Alff[12], § 242 Rdn. 89ff.; Siebert, Verwirkung und Unzulässigkeit der Rechtsausübung, 1934; entwicklungsgeschichtlich stellt die (auf die römisch-rechtliche exceptio doli zurückgehende) Einrede der Arglist (dazu die folgende Fußnote) den Ausgangspunkt der Lehre von der unzulässigen Rechtsausübung dar; zur geschichtlichen Entwicklung hier nur Staudinger/Weber[11], § 242 Rdn. D 9ff.

[4] Es lassen sich zwei Formen unterscheiden: bei der exceptio doli specialis oder praeteriti geht es um die Unzulässigkeit der (gerichtlichen) Geltendmachung eines Rechts wegen unredlicher Weise des Rechtserwerbs (Einwand der früheren Arglist), während die exceptio doli generalis oder praesentis die gegenwärtig arglistige Ausübung des redlicherweise erworbenen Rechts betrifft; s. hierzu statt vieler Palandt/Heinrichs[48], § 242 Anm. 2 d, 4 C; zur römischrechtlichen Herkunft Kaser, Römisches Privatrecht[14], § 33 IV 4 (S. 157); MünchKomm/Roth[2], § 242 Rdn. 228. In das BGB wurde die Einrede der Arglist nicht

das tatsächliche Offenbaren eines eigenen Fehlers ist aus diesem Blickwinkel das wahre Ziel, sondern der Wunsch, daß der Gegner nicht *jetzt* einen Vorteil aus seinem eigenen früheren Verhalten soll ziehen können, nicht *jetzt* den – offenbar mit einem Makel belasteten[6] – Vorteil der Verjährung haben soll. Ganz deutlich in Verfolgung dieses Gedankens wird denn auch bezogen auf die Pflichten der Vorstandsmitglieder einer Aktiengesellschaft die Auffassung vertreten, daß zwar das Verschweigen eigenen Fehlverhaltens „allein noch keine neue Pflichtverletzung neben dem ursprünglichen Fehlverhalten selbst" begründe; gleichwohl müsse dieser Umstand den Beginn der (nicht von einer Kenntniserlangung vom Schaden abhängigen) Verjährungsfrist nach § 93 Abs. 6 AktG[7] „hinauszögern"; denn das „Schweigen" des Vorstandsmitglieds dürfe „jedenfalls nicht zur Verbesserung seiner Haftungslage im Verhältnis zur Gesellschaft führen"[8]. Bezogen auf Rechtsanwälte, Steuerberater usw. verfolgt die h.M. diesen konstruktiven Weg, der über eine „Zurechnung der Heimlichkeit noch zur pflichtwidrigen Handlung"[9] eine ungenügende Trennung verschiedener Pflichten mit ihrem jeweils eigenen Unrechtsgehalt beinhaltet[10], zwar zu Recht nicht; aber gleichwohl scheint es ganz beruhigend zu sein, daß zwar eine „echte

---

ausdrücklich aufgenommen, jedoch hat die Rspr. ihre Existenz bald anerkannt und sie auf §§ 242, 826 zurückgeführt (s. insbes. RGZ 135, 374, 376). Heute wird zwischen der Einrede der Arglist und der unzulässigen Rechtsausübung oftmals nicht mehr substanziell unterschieden (bzw. die exceptio doli als Unterfall der unzulässigen Rechtsausübung verstanden, s. Palandt/Heinrichs[48], § 242 Anm. 2 d; zur uneinheitlichen Terminologie Staudinger/Weber[11], § 242 Rdn. D 16, 17), wie auch mit der exceptio doli insbes. in ihrer Form der exceptio doli praesentis schon früh rein objektive Unbilligkeiten ohne Rücksicht auf Arglist, Böswilligkeit oder überhaupt Verschulden des Gläubigers erfaßt wurden, s. Gadow, Jher.Jahrb. 84 (1934), 174 ff. Die beiden genannten Grundformen werden deshalb auch bei der unzulässigen Rechtsausübung unterschieden.

5 dazu Riezler, Venire contra factum proprium, 1912; Wieling, AcP 176 (1976), 334 ff.; Canaris, Vertrauenshaftung, S. 287 ff.; Larenz, Schuldrecht I[14], S. 133; MünchKomm/Roth[2], § 242 Rdn. 289 ff.; RGRK/Alff[12], § 242 Rdn. 93 ff.

6 deutlich zu erkennen am Hinweis des BGH auf die lediglich „formellen Gründe" einer Vereitelung des Anspruchs, oben Fn. 2; nicht von ungefähr hat man versucht, die Zulässigkeit der Verjährungseinrede unter dem Gesichtspunkt der „Standesehre" einzuschränken, s. die Nachweise bei Staudinger/Weber[11], § 242 Rdn. D 482

7 dazu oben S. 18

8 Kölner Komm/Mertens[2], § 93 Rdn. 129; ähnlich Mertens, Festschrift Fleck, S. 209, 215; im Kölner Komm., aaO, Rdn. 162 mit den zusätzlichen Ausführungen: „die Wahrung der Heimlichkeit [ist] noch der pflichtwidrigen Handlung zuzurechnen, wenn das Verwaltungsmitglied, wäre diese von einem anderen vorgenommen worden, dagegen hätte einschreiten oder darüber den Vorstand oder den Aufsichtsrat hätte informieren müssen. Unter diesen Voraussetzungen beginnt die Verjährung erst nach Ablauf des Stadiums eines widerrechtlichen – wenn auch subjektiv nicht vorwerfbaren – Verschweigens der Pflichtverletzung durch den Täter."

9 s. vorige Fußnote

10 s. unten S. 26 f.

Rechtspflicht"[11] und nicht nur – wie in der Geburtsphase der anwaltlichen Offenbarungspflicht[12] – eine Arglisteinrede konstruiert wird[13], daß diese Rechtspflicht aber dennoch letztlich „nur" als sog. unselbständige Offenbarungspflicht erscheint[14], die gewissermaßen als „Schutzpflicht gegen sich selbst" „lediglich" der Begründung von Schadensersatzansprüchen dient, deren Erfüllung jedoch nicht erzwungen werden kann und deren Ergebnis im Grunde ebenfalls nur eine Aufrechterhaltung bereits bestehender Schadensersatzpflichten ist. Und es ist weiter beruhigend, daß selbst die damit perpetuierte Schadensersatzpflicht regelmäßig auf ein Schadenkollektiv im Wege der Versicherung abgewälzt wird[15].

Aber dieser Blick auf eine einzige mögliche Rechtsfolge bzw. Sanktion schöpft die Problematik der Offenbarungspflicht zweifellos nicht aus. Immerhin ist der BGH bei den Rechtsfolgen unterlassener Information über eigenes Fehlverhalten längst über die Verweigerung der Verjährungseinrede hinausgegangen: Der Anwalt, der das Prozeßmandat trotz eines Fehlverhaltens beibehält, muß sich in dem späteren Regreßprozeß so behandeln lassen, als habe er sich im ersten Prozeß selbst den Streit verkündet[16]. Ein Architekt hatte den Bauherrn durch Schweigen, nämlich durch das Verheimlichen des eigenen Planungsfehlers, letztlich nicht davon abgehalten, gegen einen Werkunternehmer Klage zu erheben. Erst im Prozeß erfuhr der Bauherr, daß der gerügte Mangel auf einem Planungsfehler des Architekten

---

[11] Borgmann, AnwBl. 1984, 497

[12] RGZ 143, 250, 253; 153, 101, 112; zum Notar, der den Geschädigten jahrelang als Anwalt vertreten und ihm zur Verfolgung anderweitiger (wegen der eigenen Haftung nicht gegebener) Ersatzmöglichkeiten geraten hat, RG DNotZ 1937, 414 m. zust. Anm. Seybold. Im Jahre 1938 hat das Reichsgericht erstmals den Weg über die schadensersatzbewehrte Offenbarungspflicht eingeschlagen: RGZ 158, 130, 134

[13] ob man mit einer Arglisteinrede gegen den Ablauf der Verjährung „von vornherein sauberer [hätte] arbeiten können", wie Borgmann (AnwBl. 1984, 497) meint, sei dahingestellt; fest steht jedenfalls, daß sich die Voraussetzungen und Wirkungen unterscheiden und daß die Arglisteinrede *neben* der schadensersatzbewehrten Pflicht zur Belehrung über den Regreßanspruch ihre Berechtigung behält; s. dazu hier nur BGH NJW 1982, 1289, 1290; NJW 1985, 1151, 1152; NJW 1986, 1162, 1164; NJW 1988, 2245, 2247; AnwBl. 1988, 285; OLG Düsseldorf, MDR 1984, 843f. – Beide Wege zu sehr vermischend Soergel/Walter[12], § 198 Rdn. 20: „Verjährungseinrede kann unzulässig sein", wenn der Anwalt die Belehrung über den Regreßanspruch und über dessen Verjährung unterlassen hat.

[14] dazu unten S. 43f., 49ff., 53, 101

[15] dies betrachtet U. Hübner, NJW 1989, 5, 11, als Hintergrund für die in der Rechtsordnung an sich ungewöhnliche Offenbarungspflicht des Anwalts.

[16] RGZ 158, 130, 135f.; RG DR 1940, 453; BGHZ 5, 12, 14f.; OLG Braunschweig, MDR 1972, 324; s. auch Brandner, AnwBl. 1969, 384, 385; dies gilt jedoch nur für den Fall, daß der Anwalt selbst das Mandat weiterführt; andernfalls würde man dem Anwalt durch die Nebeninterventionswirkung des § 68 ZPO die ihm vom BGH ausdrücklich zuerkannte Möglichkeit, sich nach Mandatsende gegen Ansprüche zu verteidigen (BGH NJW 1975, 1655), unzulässig beschränken; so zutr. Borgmann/Haug[2], S. 275.

beruhte. Der BGH hat Schadensersatz für den unnützen Prozeß gewährt[17]. Schließlich kann das Verhalten des Schädigers nach dem Schadensereignis anerkanntermaßen mit ein Faktor für die Bemessung des Schmerzensgeldes sein[18]; besteht eine *Rechtspflicht* zur unaufgeforderten Offenbarung, wird eine Verletzung dieser Pflicht eher schmerzensgelderhöhend zu berücksichtigen sein, während das „überobligationsmäßige" Offenbaren entschädigungsmindernd wirken dürfte. Schon diese wenigen Beispiele zeigen, daß eine Reform des Verjährungsrechts die Offenbarungsproblematik keineswegs obsolet machen würde, wie dies in der Literatur erwartet wird[19]; dies wäre zwar eine Korrektur „'am richtigen Ort' (nämlich an der falsch wertenden Norm)"[20], aber nur die Beseitigung eines und nicht des einzigen Kristallisationspunkts für die Belehrungspflicht.

Im übrigen kann die Offenbarungspflicht aber auch keineswegs so ohne weiteres dem vermeintlichen Ruf der Gerechtigkeit folgend mit dem Ziel des Nichteintritts der Verjährung auf den Gedanken des dolus praesens gestützt werden. Denn letztlich könnte jeder Verjährungseintritt mit dem Argument abgelehnt werden, daß der Verpflichtete sich nicht aus lediglich „formellen Gründen" der bestehenden Leistungspflicht entziehen dürfe. Damit würde aber nicht nur eine in den Verjährungsvorschriften zum Ausdruck kommende gesetzgeberische Entscheidung mißachtet, sondern es würde auch verkannt, daß die Vorschriften über die Verjährung nicht nur reine Zweckmäßigkeitserwägungen des Gesetzgebers enthalten, sondern öffentlichem Interesse dienen und einen „hohen Gerechtigkeitsgehalt" aufweisen.[21] In der Berufung auf die Verjährung kann daher für sich allein niemals ein Verstoß gegen Treu und Glauben erblickt werden[22]. Für eine tragende Heranziehung des Verbots des venire contra factum proprium[23] fehlt es in der hier zu erörternden Situation regelmäßig am Vertrauenstatbestand: Hat der Berechtigte überhaupt keine Kenntnis von seinem Anspruch, dann kann allein das

---

[17] BGH BauR 1985, 232f.

[18] s. statt aller Staudinger/Schäfer[12], § 847 Rdn. 71ff.; RGRK-Kreft[12], § 847 Rdn. 49f.; MünchKomm/Mertens[2], § 847 Rdn. 34

[19] z.B. Zimmermann, NJW 1985, 720, 721; auch für van Venrooy, DB 1981, 2364, 2371 ist die Verjährungsregelung einzig tragender Grund für die Hinweispflicht; s. ferner Medicus, BGB AT[3], Rdn. 111

[20] so bezogen auf die Korrektur des § 638 BGB „auf dem Schleichweg über die positive Vertragsverletzung oder eine gesetzliche Schutzpflicht" Medicus, Festschrift Kern, S. 313, 327

[21] BGH NJW 1986, 1608, 1609; zu den verschiedenen Zwecken der Verjährung generell und der unterschiedlichen Verjährungsregeln s. hier nur den Überblick bei Palandt/Heinrichs[48], Überbl. v. § 194 Anm. 2; Medicus, BGB AT[3], Rdn. 104, 105; der Gerechtigkeitsgehalt des Instituts der Verjährung bedeutet natürlich nicht, daß die *Länge* der jeweiligen Verjährungsfristen nicht doch „bis zu einem gewissen Grade ... eine Frage der Zweckmäßigkeit" ist, so zutr. Peters/Zimmermann, S. 187.

[22] Staudinger/Weber[11], § 242 Rdn. D 482 mit umfangreichen Nachweisen aus der Rechtsprechung des Reichsgerichts.

[23] Nachweise oben Fn. 5

Nichtstun des Gegners bei ihm kein Vertrauen dahin wecken, dieser werde sich nicht auf die Verjährung des Anspruchs berufen. Die exceptio doli specialis bzw. die entsprechende Form der unzulässigen Rechtsausübung[24] kämen nur dann zum Tragen, wenn der Rechtsträger sein Recht (hier: das „Recht“, die Verjährungseinrede zu erheben) durch eigenes gesetz- oder pflichtwidriges Verhalten erlangt hätte[25], wenn also eine – *gerade erst zu begründende* – Pflicht bestanden hätte, die Verjährung zu verhindern. Die *Offenbarungspflicht* kann nicht darauf gestützt werden, daß der Verpflichtete *im Falle ihrer Verletzung* einen „ungerechtfertigten“ Vorteil ziehen würde. Zu Recht wird in der Literatur formuliert, daß ein Schuldner die Forderung als unverjährt gelten lassen müsse, wenn er die Verjährung „durch eine zum *Schadenersatz* verpflichtende Handlung“, also gerade durch eine eigenständige Pflichtwidrigkeit, mitverursacht habe[26]. Die Pflichtwidrigkeit, die ihrerseits den Schadensersatzanspruch und daher mittelbar auch das „Recht“ zur Folge hat, gegenüber diesem Schadensersatzanspruch die Verjährungseinrede zu erheben, reicht nicht aus; denn sonst würde wiederum die gesamte gesetzliche Verjährungsregelung bei Schadensersatzansprüchen aus den Angeln gehoben. Für die exceptio doli generalis müßte die Erreichung eines von der Rechtsordnung mißbilligten Zwecks beabsichtigt sein oder eine „unangemessene Verfolgung eigener Interessen“ vorliegen[27]; auch hierfür kommt nicht allein die – von der Rechtsordnung selbst angeordnete – Möglichkeit in Betracht, sich der Einstandspflicht unter Berufung auf die eingetretene Verjährung zu entziehen. In jedem Fall ist also *besonders* zu begründen, daß der Schadensersatzpflichtige sich „ausnahmsweise“ nicht auf die Verjährung berufen darf, weil er sonst einen „ungerechtfertigten“ Vorteil aus seinem eigenen früheren oder aus seinem jetzigen Verhalten ziehen würde. Allein das Wissen um die gegebene Schadensersatzpflicht auf Seiten des Verpflichteten und die Unwissenheit beim Geschädigten reichen hierzu nach deutschem Recht nicht aus.[28]

Man könnte versuchen, alle diejenigen Situationen aufzuspüren und zu klassifizieren, in denen dem potentiell Informationsberechtigten ein Schaden aus der unterlassenen Offenbarung erwächst[29]. Die Informationspflicht erschiene dann als reine Schadensabwendungspflicht. Aber Rechtspflichten bestehen zweifellos nicht nur aus Gründen der Schadensabwendung; man

---

[24] s. oben Fn. 3, 4

[25] s. allg. Larenz, Schuldrecht I[14], S. 143f.; RGRK-Alff[12], § 242 Rdn. 89, 120; ähnlich Wieacker, Zur rechtstheoretischen Präzisierung des § 242 BGB, S. 31

[26] Palandt/Heinrichs[48], Überbl. v. § 194 Anm. 5 c; s. auch OLG Hamm, VersR 1987, 1080: Keine Pflicht des Versicherers, den Versicherungsnehmer auf die drohende Verjährung seines Anspruchs hinzuweisen.

[27] Nachweise oben Fn. 4

[28] In den USA ist dagegen anerkannt, daß die Verjährungsfrist nach ärztlichen Behandlungsfehlern nicht zu laufen beginnt, solange der Patient die Wahrheit nicht kennt und sofern dem Arzt bewußt ist, einen Fehler gemacht zu haben, s. Holder[2], S. 325 m. umfangr. Nwen.

[29] methodisch entspräche dies dem Versuch, die verschiedenen Formen der PVV nach den möglichen Schadenswirkungen zu ordnen; hierzu Schünemann, JuS 1987, 1, 5

verengte die Diskussion damit von vornherein auf nur eine spezielle Fallgruppe. Und im übrigen ist die Beschränkung des Blicks auf die möglichen Sanktionen im Falle des Schweigens nach eigenem Fehlverhalten generell zu eng; denn rechtsnormative Verhaltensanforderungen sind keineswegs nur dort gegeben, wo auch im Falle der Zuwiderhandlung eine Sanktion verhängt wird[30]. Zwar ist die Entstehung eines Schadens und das dann zumeist auch vor die Gerichte getragene Bemühen um eine Ausgleichsmöglichkeit ein ungemein wirksamer und wichtiger Anlaß für die wissenschaftliche Erörterung von Pflichtenpositionen; man hat auch sehr wohl ein ungutes Gefühl, wenn man z. B. die Pflicht des Arztes zur Offenbarung untersucht und dabei zu dem Ergebnis gelangt, daß selbst bei Bejahung einer solchen Pflicht deren Verletzung so gut wie nie einen weiteren, nicht bereits über das Fehlverhalten selbst abgedeckten ausgleichsfähigen Schaden herbeiführt, mit anderen Worten die Pflichtverletzung typischerweise real sanktionslos bleibt[31]. Hat denn aber nicht der Arzt ein berechtigtes Interesse daran, vom Juristen zu erfahren, ob er an sich „rechtmäßig", also gemäß den Geboten der Rechtsordnung handelt, wenn er nach einem Mißgeschick gemäß dem Ratschlag Pagels in „stummer Resignation" verharrt[32]? Und auch aus dem Selbstverständnis der Wissenschaft heraus dürfte es kaum legitim sein, unter dem flapsigen Motto „was soll's" Rechtspflichten aus der Erörterung auszublenden, deren Verletzung typischerweise keine einklagbare Rechtsfolge bewirkt. Die forensisch unmittelbar umsetzbare Problemlösung ist zweifellos nicht der *einzige* Aufgabenbereich der Wissenschaft. Diese Überlegung lenkt also den Blick auf die Pflicht an sich, losgelöst von den möglichen Folgen einer Pflichtverletzung. Aber eine Pflicht zur Offenbarung an sich ist wiederum kaum faßbar. Die Plicht muß ausgerichtet sein auf ein Ziel, und als Pflicht zu einer Information muß sie ausgerichtet sein auf die Befriedigung eines näher zu begründenden Informationsinteresses. Selbst dort, wo man von Informationspflichten „informationis causa" spricht[33], ist darzulegen, welches der innere Grund für diese Pflicht ist, warum eine Person entgegen ihrem allgemeinen Passivitätsinteresse zu einem Handeln verpflichtet wird und einer anderen in Gestalt von Informationen sogar letztlich eine Machtposition über sich selbst („Knowledge itself is power"[34]) einzuräumen hat.

Eindeutig dürfte dabei sein, daß die Offenbarungspflicht nicht einfach an die (verletzte) Primärpflicht „angehängt" oder als Kehrseite ihrer Verletzung angesehen werden kann. Denn die Pflichtverletzung ist zwar Auslöser für die Frage nach

---

[30] dazu noch unten S. 96ff.
[31] s. hierzu schon Taupitz, ZZP 100 (1987), 287, 333 Fn. 223
[32] Pagel, S. 45
[33] Balthasar, S. 26ff., 36
[34] Francis Bacon, Abschn. 2, Art. 11.

ihrer Offenlegung, kann diese Frage aber allein und isoliert ebensowenig beantworten wie der Charakter der verletzten Pflicht entscheidend für die Pflicht zum Eingeständnis ihrer eigenen Verletzung ist. Aus der Pflicht des Anwalts, die erforderlichen Fristen zu wahren, folgt nicht zugleich die Pflicht, im Falle eines Fristversäumnisses hierüber zu informieren. Unzutreffend ist deshalb die Argumentation, daß „die Wahrung der Heimlichkeit noch der pflichtwidrigen Handlung zuzurechnen" sei, „wenn das Verwaltungsmitglied [der Aktiengesellschaft], wäre diese [pflichtwidrige Handlung] von einem anderen vorgenommen worden, dagegen hätte einschreiten oder darüber den Vorstand oder den Aufsichtsrat hätte informieren müssen."[35] Denn es ist zu trennen zwischen der Pflicht zum „Einschreiten" – die dann möglicherweise auch zum Einschreiten (= Offenbaren) „gegen sich selbst" verpflichtet – und der ersten (auslösenden) pflichtwidrigen Handlung. Dementsprechend hat der BGH deutlich gemacht, daß es für die Bejahung des sekundären Schadensersatzanspruchs gegen Rechtsanwälte (gerichtet auf Nichterhebung der Verjährungseinrede) einer neuen, selbständigen Pflichtverletzung bedarf.[36]

Obwohl damit schon vom Ansatz her die Notwendigkeit besteht, ein „berechtigtes" Informationsinteresse des Gegners als Grundlage einer jeden Informationspflicht positiv festzustellen, sind im folgenden zunächst weitere, sich zum Teil überschneidende Gesichtspunkte zu nennen, die der Statuierung einer Pflicht zur ungefragten Offenbarung eines eigenen Fehlverhaltens entgegenstehen.

---

[35] s. Kölner Komm/Mertens², § 93 Rdn. 162 (Zitat oben S. 18 Fn. 48); richtig dagegen Mertens, Festschrift Fleck, S. 209, 214: Kontrollpflicht als selbständige Pflicht.

[36] BGH, VersR 1987, 718, 719; NJW 1985, 2250, 2252

§ 5 Aspekte gegen eine Pflicht zur unaufgeforderten Offenbarung eigenen Fehlverhaltens

I. Das Fehlen eines umfassenden zivilrechtlichen Informationsanspruchs

Schon die Informationserteilung auf Verlangen unterliegt strengen Voraussetzungen. Einen allgemeinen Auskunftsanspruch „gegen jedermann und über alles" gibt es nicht[1]; es kann ihn auch nicht geben, soll nicht der Bürger – wie Lüderitz es einmal ausgedrückt hat – „von Berufsneugierigen und Verdachtsbesessenen gegeißelt" werden[2]. Die Rechtsprechung hat immer wieder betont, daß das deutsche Recht keine allgemeine, nicht aus besonderen Rechtsgründen abgeleitete Auskunftspflicht kenne[3]; daher begründe allein die Tatsache, daß jemand über Sachverhalte informiert ist oder sein könnte, die für einen anderen von Bedeutung sind, keine Auskunftspflicht[4]. Indiziert wird das Fehlen eines allgemeinen Informationsanspruchs im übrigen schon durch die Tatsache, daß der Gesetzgeber es für nötig gehalten hat, in einer Vielzahl von Vorschriften Grund und Inhalt von Informationspflichten zu regeln. Bei Annahme einer allgemeinen Informationspflicht wäre dies weitgehend überflüssig gewesen[5]. Um so eher ist Zurückhaltung geboten gegenüber der strengsten Form der Offenbarungspflicht, derjenigen zur spontanen Information[6]; denn diese ist nicht an ein

[1] Balthasar, S. 9

[2] Lüderitz, Ausforschungsverbot, S. 32

[3] vgl. etwa RGZ 102, 235, 236; BGH NJW 1957, 669 f.; NJW 1970, 751; BB 1980, 1070, 1071; NJW 1981, 1733; aus der Literatur: Ehmann, AcP 188 (1988), 230, 255; Lüke, JuS 1986, 1, 5; Staudinger/Selb[12], § 260 Rdn. 10; nach Stürner (Aufklärungspflicht, S. 293) ist die Rechtsprechung allerdings auf dem besten Wege, einen allgemeinen materiellrechtlichen Informationsanspruch zu schaffen.

[4] BGH BB 1980, 1070, 1071

[5] Winkler v. Mohrenfels, S. 51

[6] bemerkenswert und zutreffend die große Zurückhaltung des BGH bei der Statuierung einer unterhaltsrechtlichen Pflicht zu ungefragter Information über Änderungen bei den für die Unterhaltspflicht maßgeblichen wirtschaftlichen Verhältnissen: BGH NJW 1986, 1751, 1754; NJW 1986, 2047, 2049 (ungefragt zu erfüllende Informationspflicht „lediglich in Ausnahmefällen, in denen das Schweigen ... evident unredlich erscheint").

Hahn (S. 97 ff.) gebraucht für die „strengste Form der Offenbarung", die Pflicht zur ungefragten Information, die mißverständliche Terminologie „selbständige Offenbarungspflicht", weil der Pflichtige „selbständig", „von sich aus", tätig werden muß. Mißverausdrückliches Auskunftsbegehren gebunden, dessen Berechtigung *vor* seiner Erfüllung antizipativ und unabhängig verfahrensförmig kontrolliert und begrenzt werden kann. Die vorschnell erteilte, nur vermeintlich geschuldete Spontaninformation kann nicht zurückgenommen werden; sie hat das Gewicht der Endgültigkeit. Der BGB-Gesetzgeber hat denn auch nicht ohne Grund ausdrücklich darauf verzichtet, allgemeingültige Kriterien für spontan zu erfüllende Aufklärungspflichten aufzustellen: Die Frage, „inwieweit eine Rechtspflicht besteht, dem anderen Theile Umstände mitzutheilen, von denen vorauszusetzen ist, daß sie auf seine Entschließung von Einfluß sein würden, entzieht sich der gesetzlichen Lösung."[7]

II. Das Prinzip der Eigenverantwortlichkeit der Vertragspartner

Dem BGB liegt die liberalem Weltbild entsprechende Vorstellung zugrunde, daß jeder Vertragspartner grundsätzlich selbst Hüter seiner eigenen Interessen ist[8]. Es besteht daher keine allgemeine Pflicht, ungefragt alle Umstände zu offenbaren, die für eine Entschließung des anderen Teils von Bedeutung sein können[9]. Soweit dem Vertragspartner die für die Beurteilung notwendigen Informationen und Kenntnisse fehlen, ist es ihm in der Regel zuzumuten, sich durch Rückfragen die Grundlage für eine sachgerechte Entscheidung zu verschaffen[10]. Zwar ist das liberale Vertragsmodell

ständlich ist dies deshalb, weil „selbständig" auch auf die Pflicht bezogen werden kann; dazu, daß es sich jedoch zumeist um Pflichten handelt, die in innerer Abhängigkeit von einer anderen Pflicht stehen, sich aus einem mittelbaren Zweck ableiten und deshalb „unselbständige" Pflichten sind, unten S. 43 mit Fn. 7, 49ff. mit Fn. 37

[7] Mot I, 208 (zum heutigen § 123 BGB)

[8] Wieacker, Das Sozialmodell der klassischen Privatgesetzbücher und die Entwicklung der modernen Gesellschaft, insbes. S. 10ff.; ders., Privatrechtsgeschichte der Neuzeit², S. 481f.; E. Kramer, Die „Krise" des liberalen Vertragsdenkens, S. 22ff.; Schumacher, Vertragsaufhebung, S. 70f., 79; Wacke, SZ (Rom) 94 (1977), 184ff.; v. Tuhr, BGB AT II/1, S. 607; der Grundsatz des „caveat emptor" als allgemeiner, das Kaufrecht transzendierender Regel des Vertragsrechts galt im anglo-amerikanischen Rechtskreis traditionell noch ungleich stärker als in den römisch-rechtlich beeinflußten kontinentaleuropäischen Rechtssystemen; mittlerweile sind allerdings auch hier (z.B. durch Ausweitung des „fair-dealing-Gedankens") erhebliche Aufweichungen zu verzeichnen sind; s. dazu und zur wechselvollen Geschichte der caveat-emptor-Maxime hier nur Parker, S. 147f.; Nirk, RabelsZ 18 (1953), 310, 332ff.; Böhme, S. 24ff.; Meyer-Lindemann, S. 3ff., 31ff.

[9] BGH MedR 1988, 315, 317; NJW 1983, 2493, 2494; NJW 1971, 1799; LM Nr. 52 zu § 123 BGB; Palandt/Heinrichs⁴⁸, § 123 Anm. 2 c aa; MünchKomm/Emmerich², Vor § 275 Rdn. 43; Erman/Brox⁷, § 123 Rdn. 19; Soergel/Hefermehl¹², § 123 Rdn. 6

[10] BGH VersR 1989, 596, 597; zur Wechselbezüglichkeit zwischen aufklärender Informationspflicht des einen Vertragspartners und Nichtzumutbarkeit einer Eigen-Information des anderen Vertragspartners de Leyssac, in: Loussouarn/Lagarde (Hrsg.), S. 305, 325.

zunehmenden Angriffen ausgesetzt[11]; ein Hinweggehen über grundsätzliche Wertungen des Gesetzgebers bedarf aber zumindest einer besonderen Begründung.

Dabei kann die Statuierung von konkreten Aufklärungspflichten allerdings kaum als Erfüllung eines „sozialstaatlichen Verfassungsgebots" bezeichnet werden[12]; denn aus dem Sozialstaatsprinzip des Grundgesetzes lassen sich infolge seiner Weite und Unbestimmtheit keine unmittelbaren Handlungsanweisungen herleiten, die durch die Gerichte ohne gesetzliche Grundlage in einfaches Recht umgewandelt werden könnten[13].

III. Der Schutz vor Selbstbezichtigung

1. Ausgangspunkt

Eine uneingeschränkte Informationspflicht, sei es auch nur innerhalb bestehender rechtlicher Sonderbeziehungen, stieße auf verfassungsrechtliche Bedenken im Hinblick auf Art. 1 und 2 I GG[14]. Dabei geht es hier nicht nur um die Konfliktsituation, sich selbst einer strafbaren Handlung bezichtigen zu müssen[15]. Dies wird häufig gar nicht der Fall sein. Aber ganz regelmäßig steht doch im Raum, daß der Informationspflichtige sich gezwungen sieht, gegen seine eigenen zivilrechtlichen Interessen zu handeln, indem er dem Gegner selbst die Informationen liefern muß, die dieser für die Geltendmachung und Durchsetzung von Ansprüchen oder für die Herbeiführung sonstiger zivilrechtlicher Folgen (z.B. für die Kündigung eines Vertragsverhältnisses) benötigt. Eine solche Informationspflicht tangiert aber gleichfalls die Handlungsfreiheit und das Persönlichkeitsrecht im Sinne des Art. 2 I GG. Und so wie ein Zwang zur Selbstbezichtigung zugleich die Würde des Menschen berührt, dessen Aussage als Mittel gegen ihn selbst verwendet wird[16], so berührt auch ein Zwang zur Auskunft gegen die eigenen zivilrechtlichen Interessen diese Würde[17]. Zwar stehen zivilrechtli-

[11] s. statt vieler E. Kramer, Die „Krise" des liberalen Vertragsdenkens, 1974; Mückenberger, KJ 1971, 248ff.; Roscher, ZRP 1972, 111ff.; Esser/Schmidt, Schuldrecht I[6], §§ 1, 4, 10

[12] so aber Reich, NJW 1978, 513, 519; s. auch Schumacher, Vertragsaufhebung, S. 79ff.

[13] s. BVerfGE 65, 182, 193; vgl. auch Herzog, in: Maunz/Dürig/Herzog/Scholz, Art. 20 Abschn. VIII Rdn. 25ff.

[14] Hierzu und zum folgenden Winkler v. Mohrenfels, S. 52; zu den verfassungsrechtlichen Grundlagen des Grundsatzes der Selbstbezichtigungsfreiheit ferner Nothhelfer, S. 10ff.

[15] dazu genauer sogleich unter 2.

[16] BVerfGE 56, 37, 42

[17] Winkler v. Mohrenfels, S. 52; nach richtiger Auffassung folgt das Grundgesetz gerade nicht unilineal dem oben erwähnten (s. oben S. 2) philosophischen Ansatz, wonach die

che Informationsverpflichtung und Zwang zu strafrechtlicher Selbstbezichtigung nicht auf vergleichbarer Intensitätsstufe. Der Gedanke, der dem strafrechtlichen nemo-tenetur-Prinzip zugrundeliegt, daß es nämlich als „anstößig" und „unnatürlich" empfunden wird, den Menschen zur Zerstörung eigener Rechtsgüter und Interessen zu verpflichten[18], ist aber im Zivilrecht gleichermaßen zu beachten[19]. Auch im Zivilrecht bedeutet es, von jemandem einen Akt der Selbstverleugnung zu fordern, wenn er auf zweckgefährdende Risiken oder bereits in einer Zweckvereitelung sich manifestierende Umstände aufmerksam machen muß, die in seiner eigenen Person begründet sind[20]. Dies bedingt zwar nicht einen allgemeinen Satz des Inhalts, niemand brauche eine Information zu erteilen, die für ihn ehrenrührig oder zivilrechtlich ungünstig ist – eine derartige Einschränkung würde jedes Informationsrecht sinnlos machen[21]; wohl aber verlangt dies eine Beschränkung von Informationspflichten auf solche Fälle, in denen *berechtigte* Interessen des an der Information Interessierten eine Informationserteilung *zwingend* erfordern.

2. Schutzgrenzen und strafprozessuales Verwertungsverbot

Eine darüber hinausgehende Beschränkung zivilrechtlicher Informationspflichten dürfte der nemo-tenetur-Satz dagegen kaum tragen. Zwar spielt der Schutz vor strafrechtlicher Selbstbezichtigung in der Diskussion um die *ärztliche* Pflicht zur Offenbarung eines eigenen Fehlverhaltens bisher durchgängig die zentrale Rolle; mit geringem Argumentationsaufwand meint man, eine Offenbarungspflicht des Arztes schon deshalb ablehnen zu können, weil eine ärztliche Fehlbehandlung regelmäßig über die Tatbestände der Körperverletzung oder gar fahrlässigen Tötung strafbewehrt ist, während ein Fehlverhalten bei anderen Berufen zumeist gar nicht in den Bereich des Strafrechts führt[22]. Aus Kreisen der Ärzte verlautet rechtferti-

Würde des Menschen sich am höchsten im Bekennen begangenen Unrechts dokumentiere, so zutr. Nothhelfer, S. 69.

[18] Rogall, S. 145; vgl. auch McNaughton, 51 J. Crim. L, Crim. & P.S. (1960/61), 138, 151; Hahn, S. 157

[19] Winkler v. Mohrenfels, S. 52

[20] vgl. Soergel/Teichmann[11], § 242 Rdn. 144; ferner Kölner Komm/Mertens[2], § 93 Rdn. 51, 120, 162, wonach ein Vorstandsmitglied einer Aktiengesellschaft grundsätzlich nicht verpflichtet sei, ungefragt über ein eigenes Fehlverhalten und daraus resultierende Schadensersatzansprüche zu informieren: „Selbstaufopferung kann das Recht nun einmal nicht verlangen."

[21] Balthasar, S. 58; Winkler v. Mohrenfels, S. 52

[22] Gubernatis, JZ 1982, 363, 364; H.L. Schreiber, in: v. Troschke/Schmidt, S. 187, 188; ders., Festschrift Dünnebier, S. 633, 643 f.; Carstensen/Schreiber, Mitteilungen der Deutschen Gesellschaft für Chirurgie 1986, 121; Matthies, Schiedsinstanzen, S. 22 Fn. 46;

gend, man lehne zwar eine „Unfallflucht" des Arztes nach einem Behandlungsfehler kategorisch ab, sehe sich jedoch durch die Gefahr einer Strafverfolgung daran gehindert, dem Patienten bzw. seinen Angehörigen zu ihren berechtigten Schadensersatzansprüchen zu verhelfen[23]. Und Ulrich Hübner hat kürzlich über den Kreis der Ärzte hinausschauend provokatorisch-plakativ die rhetorische Frage formuliert: „Verbrechern mutet unsere Rechtsordnung eine Selbstbezichtigung nicht zu; sollen Anwälte und Freiberufler dazu verpflichtet sein?"[24]

Eine pauschale Verlängerung des aus dem Strafprozeß stammenden Grundsatzes der Selbstbezichtigungsfreiheit in das Zivilrecht ist jedoch nicht überzeugend. Anlaß für eine differenzierende Sicht gibt schon der Umstand, daß nicht – wie im Strafrecht – eine Abwägung mit dem staatlichen Strafverfolgungsinteresse, sondern eine Abwägung mit Interessen von gleichgeordneten Privatpersonen vorzunehmen ist[25]. Je weiter das „privatrechtliche Schweigerecht" ausgedehnt wird, um so weiter werden auf gleicher Ebene stehende Rechte anderer zurückgedrängt[26]. Der von der Rechtsordnung zu gewährende Schutz vor einer Selbstbelastung muß deshalb der Rolle der Auskunftsperson und der Zweckbestimmung der Auskunft angepaßt sein; Art und Umfang des durch das Persönlichkeitsrecht im Sinne des Art. 2 Abs. 1 GG gewährleisteten Schutzes hängen auch davon ab, ob und inwieweit andere auf die Information der Auskunftsperson angewiesen sind und ob die Auskunft Teil eines durch eigenen Willensentschluß übernommenen Pflichtenkreises ist[27]. Deshalb beansprucht der ne-

---

Rieger, DMW 1986, 234f.; ders., Lexikon, Rdn. 200; Baldus, DÄBl. 1979, 1573, 1576; zu eng auch Taupitz, ZZP 100 (1987), 287, 334f.

[23] Opderbecke, Arzt im Krankenhaus 1982, 229f.

[24] U.Hübner, NJW 1989, 5, 11

[25] Zu undifferenziert daher Rogall, S. 150, wonach sich „jeder, der nach dem Gesetz zu Auskünften und Aussagen herangezogen werden" könne, auf Nemo-tenetur i.S.d. Art. 2 I GG berufen dürfe.

[26] vgl. entsprechend zu den unterschiedlichen Folgen einer Beschränkung der strafrechtlichen/haftungsrechtlichen Verantwortlichkeit des Arztes auf Vorsatz und grobe Fahrlässigkeit Taupitz, Allgemeinmedizin 1987, 21, 27f.

[27] BVerfGE 56, 37, 42; dementsprechend wird nach Auffassung des BGH ein Schuldner von der Pflicht, Auskunft zu erteilen und gegebenenfalls den Offenbarungseid zu leisten, auch dann nicht frei, wenn er sich damit einer strafbaren Handlung bezichtigen müßte: BGHZ 41, 318, 322ff.; zust. RGRK-Alff[12], § 242 Rdn. 45; Zeuner, Festschrift Reimers, S. 217, 225f.; Balthasar, S. 71ff. (S. 58 auch dazu, daß das berechtigte Informationsinteresse Vorrang vor dem Schutz des guten Rufes haben muß); zur eingeschränkten Wirkung des nemo-tenetur-Satzes im zivilprozessualen Erkenntnisverfahren Stürner, Aufklärungspflicht, S. 180ff.

Zu enge Begrenzung der Aufklärungspflichten bei Staudinger/Weber[11], § 242 Rdn. A 835 (Hervorh. im Original): „Voraussetzung ist, daß der Aufklärungspflichtige bei Abwägung der Nachteile, die für den anderen Teil durch Unterlassen einer Aufklärung entstehen müssen, selbst *keine wesentlichen Nachteile* durch die Aufklärung erleidet und den mo-tenetur-Satz selbst im Strafrecht dort keine uneingeschränkte Anwendung, wo private Interessen kollidieren: So räumt z.B. § 142 StGB dem privaten Feststellungs- und Beweissicherungsinteresse den Vorrang ein gegenüber dem Selbstbegünstigungsinteresse des Täters[28]; die Gefahr strafgerichtlicher Verfolgung befreit weder von der Verpflichtung zur Hilfeleistung (§ 323 c StGB)[29] noch von der Handlungspflicht aufgrund einer Garantenstellung[30].

Eine pauschale Ausdehnung des nemo-tenetur-Prizinps auf das Zivilrecht führte im übrigen zu dem befremdlichen Ergebnis, daß besonders hochrangige und deshalb durch Strafdrohungen geschützte Rechtsgüter und Interessen zivilrechtlich geringer geschützt wären als weniger gewichtige Güter und Interessen[31]. Je stärker das Unrecht, umso weniger Informationen müßte der zum Ausgleich des Unrechts Verpflichtete geben[32]. Und gerade derjenige, der durch sein Fehlverhalten überhaupt das Informationsinteresse heraufbeschworen und die Verantwortung dafür zu tragen hat, würde einen Vorteil auf Kosten des Verletzten daraus ziehen, daß er sich (zusätzlich) auch strafbar gemacht hat.

Erfordern damit die im Zivilrecht und die im Strafverfahren zu berücksichtigenden Interessen einerseits und das Geheimhaltungsbedürfnis des Pflichtverletzers andererseits eine differenzierende Abwägung, so muß auch der Schutz vor unzumutbaren Eingriffen in das Persönlichkeitsrecht des Informationsverpflichteten jedem dieser Rechtsbereiche und jeder der verschiedenen Interessenkollisionen angepaßt werden. Besteht der Zweck und die Rechtfertigung einer Informationspflicht in der Befriedigung des Informationsinteresses einer Privatperson, dann läßt sich eine Zweckentfremdung der Information durch Statuierung eines strafrechtlichen Verwertungsverbots erreichen, wie es das Bundesverfassungsgericht für die konkursrechtliche Auskunftspflicht des Gemeinschuldners (§ 100 KO) angenommen hat[33]; zu Recht haben Rechtsprechung und Literatur den darin liegenden und beide privatrechtlichen Interessensphären respektierenden Kompromiß auf andere Fälle ausgeweitet, in denen ein Schweigerecht die

---

anderen Teil *unschwer* aufklären kann." Dagegen (bezogen auf vorvertragliche Aufklärungspflichten) Böhme, S. 84: derjenige, der persönliche Verfehlungen zu verschweigen trachte, habe den Widerstreit eigener und fremder Interessen und die Gefahrenlage für den Partner selbst herbeigeführt.

[28] dazu BVerfG NJW 1963, 1195; Erdsiek, NJW 1963, 633, 634f.

[29] BGHSt 11, 353, 356; BGH GA 1956, 120, 121; BGHZ 41, 318, 325; Schönke/Schröder/Cramer[23], § 323 c Rdn. 23

[30] BGH NJW 1964, 731, 732; BGHZ 41, 318, 325

[31] Zeuner, Festschrift Reimers, S. 217, 225; Winkler v. Mohrenfels, S. 100f.; Fritze, GRUR 1976, 369

[32] Winkler v. Mohrenfels, S. 100f.; vgl. auch BVerfGE 56, 37, 50

[33] BVerfGE 56, 37, 50

berechtigten Belange anderer Personen übermäßig zurückdrängen würde[34]. Der bloße Umstand, daß jemandem im Interesse anderer Personen eine Informationspflicht zugemutet wird, rechtfertigt es nicht, daß er zugleich zu seiner Verurteilung beitragen muß und daß die staatlichen Strafverfolgungsbhörden weitergehende Möglichkeiten erlangen als in anderen Fällen der Strafverfolgung[35]; ebensowenig ist es gerechtfertigt, den „ehrlichen" Schädiger, der den begangenen Fehler zugunsten des Geschädigten selbstkritisch offenlegt, für seine Ehrlichkeit letztlich zu „bestrafen". Das strafrechtliche Schweigerecht wäre illusorisch, wenn eine außerhalb des Strafverfahrens und zugunsten bestimmter Personen von der Rechtsordnung gebotene oder freiwillig erbrachte Selbstbezichtigung gegen den Willen des Offenbarenden strafrechtlich verwertet werden dürfte. Bejaht man ein derartiges Verwertungsverbot, das mit guten Gründen durch ein Verbot der Weitergabe der Information an Unbefugte zusätzlich untermauert werden könnte[36], wird in einer dem Persönlichkeitsrecht angemessenen Weise verhindert, daß durch das ungefragte Offenbaren eines eigenen Fehlverhaltens gegenüber dem Verletzten das verfassungsrechtlich abgesicherte und in vielfältigen prozessualen Vorschriften zum Ausdruck kommende[37] Aussageverweigerungsrecht umgangen wird. Gleichzeitig wird sichergestellt, daß die notwendige innerdisziplinäre Selbstkritik nicht behindert[38] und die Interessen anderer Privatpersonen nicht dort durch die staatliche Strafdrohung faktisch zurückgedrängt werden, wo der Staat durch die Androhung von Strafe eigentlich einen besonders effektiven Interessenschutz erreichen will. Damit verliert der nemo-tenetur-Satz die ihm in der Diskussion um die Offenbarungspflicht vielfach zugemessene Bedeutung; seine Berechtigung behält dieser Satz – abgesehen vom Verwertungsverbot – lediglich in der abgeschwächten – wenn auch keineswegs gering zu achtenden – Ausprägung, daß Informationsansprüche nur dann zulässig sind, wenn das berechtigte Interesse der anderen Partei überwiegt. Die hierbei vorzunehmende Interessenabwägung wird sehr häufig zu dem hier zunächst nur anzudeuten-

---

[34] Hahn, S. 163f.; Stürner, NJW 1981, 1757, 1760; Dingeldey, NStZ 1984, 529, 531ff.; Nothhelfer, S. 99ff. m.w. Nwen.; ArbG Saarlouis, ZIP 1984, 364, 365; im Grundsatz schon Thomä, S. 78; auch neuere Gesetze enthalten z.T. ein ausdrückliches Zweckentfremdungs- oder Verwertungsverbot, s. die Nachweise bei Nothhelfer, S. 103f. (S. 101 Fn. 105 auch Nachweise zum Problem der „Fernwirkung" eines Verwertungsverbots).

[35] BVerfGE 56, 37, 51

[36] so die abweichende Meinung des Richters Dr. Heußner in BVerfGE 56, 37, 52ff.; zustimmend Kühne, EuGRZ 1981, 313; abl. Niemöller/Schuppert, AöR 107 (1982), 387, 423; zu weit die Rechte des Verletzten beschränkend aber der Vorschlag von Zeuner, Festschrift Reimers, S. 217, 226, die Informationserteilung an einen Verzicht auf ein ggf. erforderliches Strafantragsrecht zu koppeln.

[37] vgl. nur die Übersichten in BVerfGE 56, 37, 42ff., und bei Nothhelfer, S. 9f., 88ff.

[38] zu den Gefahren, durch wissenschaftliche Veröffentlichung von Fehlern und Mißerfolgen Strafverfahren in Gang zu setzen, Opderbecke, Arzt im Krankenhaus 1982, 229f.

den – aber gleichwohl schon zu betonenden – Ergebnis führen, daß selbst eine bestehende Treuepflicht nicht bis zur Selbstbelastung reicht[39].

IV. Die wachsende Sensibilisierung in der Gesellschaft für den Wunsch nach Geheimhaltung persönlicher Daten

Eine wachsende Sensibilisierung in der Gesellschaft für die „Befugnis des Einzelnen, grundsätzlich selbst zu entscheiden, wann und innerhalb welcher Grenzen persönliche Lebenssachverhalte offenbart werden“[40], hat sichtbaren Ausdruck gefunden in der Entwicklung des sog. Rechts auf informationelle Selbstbestimmung durch das Bundesverfassungsgericht im Volkszählungsurteil[41]. Zwar handelt es sich bei diesem von vielen als Grundrecht verstandenen[42] und mit viel Pathos bedachten Recht nur um das „Derivat eines Derivats“, nämlich um eine Ableitung aus dem aus Art. 1 und 2 GG abgeleiteten Persönlichkeitsrecht[43]. Deshalb mag man daran zweifeln, ob es über den vorstehend dargestellten und „unmittelbar“ aus dem Persönlichkeitsrecht herausdestillierten Umfang hinaus im Zivilrecht überhaupt Wirkung entfalten kann[44]. Und zu Recht hat Zöllner vor der als „Schmalspurjurisprudenz“ bezeichneten Methode gewarnt, einzelne Sätze aus dem Volkszählungsurteil unmittelbar zur Lenkung des privaten Informationsverkehrs

[39] s. die Nachweise unten S. 81 Fn. 182.

[40] BVerfGE 65, 1, 42

[41] BVerfGE 65, 1ff.; schon zuvor war das „informationelle Selbstbestimmungsrecht“ allerdings von Steinmüller u.a. (BT-Drucks. 6/3826, S. 85ff., 139f.) entwickelt worden; es hatte bis zum Urteil des Bundesverfassungsgerichts jedoch kaum Anerkennung gefunden, s. zur dogmengeschichtlichen Entwicklung Ehmann, AcP 188 (1988), 230, 329ff. Zur mittlerweile unübersehbaren Zahl von Veröffentlichungen die Nachweise bei Vogelsang, S. 17 Fn. 2; Ehmann, AcP 188 (1988), 230, 298 Fn. 322.

[42] z.B. BayVerfGH, NJW 1985, 1212, 1213; OLG Hamm, NStZ 1986, 236; Gola, NJW 1985, 1196, 1197; ders., NJW 1986, 1913; manche sprechen von einem Grundrecht auf Datenschutz: Fromme, FAZ v. 17.12.1983, S. 12; Rill, DuD 1983, 96ff.; *krit.* Krause, JuS 1984, 268; Simitis, NJW 1984, 398, 399; Kloepfer, Datenschutz als Grundrecht, 1980; Ehmann, AcP 188 (1988), 230, 298; für „müßig“ hält Vogelsang (S. 52) den Streit.

Im Abdruck des Volkszählungsurteils in NJW 1984, 419, 425 wird ebenfalls vom „Schutz des Grundrechts auf informationelle Selbstbestimmung“ gesprochen; anders aber die fragliche Textstelle in der amtlichen Sammlung, BVerfGE 65, 1, 58; zu den redaktionellen Korrekturen an der Urschrift des Urteils Zöllner, RDV 1985, 3, 5 Fn. 15.

[43] zutreffend Krause, zitiert bei Ehmann, AcP 188 (1988), 230, 304 Fn. 353.

[44] in neuerer Zeit nimmt die Neigung zu, den Grundsatz des nemo tenetur se accusare (gewissermaßen erst mittelbar) über das Recht auf informationelle Selbstbestimmung in der Verfassung zu verankern, s. z.B. Nothhelfer, S. 109 (s. aber auch S. 82f., 85, wonach das Recht auf informationelle Selbstbestimmung seinerseits keine neue Einzelverbürgung darstelle, sondern eine Umschreibung des sachlichen Gehalts des allgemeinen Persönlichkeitsrechts).

heranzuziehen[45]. Ohne daß hier zu der Frage eines – richtigerweise allenfalls im Wege der mittelbaren Drittwirkung möglichen[46] – Einflusses des „Grund-"Rechts auf informationelle Selbstbestimmung auf die zivilrechtlichen Beziehungen Privater Stellung bezogen werden müßte, ist aber doch jedenfalls nicht zu verkennen, daß mit der verfassungsrichterlichen Umschreibung dieses Rechts als der „Befugnis des einzelnen, grundsätzlich selbst über die Preisgabe und Verwendung seiner Daten zu bestimmen"[47], zumindest eine „Tendenz des Zeitgeistes"[48] widergespiegelt wird, die man als Weg in Richtung auf einen übermäßigen Daten- und Informationsschutz zwar bedauern und einer Korrektur für bedürftig halten mag[49], die aber als Wandlung der Verkehrsauffassung gleichwohl nicht einfach für unbeachtlich erklärt werden kann. Denn wenn in der Bevölkerung immer mehr „persönliche Daten" als geheimhaltungsbedürftig und geheimhaltungswürdig angesehen werden, wenn sich zunehmend die Auffassung durchsetzt, daß letztlich jedes personenbezogene Datum ein schutzwürdiger Belang sei[50], dann kann dieser „Umwelteinfluß" zumindest dort nicht völlig unerheblich sein, wo die Pflicht zur Erteilung von „ehrenrührigen" Informationen in Frage steht – und eine solche stellt die Information über eine Pflichtverletzung zweifellos dar[51] – und wo die auf vertraglicher Grundlage bestehende Pflicht zur Informationserteilung

---

[45] Zöllner, RDV 1985, 3, 5

[46] Ehmann, AcP 188 (1988), 230, 298ff., 303; Heußner, AuR 1985, 309, 314; Zöllner, RDV 1985, 3ff.; vgl. allg. auch BVerfGE 73, 261ff.; *a. A.* Linnenkohl/Rauschenberg, BB 1986, 1715

[47] BVerfGE 65, 1, 43; selbst wenn vom Informationspflichtigen bei der Offenbarung eigenen Fehlverhaltens regelmäßig Auskunft über Handlungen verlangt wird, die als Eingriffe in die Rechte anderer den Bereich der „Intimsphäre" gerade verlassen (s. allg. Günther, GA 1978, 193, 197), ist doch jedenfalls *auch* die Offenbarung sehr „persönlicher Daten" betroffen.

[48] Ehmann, AcP 188 (1988), 230, 298ff., 304, im Anschluß an Würtenberger, S. 211

[49] so Ehmann, AcP 188 (1988), 230, 298ff., 304; immerhin ist aber auch darauf hinzuweisen, daß die Anerkennung eines Schutzes der Privatsphäre einer Person gegen vielfältige Informationsansprüche als „Zeichen verfeinerter Rechtskultur" gewertet wird, s. Balthasar, S. 52f. im Anschluß an Maass, S. 1. Zur „progressiven Haltung" mit dem Ziel eines „offensiven Datenschutzes" Laicher, DuD 1983, 21.

[50] zumindest deutlich in dieser Richtung Meister, Datenschutz im Zivilrecht[2], S. 117ff.; ders., BB 1976, 1584, 1588; ders., DuD 1983, 163, 170; ders., DuD 1984, 162; Auernhammer, Bundesdatenschutzgesetz[2], Einf., Rdn. 33, 37; Heußner, ZVersWiss. 1978, 57, 70; Steinmüller u.a., BT-Drucks. VI/3826, S. 148ff.; *a. A.* BGH NJW 1984, 436f.; DB 1984, 1092; JZ 1986, 185f.; Ehmann, AcP 188 (1988), 230, 292f., 298; Vogelsang, S. 139ff., 144ff.; Zöllner, ZHR 149 (1985), 179, 191, 194

[51] dazu, daß es „demütigend" ist, das eigene Versagen einzugestehen, OLG Köln, U. v. 15.8.1985–7 U 13/85; von „schwersten menschlichen und beruflichen Belastungen" bei einer Offenbarung ärztlicher Fehlbehandlung spricht Hanack, Med. Klinik 1965, 1263; zur Befürchtung, daß die Offenbarung als Zeichen von Schwäche, Unsicherheit und mangelnder Qualifikation ausgelegt würde, van Venrooy, DB 1981, 2364, 2367;

über § 242 BGB *mit* von der Verkehrserwartung und Verkehrsauffassung beeinflußt wird.

Damit wird nicht geleugnet, daß die Rechtsprechung über die Generalklauseln wie Treu und Glauben auch eine erzieherische Aufgabe wahrzunehmen hat, die unter Umständen mit dem Rechtsbewußtsein der Gesellschaft oder einzelner Verkehrskreise in Konflikt geraten kann[52]; die Devise des Apothekers Homais: „Il faut marcher avec son siècle" ist als Leitprinzip für die Jurisprudenz in der Tat unangemessen[53]. Andererseits gebietet § 242 BGB ausdrücklich, auf die Verkehrssitte und damit auf das tatsächlich geübte Verhalten „Rücksicht" zu nehmen. Zwar ist die Verkehrssitte wiederum nicht mit der Verkehrsanschauung und Verkehrserwartung gleichzustellen[54]. Aber abgesehen davon, daß die Rechtsprechung insbesondere bei der auslegenden „Verkehrssitte" zum Teil auf die tatsächliche Übung verzichtet und damit doch auf die Verkehrsanschauung abgestellt hat[55], wäre es wenig verständlich, wenn zwar die „Erwartungen" der Rechtsordnung (letztlich verkörpert in den „richterlich" konkretisierten normativen Erwartungen) maßgeblich für die Bestimmung der vertraglich geschuldeten Pflichten sein sollten, wenn jedoch die sozialnormativen Erwartungen erst und ausschließlich dann zu berücksichtigen wären, wenn sie zu einer tatsächlichen Übung geworden sind[56]. Dementsprechend wird bezogen auf Informations- und Aufklärungspflichten denn auch zu Recht immer wieder davon gesprochen, daß solche immer (nur) dann bestünden, „wenn der Vertragspartner die Aufklärung nach Treu und Glauben und der *Verkehrsauffassung* redlicherweise erwarten" dürfe[57]. Explizit

---

s. auch Scheffler, AnwBl. 1969, 52; zum besonderen Schutz gegenüber einer Pflicht zur Offenbarung von „zur Unehre gereichenden Tatsachen" auch BVerfGE 56, 37, 44.

[52] Fikentscher, Schuldrecht[7], S. 758; Heldrich, AcP 186 (1986), 74, 97; Hopt, JZ 1975, 341, 344; vgl. auch Larenz, Methodenlehre[5], S. 276ff.

[53] so zutr. Canaris, NJW 1987, 2407, 2408; nur mit Vorbehalten zutreffend Würtenberger, S. 189: „Zeitgeistorientierter Rechtsetzung und Rechtsfortbildung kommt, vorausgesetzt, die sich wandelnden Vorstellungen sind richtig erkannt, unmittelbare demokratische Legitimität zu". Denn die Entscheidung des Grundgesetzes für eine repräsentative und gegen eine direkte Demokratie würde mißachtet, wenn der Norm*interpret* in quasiplebiszitärer Weise an eine Instanz gebunden würde, der der Norm*schöpfer* aus gutem Grund gerade nicht unterworfen ist.

[54] s. Oertmann, Rechtsordnung und Verkehrssitte, S. 38ff.; Sonnenberger, Verkehrssitten, S. 65ff.; Taupitz, Standesordnungen, § 12 D

[55] s. nur RGZ 110, 47, 48

[56] Die Nähe zwischen beiden Bereichen wird im übrigen daran deutlich, daß jeder innerhalb einer sozialen Gruppe eingespielten gewohnheitsmäßigen Übung, deren Beachtung für die Stabilität des sozialen Ordnungsgefüges von Bedeutung ist, die Tendenz innewohnt, sich zur Verhaltensregel, deren Einhaltung durch gesellschaftlichen Druck gesichert wird, und folglich zur sozialen Norm zu verfestigen, so zutr. Marburger, Regeln der Technik, S. 364 im Anschluß an H. Henkel, Rechtsphilosophie[2], S. 52ff.

[57] MünchKomm/Roth[2], § 242 Rdn. 200 (Hervorh. v. Verf.); zur Berücksichtigung oder gar Maßgeblichkeit der Verkehrsauffassung ferner RGZ 62, 149, 150; 77, 309, 314; 111, 233, 234; BGH BB 1954, 360; MDR 1955, 26; NJW 1983, 2493, 2494; MedR 1988, 315, 317; Enneccerus/Nipperdey[15], § 174 I 1 a; Larenz, BGB AT[7], § 20 IV a (S. 398); Palandt/Heinrichs[48], § 242 Anm. 4 B d; Soegel/Hefermehl[12], § 123 Rdn. 6; zur Benachrichtigungs-

hat der BGH (bei der Frage nach einer Pflicht zur Offenbarung einer früheren Straftat im Rahmen von Vertragsverhandlungen) darauf abgestellt, daß das „Recht auf (Ver-)Schweigen" in der Bevölkerung „allgemeines Wissensgut" sei, so daß „heutzutage der Teilnehmer am allgemeinen rechtsgeschäftlichen Verkehr nicht erwarten [könne], ... daß sich jemand bei zivilrechtlichen Vertragsverhandlungen *unaufgefordert* durch Selbstbezichtigung (auch) einer strafrechtlichen Verfolgung überhaupt erst aussetzen würde"[58]. Und das Reichsgericht hat (zum Pflichtenumfang während der Laufzeit eines Vertrages) betont, daß die „Verkehrsauffassung... nicht allgemein die Offenbarung jeder Tatsache [erfordere], die dem Vertragsgegner zur Erhebung von Ansprüchen gegen den Wissenden oder zur Abwehr von Ansprüchen des Wissenden als Grundlage dienen" könne, „obgleich eine solche Offenherzigkeit den sittlichen Anforderungen in der Regel entsprechen" möge[59]. Wird damit der tatsächlich bestehenden und im Laufe der Zeit sich wandelnden Verkehrsauffassung maßgebliche Bedeutung für den Umfang von Aufklärungspflichten innerhalb und außerhalb bestehender Vertragsverhältnisse eingeräumt[60], dann wäre es nicht zu rechtfertigen, die aufgezeigten, auf eine Ausdehnung des Kreises geheimhaltungswürdiger Daten zusteuernden Tendenzen gerade dort zu negieren, wo unaufgefordert zu erfüllende Offenbarungspflichten über „heikle", „ehrenrührige" Umstände zu konkretisieren sind.

V. Versicherungsrechtliche Aspekte

Zumindest eine Pflicht zur Offenbarung (nur) einer *objektiven* Pflichtverletzung kollidiert allerdings nicht mit den aus einem bestehenden Haftpflichtversicherungsverhältnis resultierenden Obliegenheiten, wie dies immer wieder befürchtet wird[61]. Zwar ist der Versicherungsnehmer nach den Allgemeinen Haftpflichtversicherungsbedingungen nicht berechtigt, ohne vorherige Zustimmung des Versicherers einen Anspruch ganz oder zum Teil anzuerkennen; etwas andere gilt nur, falls der Versicherungsnehmer nach den Umständen die Anerkennung oder die Befriedigung nicht ohne offenbare Unbilligkeit verweigern konnte (§ 5 Nr. 5 AHB). Eine wahre Schilderung des tatsächlichen Hergangs stellt jedoch kein Anerkenntnis dar. Der Versicherungsnehmer ist stets berechtigt, wahrheitsgemäße Erklärungen über Tatsachen abzugeben, auch wenn sich daraus eindeutige rechtliche

---

pflicht des § 86 II HGB (dazu noch unten S. 41) und zu deren Abhängigkeit von der Verkehrsauffassung Großkomm-HGB/Brüggemann[3], § 86 Rdn. 5.

[58] BGH VersR 1986, 1089, 1090, Hervorh. im Original; vgl. auch BGH, U. v. 17. 3. 1954 – II ZR 248/53 –.

[59] RG JW 1926, 795 m. zust. Anm. Stoll; ebenso BGH, U. v. 17. 3. 1954 – II ZR 248/53.

[60] dazu, daß der Umfang von Aufklärungspflichten im Vorfeld eines Vertrages und während der eigentlichen Vertragsdurchführung prinzipiell gleich zu beurteilen ist, Palandt/Heinrichs[48], § 242 Anm. 4 B d

[61] s. - wenn auch nicht klar – Carstensen/Schreiber, Mitteilungen der Deutschen Gesellschaft für Chirurgie 1986, 121, 122f.; Boergen, Haftung, S. 163

Schlußfolgerungen zu seinen Lasten[62] oder beweisrechtliche Nachteile ergeben[63]. Ein Anerkenntnis liegt vielmehr erst dann vor, wenn dazu weitere Erklärungen kommen, durch welche der Versicherungsnehmer zu erkennen gibt, die Ersatzpflicht werde anerkannt[64]. Problematisch ist allerdings das Eingeständnis eines eigenen Verschuldens. Zumindest in den Fällen, in denen überhaupt nur das Verschulden einer einzigen Person in Betracht kommt, im übrigen aber bei Übernahme der Alleinschuld, dürfte das Schuldeingeständnis so zu werten sein, daß alle Einwendungen tatsächlicher und rechtlicher Art dem Streit entzogen sein sollen, die der Schuldner bei der Abgabe der Erklärung kannte oder mit denen er zumindest rechnete[65]. Deshalb soll sich die Pflicht zur Offenbarung eines eigenen Fehlverhaltens nach einem Teil der Literatur nicht auf das Eingeständnis eines schuldhaften Fehlverhaltens erstrecken[66]. Zwar ist die Begrenzung des dem Geschädigten gewährten Schutzes in Abhängigkeit von der dem Schädiger offenstehenden Versicherungsmöglichkeit und den zwischen Schädiger und Versicherungsunternehmen *intern* bestehenden Pflichten und Obliegenheiten nicht unproblematisch; beschränkt man die Offenbarungspflicht jedoch wie der BGH im Anwaltsrecht von vornherein auf den Umfang an Informationen, den der Mandant benötigt, um seine Belange erforderlichenfalls unter Inanspruchnahme *anderweitigen* Rechtsrats sicher wahren zu können[67], so genügt schon der Hinweis auf das *mögliche* eigene Fehlverhalten, auf ein *möglicherweise* gegebenes Verschulden, auf eine möglicherweise daraus resultierende Haftung und Verjährung der Ersatzansprüche[68], was als Anerkenntnis keinesfalls ausreicht. Kollisionen mit versicherungsrechtlichen Pflichten und Obliegenheiten entstehen dann nicht.

---

[62] Prölss/Martin/Voit, VVG[24], § 5 AHB Anm. 4 mit § 154 VVG Anm. 3 a, b; vgl. ferner zu den Allgemeinen Bedingungen für die Kraftfahrtversicherung – AKB – Füchsel, NJW 1967, 1215f.

[63] OLG Düsseldorf, VersR 1989, 393f.

[64] OLG Düsseldorf, VersR 1989, 393f.; Prölss/Martin/Voit, VVG[24], § 5 AHB Anm. 4 mit § 154 VVG Anm. 3 a, b; vgl. ferner zu den AKB Stiefel/Hofmann, Kraftfahrtversicherung[13], § 7 AKB Rdn. 172 mit Beispielen aus der Rspr.

[65] zur Auslegung einer Erklärung als deklaratorisches Schuldanerkenntnis statt vieler Palandt/Thomas[48], § 781 Anm. 2 a; vgl. zu den AKB ferner Stiefel/Hofmann, Kraftfahrtversicherung[13], § 7 AKB Rdn. 172 mit Beispielen aus der Rechtsprechung.

[66] Meinecke, S. 24f.; Hart, in: Francke/Hart, S. 68; s. auch den Beschluß des 52. DJT 1978: „Der DJT empfiehlt den ärztlichen Standesorganisationen die Prüfung, ob nicht der Arzt unter bestimmten Voraussetzungen standesrechtlich zu verpflichten ist, seinen Patienen auf eine Schädigung infolge eines objektiven Behandlungsfehlers – ohne Äußerung zur Schuldfrage – hinzuweisen." (Verhandlungen des 52. DJT 1978, Band II [Sitzungsberichte], Teil I, München 1978, S. I 203f.).

[67] BGH NJW 1975, 1655, 1656; zust. Borgmann/Haug[2], S. 270; Mühlbauer, AnwBl. 1979, 475, 476.

[68] vgl. auch Rinsche, VersR 1987, 239, 240: Hinweis „auf die *Möglichkeit* einer Regreßverpflichtung" (Hervorh. im Original)

§ 6 Die Benachrichtigungspflicht des § 666 BGB und seiner Folgenormen als Ansatzpunkt für eine Pflicht zur unaufgeforderten Offenbarung eigenen Fehlverhaltens

I. Die weite Auslegung der Benachrichtigungspflicht in der Literatur

Zur Beantwortung der Frage, welches Interesse des Gegners so stark ist, daß derjenige, der ein eigenes Fehlverhalten bemerkt, nicht nur eigene Interessen zurückzustellen hat, sondern eigene Interessen sogar notfalls verletzen muß, wurde in der bisherigen Diskussion erstaunlicherweise nicht bei den richtungweisenden Vorgaben des BGB-Gesetzgebers angesetzt. Dabei stößt man doch sehr schnell auf § 666 BGB, wenn man der Frage nachgeht, ob nicht der Zivilrechtsgesetzgeber selbst spontan zu erfüllende Informationspflichten statuiert hat, von denen u. U. auch die eigene Pflichtwidrigkeit erfaßt sein kann. Nach dieser Vorschrift ist der Beauftragte verpflichtet, „dem Auftraggeber die erforderlichen Nachrichten zu geben, auf Verlangen über den Stand des Geschäfts Auskunft zu erteilen und nach der Ausführung des Auftrags Rechenschaft abzulegen." Als einzige spontan, also unabhängig von einer Aufforderung zu erfüllende Pflicht interessiert hier die zuerst genannte Benachrichtigungspflicht[1]. Nach der Literatur beinhaltet diese Pflicht die Mitteilung aller dem Auftraggeber unbekannten Informationen, die der Auftraggeber braucht, „um seine im Zuge der Auftragserledigung sich ändernde Rechtsstellung beurteilen und Folgerungen daraus ziehen zu können." Dafür sollen insbesondere „seine Rechte ... gegenüber dem Beauftragten" in Betracht kommen[2]. Nun gehören doch zweifellos auch Schadensersatzsprüche gegen den Auftragnehmer wegen Schlechterfüllung des Auftrags zur „Rechtsstellung" des Auftraggebers und

---

[1] Es entspricht allgemeiner Meinung, daß von den drei in § 666 BGB genannten Pflichten (nur) die Benachrichtigungspflicht ohne Zutun, insbesondere ohne Aufforderung des Auftraggebers entsteht: RGRK-Steffen[12], § 666 Rdn. 5, 6, 13; MünchKomm/Seiler[2], § 666 Rdn. 2; Soegel/Mühl[11], § 666 Rdn. 1; Staudinger/Wittmann[12], § 666 Rdn. 2

[2] MünchKomm/Seiler[2], § 666 Rdn. 1, 5; vgl. auch Esser/Weyers, SchuldR II[6], § 35 II 3 (S. 281): „ständige ... Information zur Sicherung einer den Interessen des Geschäftsherrn entsprechenden ... Gesamtabwicklung"; ferner die sehr weiten Formulierungen zur entsprechenden Benachrichtigungspflicht des Handelsvertreters bei Schlegelberger/Schröder, HGB[5], § 86 HGB Rdn. 20a.

zu seinen Rechten gegenüber dem Beauftragten; nimmt man die zitierte – bisher offenbar nicht problematisierte – Auslegung des § 666 BGB für bare Münze, dann ist die Offenbarung eines eigenen Fehlverhaltens und die Information über das Bestehen eines daraus resultierenden Schadensersatzanspruchs quasi „normaler" Bestandteil der Pflichten eines jeden Beauftragten. Dies gilt auch für diejenigen, nach deren Auffassung § 666 1. Alt. BGB eine „mühelose, ... lückenlose und wirksame Kontrolle" ermöglichen und eine „'hundertprozentige' Auskunft aus erster Hand garantieren" soll[3]. Nimmt man weiter hinzu, daß eine ganze Reihe von Vorschriften innerhalb des BGB direkt auf § 666 verweist (nämlich § 27 Abs. 3 für den Vereinsvorstand[4], § 675 für die entgeltliche Geschäftsbesorgung, § 681 S. 2 für den Geschäftsführer ohne Auftrag, § 687 Abs. 2 für die angemaßte Eigengeschäftsführung, § 713 für den geschäftsführenden Gesellschafter, § 2218 für den Testamentsvollstrecker), daß ferner § 86 Abs. 2 HGB für den Handelsvertreter und § 384 Abs. 2 1. HS HGB für den Kommissionär wörtlich gleichlautende Bestimmungen enthalten, wobei von der letztgenannten nach Auffassung der Literatur ebenfalls Nachrichten „über alle Schicksale des Kommissionsgeschäftes"[5], also doch offenbar auch über daraus resultierende Schadensersatzansprüche umfaßt sind[6], und akzeptiert man schließlich die – z. B. im schweizerischen Recht vom Gesetzgeber selbst durch den Aufbau des Obligationenrechts viel deutlicher zum Ausdruck gebrachte – Erkenntnis, daß die Vorschriften des Auftragsrechts letztlich als „allgemeiner Teil eines Rechts über Tätigkeiten im fremden Interessenbereich" erscheinen[7], dann gelangt man beinahe zwangsläufig zu der These, daß jede Tätigkeit im fremden Interesse zur spontanen Offenbarung eines eigenen Fehlverhaltens und daraus resultierender Schadensersatzansprüche verpflichte.

Erhebliche Bedenken gegen diesen Satz, der die gesamte bisherige Diskussion um die Offenbarungspflicht und die Suche nach einzelfallbezogenen

---

[3] Balthasar, S. 40

[4] diese Vorschrift gilt wiederum nach § 48 II BGB auch für den Vereinsliquidator und nach § 86 BGB für die Stiftung

[5] Düringer/Hachenburg/J. Lehmann, Handelsgesetzbuch[3], § 384 Rdn. 38

[6] zu § 86 HGB findet sich die Auffassung, daß sich die Benachrichtigungspflicht des Handelsvertreters auch „auf die dem Handelsvertreter bekannt gewordenen Gründe mangelhafter Geschäftsverbindung zur Großabnehmern" erstrecke (Heymann/Sonnenschein, § 86 Rdn. 22); unklar ist, ob damit auch Gründe gemeint sind, die in der eigenen Person des Handelsvertreters liegen; die aaO zitierte Entscheidung LAG Bremen (DB 1955, 123) betrifft allerdings einen solchen Fall *nicht*.

[7] Coing, AcP 167 (1967), 99, 102; Lammel, in: Vertragsschuldverhältnisse, 259, 272; AK-Joerges, vor §§ 662ff. Rdn. 43; Soergel/Mühl[11], § 666 Rdn. 11; s. auch P. Laband, AcP 74 (1889), 299, 324; im schweizerischen Recht folgen der Regelung des Auftrags in den Artikeln 394 bis 406 OR „sachlogisch richtig" (Coing, aaO) einige besonders ausgeformte Rechtsverhältnisse, die eine fremdbezügliche Tätigkeit zum Gegenstand haben.

Wertungskriterien als überflüssig, ja als kleingeistig erscheinen ließe, bestehen jedoch schon deshalb, weil der BGB-Gesetzgeber sämtliche in § 666 statuierten Pflichten im Grundsatz als selbstverständlich, eigentlich keiner ausdrücklichen Erwähnung bedürftig, angesehen hat[8]. Es kann jedoch kaum der Ansicht des Gesetzgebers entsprochen haben, daß die aufgezeigten weitreichenden Folgen, eine derart massive Zurücksetzung der eigenen Interessen des Beauftragten bzw. des übrigen vom Gedanken des § 666 erfaßten Personenkreises und schließlich auch diese immense faktische Aushöhlung der Risikoverteilung selbstverständlich und von der relativ nichtssagenden Formulierung „erforderliche Nachrichten“ umfaßt seien.

II. Der prospektiv auf Erreichung des Vertragszieles gerichtete Blick und der leistungsgegenständliche Aspekt der Offenbarungspflicht

1. Einleitung

Ansatzpunkte für eine Umsetzung der dargelegten Bedenken und für eine Begrenzung der Benachrichtigungspflicht ergeben sich zunächst aus dem Kontext, in den diese Pflicht zu Recht gestellt wird. Die Benachrichtigungspflicht wird als Ergänzung oder Kehrseite des Weisungsrechts des Auftraggebers nach § 665 BGB gesehen[1]; dieses Weisungsrecht wiederum und umgekehrt die Benachrichtigung sollen es dem Auftraggeber ermöglichen, als „Herr des Geschäfts“[2] die zur *ordnungsgemäßen Durchführung*[3] des Auftrags erforderlichen – gegebenenfalls erst bei Durchführung des Auftrags erforderlich werdenden – Weisungen zu geben und ihm die aus der Durchführung des Auftrags sich ergebenden Rechte sichern. Zur Durchführung des Auftrags gehören auch die Rechte aus §§ 667 (Herausgabepflicht des Auftragnehmers) und die Verzinsungspflicht nach § 668; dementsprechend erstreckt sich die Benachrichtigungspflicht anerkanntermaßen auch auf Tatsachen, die diesen Ansprüchen zugrundeliegen[4]. Man kann die Zielrichtung der Benachrichtigungspflicht deshalb als „prospektiv“, nach

---

[8] s. Mot. II, S. 537; Prot. II, 357f.; die Benachrichtigungspflicht war dementsprechend im Entwurf I nicht besonders zum Ausdruck gebracht.

[1] Staudinger/Wittmann[12], § 666 Rdn. 1; Palandt/Thomas[48], § 666 Anm. 2 a

[2] Larenz, Schuldrecht II/1[13], § 56 II (S. 416); Palandt/Thomas[48], § 665 Anm. 1, § 666 Anm. 1; ebenso zu § 384 HGB Düringer/Hachenburg/J. Lehmann, Handelsgesetzbuch[3], § 384 Rdn. 38

[3] s. Soergel/Mühl[11], § 666 Rdn. 4: „Erforderlich sind solche Nachrichten, die für die ordnungsmäßige Durchführung des Geschäfts notwendig sind“; ähnlich Balthasar, S. 39 („ordnungsgemäße Abwicklung des Auftrages“).

[4] MünchKomm/Seiler[2], § 666 Rdn. 5; ohne Differenzierung der verschiedenen Pflichten des § 666 BGB bezüglich des Anspruchs aus § 667 auch Palandt/Thomas[48], § 666

vorn auf die (weitere) *Ausführung* des Auftrags, auf das mit der Auftragserfüllung erstrebte Ziel hin ausgerichtet kennzeichnen[5] und von einer abgeleiteten, kompletorischen Informationspflicht sprechen, die nicht autonom vereinbart wird, sondern kraft Gesetzes entsteht[6] und sich aus dem Zweck ableitet, die sachgerechte Durchführung des Auftrags zu ermöglichen[7]. Als „vertragszielbezogene Nebenpflicht" ist die Benachrichtigungspflicht Ausdruck der Verpflichtung des Schuldners, alles Zweck- und Situationsgebotene zu tun, sofern ohne es die Hauptleistung nicht richtig und sinnvoll erbracht werden kann[8]. Es ist dies derselbe Gedanke, der über § 242 BGB zur Herausbildung von Aufklärungspflichten führt, „die der Sicherung und

---

Anm. 1; dagegen, in der Vorbereitung des Anspruchs aus § 667 den *Zweck* der Benachrichtigungspflicht zu sehen, aber Stürner, Aufklärungspflicht, S. 310; Balthasar, S. 28.

5 Mißverständlich ist es, wenn Auskunfts- und Aufklärungspflichten durch die Erwägung voneinander geschieden werden, daß die Betrachtung bei der (spontan zu erfüllenden) Aufklärungspflicht retrospektiv ausgerichtet sei, weil es immer um Informationen gehe, an denen der andere Teil sein früheres Verhalten ausgerichtet hätte, während es beim Auskunftsanspruch um solche Informationen gehe, nach denen der andere Teil sein zukünftiges Verhalten bestimmen wolle (so MünchKomm/Roth², § 242 Rdn. 197; Werres, S. 4). Dies ist zwar aus dem Blickwinkel des *Rechtsstreits*, der um die Frage der (ordnungsgemäßen) Erfüllung der Informationspflicht geführt wird, richtig. Aus dem Blickwinkel der Pflicht selbst, also von ihrer ordnungsgemäßen Erfüllung her gesehen, geht es jedoch in beiden Kategorien gleichermaßen darum, den anderen Teil durch Informationserteilung in die Lage zu versetzen, über sein weiteres Verhalten zu entscheiden.

6 und zwar auch dann, wenn die Informationspflicht nicht unmittelbar auf § 666 BGB als eine den Grundsatz von Treu und Glauben konkretisierende Norm, sondern („nur") auf die allgemeine Vorschrift § 242 BGB gestützt werden kann; auf das umstrittene Verhältnis der Vertragsauslegung zur ergänzenden Vertragsauslegung und zur Anwendung objektiven Rechts ist dabei an dieser Stelle nicht einzugehen; Einigkeit herrscht zumindest darüber, daß es sich bei der Ermittlung der (die autonom vereinbarten vertraglichen Leistungspflichten ergänzenden) Nebenpflichten um normative Ergänzung des dem Vertrag zugrundeliegenden Willens innerhalb des typischen Anwendungsbereichs von § 242 BGB handelt.

7 Deshalb ist die Benachrichtigungspflicht des § 666 1. Alt. BGB nicht so unabhängig von jedem mittelbaren Zweck, wie dies in der Literatur vielfach anklingt und mit der Terminologie „selbständiger Informationsanspruch" zum Ausdruck gebracht wird: Stürner, Aufklärungspflicht, S. 310f.; Balthasar, S. 27ff.: „Informationsanspruch informationis causa"; dies dürfte allenfalls dort der Fall sein, wo eine Verpflichtung zur Information als Gegenstand der Leistungspflicht eines Vertrages (gewissermaßen als „Sachleistung auf Information") autonom vereinbart wird (dazu unten S. 49ff.). Richtig ist allerdings, daß „abgeleitete" Informationspflichten (zur Unterscheidung von autonomen und abgeleiteten Informationspflichten Winkler v. Mohrenfels, S. 19ff.) nicht nur „präparatorischer" Art sind und auch die Benachrichtigungspflicht nicht zu den präparatorischen Informationspflichten gehört; insofern ist die Benachrichtigungspflicht „selbständiger" als vorbereitende Hilfsansprüche. Zu „kompletorischen Informationspflichten" Winkler v. Mohrenfels, S. 67ff., wo aber § 666 1. Alt. BGB nicht mit genannt ist.

8 Terminologie und Beschreibung bei Henß, S. 108f. (allerdings ohne jeden Bezug zu § 666 BGB)

reibungslosen Erfüllung der Hauptpflicht dienen sollen."[9] Von der laufenden, spontan zu erfüllenden Nachrichtspflicht während der Durchführung des Vertrages umfaßt sind dann jedoch nicht Informationen über (Schadensersatz-)Ansprüche, die sich aus einer – an sich von den Parteien ja nicht erwarteten – Nichterfüllung oder Schlechterfüllung des Vertrages ergeben, damit nicht mehr dem von vornherein in Aussicht genommenen Ziel selbst dienen und erst als sekundäre Rechtsfolge aus dem *Fehlschlagen* der auf ordnungsgemäße Vertragsdurchführung gerichteten Bemühungen resultieren.

Man mag zwar einwenden, daß auch der im Falle der Schlecht- oder Nichtleistung zu erbringende Schadensersatz auf das positive Interesse und damit letztlich doch auf Erreichung des Vertragszieles gerichtet sei. Haftung im Sinne einer Einstandspflicht stelle sich „gewissermaßen als Fortführung der Obligation mit anderen Mitteln"[10] und der Schadensersatzanspruch demnach als im selben Vertrag wurzelndes „Äquivalent für die Vergütungsforderung" dar[11]. Jedoch beinhalten der Anspruch auf ordnungsgemäße Vertragsabwicklung und „Ersatz-"Ansprüche wegen Vertrags„störung" anerkanntermaßen unterschiedliche Anspruchskategorien[12]. Das Forderndürfen und Leistensollen als Inhalt der Obligation ist nicht nur in der historischen Entwicklung erst *nach* der Haftung als der „primitiveren" Form der Verwirklichung eines Interesses entstanden, sondern es fallen auch im heutigen Recht Schuld und Haftung nicht völlig zusammen; beide Komponenten des einheitlichen Gebildes „Obligation" haben ihren eigenen besonderen Wertinhalt[13]. Durch die Leistungsstörung nimmt das Schuldverhältnis einen anderen Gang als geplant und tritt kraft Gesetzes bzw. kraft der Rechtsordnung eine *Inhaltsänderung* des Schuldverhältnisses ein[14] „wenn die ursprünglichen Ziele nicht mehr erreichbar sind"[15]. Schadensersatz ist als *Surrogat* für das ursprünglich Geschuldete[16] „neuer Gegenstand" der zwar „weiterbestehenden"[17] und inhaltlich vom vereinbarten Erfüllungsinteresse geprägten, aber gleichwohl

---

[9] dazu Stürner, Aufklärungspflicht, S. 90; ähnlich Hildebrandt, S. 164

[10] Esser/Schmidt, Schuldrecht AT[6], § 7 I (S. 96); s. ferner Keuk, Vermögensschaden, S. 149ff.; Dietz, Anspruchskonkurrenz, S. 74, 102f., 136

[11] vgl. RGZ 61, 390, 391

[12] Die Unterscheidung wird in der Regelung des Werkvertragsrechts mit dem dort ausnahmsweise gegebenen und den Gewährleistungsansprüchen *vorgehenden* Nachbesserungsanspruch als modifiziertem Erfüllungsanspruch (s. nur BGH NJW 1976, 143; Palandt/Thomas[48], Vorbem. v. § 633 Anm. 3 b) besonders deutlich. – Eine „Mischfigur" aus Leistung und Gewährleistung stellt nach Lüderitz (in: Studienkommentar zum BGB[2], § 480 Anm. 1) der Nachlieferungsanspruch beim Gattungskauf aus *§ 480 BGB* dar, während die h.M. (auch) darin den Erfüllungsanspruch sieht.

[13] s. insbes. R. Schmidt, Obliegenheiten, S. 30ff. m.Nwen.; zur wechselvollen historischen Entwicklung der Geldkondemnation und der Realkondemnation ferner Dilcher, SZ (Rom) 78 (1961), 277, 278ff.; Jakobs, Unmöglichkeit, S. 191ff.

[14] Fikentscher, Schuldrecht[7], § 41 (S. 218); s. auch Dietz, S. 74, 102

[15] Esser/Schmidt, Schuldrecht AT[6], § 7 I (S. 96)

[16] s. schon Rabel, Recht des Warenkaufs I, S. 453

[17] Esser/Schmidt, Schuldrecht AT[6], § 7 I (S. 97); R. Schmidt, Obliegenheiten, S. 36

nunmehr auf „Liquidation" des Vertragsverhältnisses gerichteten Verbindlichkeit[18]. Dementsprechend beginnt beispielsweise der Lauf der Verjährungsfrist für den Schadensersatzanspruch unabhängig vom Beginn der Verjährung des (früher) entstandenen Erfüllungsanspruchs, wenn auch die Verjährungsfrist in ihrer *Länge* von derjenigen des Erfüllungsanspruchs abhängig gemacht wird[19]; denn soweit die Zeit der Anspruchsentstehung in Frage steht, liegt mit dem Anspruch auf Schadensersatz wegen Nichterfüllung gegenüber dem ursprünglichen Vertragsanspruch ein „neuer, selbständiger Anspruch vor"[20].

2. Kriterien für die Bejahung einer Pflicht zur unaufgeforderten Offenbarung eigenen Fehlverhaltens

a) Tätigkeit im fremden Interesse und Erforderlichkeit der Offenbarung zur Erfüllung der fremdnützigen Hauptleistungspflicht

aa) Grundlagen

Der (nur) prospektiv auf die Herbeiführung des vertraglich vereinbarten Ziels gerichtete Blick des § 666 bedeutet nicht, daß vom Gedanken dieser Norm die Information über ein eigenes Fehlverhalten überhaupt nicht erfaßt sein könne. Diese Norm, die als „Mustervorschrift"[21] im folgenden immer stellvertretend für die auf sie verweisenden oder inhaltlich gleichlautenden Normen des BGB und des HGB[22] sowie für den daraus ableitbaren und als Konkretisierung des Grundsatzes von Treu und Glauben erscheinenden allgemeinen Gedanken genannt sei, stellt durchaus einen tauglichen Ansatzpunkt für eine Lösung der hier zu erörternden Offenbarungsproblematik dar. Denn mit ihr hat der Gesetzgeber in *eigener* Konkretisierung des Gedankens von Treu und Glauben[23] jedenfalls zum Ausdruck gebracht, daß

[18] *a.A.* Keuk, S. 151, die den Leistungsanspruch und den Schadensersatzanspruch „lediglich als zwei Formen der Verwirklichung des vertraglichen Rechts des Gläubigers" ansieht. – Innerhalb der §§ 325, 326 geht die h.M. anders als Keuk davon aus, daß sich das Schuldverhältnis bei Geltendmachung des Schadensersatzanspruchs grundsätzlich in ein einseitiges Abrechnungsverhältnis verwandele, in dem die beiderseitigen Ansprüche zu unselbständigen Rechnungsposten werden und nicht mehr herausgegriffen und zum Gegenstand einer selbständigen Klage gemacht werden können, s. hier nur MünchKomm/Emmerich[2], § 325 Rdn. 35 m.w. Nwen.

[19] RGZ 61, 390, 391; 111, 102, 104f.; BGHZ 50, 25, 29; 73, 266, 269; BGH NJW 1968, 692, 693; WM 1973, 489, 490

[20] RGZ 128, 76, 79; Staudinger/Coing[11], § 198 Rdn. 2; s. auch BGH NJW 1959, 1819; Peters/Zimmermann, S. 77, 173f.; Soergel/Walter[12], § 198 Rdn. 17; RGRK-Johannsen[12], § 198 Rdn. 13; MünchKomm/v. Feldmann[2], § 198 Rdn. 8 m.w. Nwen.

[21] Stürner, Aufklärungspflicht, S. 287; Lüke, JuS 1986, 1, 4

[22] s. oben S. 41

[23] selbst dort, wo der Gesetzgeber – anders als in § 666 BGB – keine spontan zu

der Umstand, daß jemand aufgrund freien Willensentschlusses ausschließlich oder *auch* im *fremden* Interesse tätig ist, Anlaß für besondere, über den normalen Bereich hinausreichende und vor allem *spontan* zu erfüllende Informationspflichten ist, welche in hohem Maße altruistisch auf die Interessen des Gegenübers ausgerichtet sind[24]. Wer sich erbietet, fremde Interessen wahrzunehmen, kann sich nicht später im Falle einer Interessenkollision auf den Grundsatz zurückziehen, daß jeder selbst zur Wahrung seiner eigenen Belange zuständig sei. Dieser Gedanke wird zu Recht ganz allgemein über § 242 BGB umgesetzt, indem die Zielrichtung und Intensität der nach Treu und Glauben gebotenen Verhaltensanforderungen aus der Art der Sonderbeziehung gewonnen werden, je nachdem, ob es sich um ein Austauschverhältnis mit entgegengesetzten Interessen („mea res agitur") oder um eine fremdnützige Tätigkeit („tua res agitur") handelt[25]. Natürlich bedürfen diese Aussagen einer weiteren Konturierung und Umsetzung für das hier behandelte Thema. Aber auch dafür läßt sich sehr wohl § 666 in seiner soeben dargestellten Auslegung unter Hinzunahme des unmittelbar in ihm enthaltenen Merkmals der „Erforderlichkeit" heranziehen. Denn § 666 verlangt eine Offenbarung eigenen Fehlverhaltens danach allenfalls dann, wenn dies zur Herbeiführung des vom Auftrag zentral erstrebten Erfolges notwendig ist; dies ist der Fall, wenn erstens das Hauptleistungsprogramm des Vertrages, also der geschuldete Leistungserfolg im engeren

---

erfüllende Informationspflicht statuiert hat, sondern nur eine – auf Nachfrage hin zu erfüllende – Auskunftspflicht ausgesprochen hat (z. B. §§ 1580, 1605 BGB i. d. F. d. Art. 1 Nr. 21 des 1. EheRG, BGBl. I 1976, 1421), ist von Rechtsprechung und Literatur ergänzend und gestützt auf § 242 BGB eine im Ausnahmefall bestehende Pflicht zu ungefragter Information bejaht worden, s. zum Unterhaltsrecht BGH NJW 1986, 1751, 1753f.; NJW 1986, 2047, 2049; Hoppenz, FamRZ 1989, 337, 338ff.

[24] „Die besondere Beauftragung mit der Interessenwahrnehmung des Geschäftsherrn führt bei Interessenkollisionen zum Vorrang der Geschäftsherrninteressen": Lammel, in: Vertragsschuldverhältnisse, S. 259, 264; s. auch BGH WM 1971, 995. Zur Wahrung fremder Interessen als Grundlage besonderer Informationspflichten Werres, S. 77f.; Balthasar, S. 10ff.; Erman/Brox[7], § 123 Rdn. 17.

Zu den – nach Aufforderung zu erfüllenden – Rechenschaftspflichten hat die Rechtsprechung aus einer Reihe der im BGB enthaltenen Normen schon früh den allgemeinen Grundsatz entwickelt, daß rechenschaftspflichtig ist, wer fremde Angelegenheiten oder solche, die zugleich eigene und fremde sind, besorgt: RGZ 73, 286, 288; 110, 1, 16; 164, 348, 350; 171, 129, 135f.; BGHZ 10, 385, 386f.; BGH NJW 1959, 1963; NJW 1979, 1304, 1305; zur Entwicklung Winkler v. Mohrenfels, S. 30ff.; Lüke, JuS 1986, 1, 5.

[25] zwischen beiden stehen Rechtsverhältnisse, die auf ein Zusammenwirken gerichtet sind, z.B. Gesellschaften, familienrechtliche Gemeinschaftsverhältnisse, z.T. auch Arbeitsverhältnisse („nostra res agitur"); s. zu dieser Dreiteilung Beyerle, S. 16ff.; Soergel/Siebert[9], § 242 Rdn. 5; Soergel/Siebert/Knopp[10], § 242 Rdn. 6f.; Köpcke, S. 67f.; ferner Soergel/Teichmann[11], § 242 Rdn. 40, zur Intensivierung der Informationspflichten bei fremdnützigen Verträgen dort Rdn. 141.

Sinne und nicht nur eine untergeordnete Nebenpflicht betroffen ist[26] – dann trifft das Argument des Bundesverfassungsgerichts in voller Schärfe, daß die (ehrenrührige) Information Teil eines durch eigenen Willensentschluß übernommenen Pflichtenkreises ist[27] –, und wenn zweitens eine Kenntnisnahme des Auftraggebers vom Fehlverhalten des Auftragnehmers zur Durchführung des Leistungsprogramms nicht nur wünschenswert, sondern *erforderlich* ist, und zwar – wie im Hinblick auf die geschilderten Vorbehalte gegen eine Pflicht zur spontanen Offenbarung gerade eines Fehlverhaltens ergänzt werden muß – „zwingend" erforderlich ist.

Um diese Aussagen für die hier zu erörternde Offenbarungspflicht fruchtbar machen zu können, hat man sich zunächst vor Augen zu halten, daß die Frage nach der Pflicht zum Offenbaren eigenen Fehlverhaltens den Blick zurückwendet: Es geht um in der *Vergangenheit* abgeschlossene oder zumindest begonnene Vorgänge[28]. Und ein zweiter Aspekt ist wesentlich: Die Pflicht zur Information über eigenes Fehlverhalten wendet den Blick spezifisch „wertend" zurück; denn schon das Verdikt der objektiven Pflichtwidrigkeit, des Fehlverhaltens, enthält ja seinerseits eine Wertung, einen Vergleich zwischen einem Sein und einem Sollen: Ein real eingetretenes Ereignis wird mit dem von der Rechtsordnung oder einer anderen Ordnung (z. B. der Ethik) als gesollt statuierten Zustand verglichen. Nur bei einer wertend ermittelten Disparität von Sein und Sollen kann überhaupt von einem Fehlverhalten, einer Pflichtwidrigkeit, einem Fehler gesprochen werden.

Richtigerweise kann eine Rechtspflicht zur Information über ein eigenes Fehlverhalten allenfalls dann in Betracht kommen, wenn auch eine rechtsnormativ begründete Disparität zwischen Sein und Sollen in Frage steht, also der in der Vergangenheit liegende Verstoß gegen eine Rechtspflicht gegeben ist. Das bedeutet zwar nicht, daß eine Informationspflicht von vornherein nur bei umfassend rechtsberatend tätigen Berufen mit umfassenden Rechtskenntnissen möglich wäre, weil nur von diesen eine „juristische" Beurteilung erwartet werden könne[29]. Zum einen verlangt die Rechtsprechung auch z. B. vom Architekten „Grund-

[26] Zum Hauptleistungsprogramm gehören auch solche Pflichten, die der Herbeiführung des Leistungserfolges im engeren Sinne dienen und als Bestandteile eines darauf gerichteten geordneten Leistungsplanes erscheinen, z. B. die positivrechtlich geregelten Leistungsstörungen vermeiden sollen. Nicht dazu gehören Nebenpflichten, die zusätzlich zur Hauptleistung ein weitergehendes Leistungsinteresse befriedigen oder als Schutzpflichten den bereits vor dem Vertrag existenten Güterstand vor Einbußen bewahren sollen. Zu dieser Dreiteilung Stürner, JZ 1976, 384, 385 ff.

[27] BVerfGE 56, 37, 42

[28] in der Literatur wird die Terminologie „Offenbarung" gelegentlich überhaupt den Fällen vorbehalten, in denen es um die Information über bereits abgewickelte oder aber jedenfalls schon begonnene Geschehensabläufe geht; s. z. B. (ohne Bezug auf die vorliegende Problematik) Hahn, S. 97

[29] in dieser Richtung aber bezogen auf Steuerberater OLG Stuttgart, VersR 1980, 54,

kenntnisse“ in den Rechtsgebieten, die mit der Architekten- und Bauleistung eng zusammenhängen[30]. Zum anderen ist das Anbinden der Offenbarungspflicht an die Verletzung einer rechtsnormativ begründeten Disparität von Sein und Sollen aber lediglich als Schwellenhöhe zu verstehen, die gewissermaßen eine Parallelwertung in der außerrechtlichen Pflichtenordnung verlangt. Damit ist folgendes gemeint: Die Rechtsordnung knüpft mit ihren Pflichtenstandards häufig an andere Sozialordnungen (z. B. diejenigen bestimmter Verkehrs- oder Berufskreise) an, indem sie deren Regeln und Standards für den eigenen Bereich übernimmt, nämlich für rechtlich maßgeblich erklärt. Aber hierdurch bleibt der Charakter des jeweiligen Standards erhalten: der vom Recht z. B. als „erforderliche Sorgfalt“ anerkannte und geforderte ärztliche Standard bleibt gleichzeitig eine *medizinische* Sorgfaltskategorie. Und bekanntlich werden nicht alle beruflichen Verhaltensregeln vom Recht als einzuhaltender Standard gefordert, die berufliche Norm damit von rechtlichen Kategorien rezipiert. Das Recht verlangt nur die Einhaltung eines bestimmten Levels, u. U. gar nur ein Minimum. Dieses – von der Rechtsordnung bestimmte – Niveau läßt sich von der Rechtsordnung auf die neben ihr stehende Sozialordnung zurückprojizieren. Und allenfalls die Nichteinhaltung einer Pflicht, die sich oberhalb der damit sichtbaren Linie befindet, verpflichtet zur Offenbarung. Vom Arzt wird, wenn man ihm lediglich eine Pflicht zur Offenbarung des eigenen Fehlverhaltens und nicht auch eine Pflicht zur Information über einen Regreßanspruch als Rechts- oder Vermögensberatung auferlegt[31], allenfalls eine Information über die Verletzung medizinischer Pflichten- oder Sorgfaltskategorien verlangt; aber dies auch nur dann, wenn deren Einhaltung gleichzeitig vom Recht gefordert wird, wenn also durch die Verletzung medizinischer Standards auch eine Rechtspflicht verletzt wurde. Umgekehrt muß der übervorsichtige Arzt, der seinen selbstgesteckten Maßstab oder einen nur von wenigen Medizinern, nicht aber auch vom Recht geforderten Standard nicht eingehalten hat, darüber niemals informieren. Und es besteht von vornherein keine Rechtspflicht zur Information über ein „bloß“ moralisches Fehlverhalten.

55; OLG Hamm, DStR 1981, 55; OLG Schleswig-Holstein, BHStB R 822.8; Späth, Haftung[3], Rdn. 452; Gräfe, in: Gräfe/Suhr, S. 111f.

[30] BGH NJW 1973, 1457f. Der BGH hat aber später zu Recht klargestellt, daß der Architekt nicht einem Rechtsberater des Bauherrn gleichzustellen sei: BGH NJW 1985, 1692, 1693 (für eine nur beschränkte Rechtsberatungspflicht ferner Locher, BauR 1973, 323, 324; Ganten, BauR 1974, 78, 84f.; ders., Dt. ArchBl. 1978, 1073; Jagenburg, NJW 1987, 2974f.; ders., in: Bindhardt/Jagenburg[8], § 3 Rdn. 54; Moser, Der Architekt 1986, 111, 112). Ob aber hiermit die Aussage des BGH zu erklären ist, daß der Architekt „im allgemeinen“ *nicht* „ausdrücklich auf einen gegen sich gerichteten Regreßanspruch wegen versäumter Rechtswahrung“ hinweisen muß (BGHZ 71, 144, 148f.; BGH VersR 1986, 37, 38), ist fraglich.

Dazu, daß eine Belehrung eines Vertragspartners über Rechte aus dem Vertragsverhältnis zudem regelmäßig nicht gegen das Rechtsberatungsgesetz verstößt, weil das Rechtsverhältnis zum Vertragspartner keine *fremde* Rechtsangelegenheit ist, insbes. BGHZ 83, 17, 24f.; ferner Mutze, StB 1977, 149, 152f.; *a. A.* bezogen auf den Steuerberater Späth, StB 1977, 201, 204; Gräfe, in: Gräfe/Suhr, S. 112 m. w. Nwen.

[31] dazu unten S. 66ff.

Damit konkretisiert sich die Frage des § 666 dahin, wann gerade die (von der Rechtsordnung zumindest rezipierte) *Bewertung* eines in der *Vergangenheit* liegenden Vorfalls zentral zum Leistungsprogramm eines (fremdinteressenwahrenden) Vertrages gehört.

Ein weiterer Gesichtspunkt ist wesentlich, der (wiederum aus dem Blickwinkel der Erforderlichkeit) den Umfang der möglichen Offenbarungspflicht betrifft: Es ist zwischen mehreren Stufen der Informationspflicht nach einem Fehlverhalten zu unterscheiden. Auf der untersten Stufe geht es um die Pflicht zur Offenbarung einer objektiven Pflichtwidrigkeit; ein Mehr an Informationen auf der Basis einer erweiterten eigenen Wertung wird verlangt, wenn auch über die Zurechenbarkeit, also insbesondere das Verschulden als zentraler Grundlage personalen Verantworten-Müssens, aufzuklären ist[32]. Schließlich steht zur Debatte, ob das Bestehen eines Schadensersatzanspruchs oder gar weitere mit der Rechtslage zusammenhängende Fragen, z. B. die Verjährung des Schadensersatzanspruchs, von einer Informationspflicht umfaßt sind. Dabei schließt die jeweils höhere Informationsstufe automatisch die vorangehenden ein.

bb) Die Offenbarungspflicht als autonome Hauptleistungspflicht eines Vertrages?

Vorstellbar ist, daß der wertende Blick zurück unmittelbar Gegenstand der autonom vereinbarten (Haupt-)*Leistungspflicht* eines Vertrages selbst ist. Dies ist bei allen Verträgen denkbar, die final auf die Aufdeckung und Bewertung eines Fehlverhaltens von Menschen gerichtet sind; es geht hier um Ursachenforschung, und zwar konkret in Gestalt einer Kontrolle und Überwachung von anderen Menschen. Als Beispiel sei der Gutachtenauftrag, z. B. über eine durchgeführte medizinische Behandlung, genannt. In der Praxis wird ein derartiger Gutachtenauftrag allerdings kaum in dem Bewußtsein abgeschlossen, daß ein eigenes Verhalten des Gutachters selbst zu bewerten ist. Vielmehr stellt sich allenfalls im Nachhinein, bei Durchführung des Gutachtenauftrages, heraus, daß der Gutachter zufällig in eigener Sache zu gutachten hat. Diese spätere Erkenntnis mag einen Grund zur Aufhebung des Vertrages liefern – immerhin ist die beim Gutachter vorausgesetzte Unbefangenheit dann kaum gegeben –, bedeutet aber nicht, daß der Inhalt des Gutachtenauftrags sich automatisch ändert, wenn der ärztliche Gutachter erst nach Abschluß des Gutachtervertrages feststellt, daß ein

---

[32] näher zur Zurechnung als Verantwortlichkeit einer Person für ein Verhalten oder einen Erfolg und zum Verschulden als zentralem Zurechnungsprinzip Deutsch, Haftungsrecht I, S. 22ff.; grundlegend für die moderne Zurechnungslehre Larenz, Hegels Zurechnungslehre und der Begriff der objektiven Zurechnung, 1927; s. ferner dens., JuS 1965, 373ff.

eigener früherer Behandlungsfehler in Frage steht. Ebenso hat es die Rechtsprechung im Sonderfall der Beauftragung mit der Geltendmachung eines Amtshaftungsanspruchs zur *Hauptleistungspflicht* des Anwalts gezählt, den Mandanten auf einen gegen den Anwalt selbst bestehenden Schadensersatzanspruch hinzuweisen, wenn dieser Schadensersatzanspruch als anderweitige Ersatzmöglichkeit im Rahmen des Amtshaftungsanspruchs erscheint[33]. Denn hier ist das Fehlen einer anderweitigen Ersatzmöglichkeit und damit auch das Nichtbestehen eines entsprechenden Anspruchs gegen den Anwalt negative Voraussetzung des zu prüfenden und zu verfolgenden Anspruchs; die Prüfung und Offenbarung eines Schadensersatzanspruchs gegen den Anwalt ist also gewissermaßen unabdingbare Voraussetzung einer ordnungsgemäßen Leistungserbringung.

Verträge, bei denen eine Information zum vereinbarten Leistungsprogramm gehört, können prinzipiell in sog. „reine" Informationsverträge und „gemischte Informationsverträge" unterschieden werden[34]; die erstgenannten sind auf eine isolierte Information gerichtet, während es bei den gemischten sowohl um Tatsachenvermittlung wie auch um sachkundige Tatsachenwertung und Beratung geht.

Bei „reinen Informationsverträgen", z. B. den mit einer Auskunftei- oder Detektei abgeschlossenen Verträgen, ist die Wertung, die Qualifikation eines Verhaltens als Fehlverhalten, im allgemeinen schon vom Auftraggeber selbst vorgenommen worden; vom Informationsverpflichteten ist sie dann gewisermaßen nur nachzuvollziehen. Der Warenhausdetektiv, der Diebstähle oder Unterschlagungen des Personals aufklären soll, muß zwar vor Ort werten, welche Handlungen die Merkmale des Verbotstatbestandes erfüllen. Diese eigene Wertung ist jedoch von untergeordneter Bedeutung; der Kontrollpflichtige hat genaue Anweisungen erhalten, *welches* Fehlverhalten er aufzuklären hat.

Reine und gemischte Informationsverträge lassen sich nicht exakt trennen; das auf eigener Sachkunde beruhende bewertende Element kann graduell größere oder kleinere Bedeutung haben. Es kann auch, wie beim anwaltlichen Mandat, gegenüber dem tatsachenerforschenden Element weitaus überwiegen: Der Anwalt hat die für seine rechtliche Bewertung notwendigen Tatsachen von seinem Mandanten zu erfragen, aber nicht selbst zu ermitteln[35].

Beispiele dafür, daß die Offenbarung eines eigenen Fehlverhaltens vom Leistungsumfang eines (zumeist auf Kontrolle anderer gerichteten) Vertrages umfaßt ist, lassen sich über den bereits genannten Gutachtenauftrag hinaus leicht bilden. Zu denken ist aus dem Kreis der reinen Informationsverträge z. B. an den Detektiv, dessen Sekretärin vertretungsweise den Auftrag annimmt, einen Unfallverur-

---

[33] RGZ 158, 130, 134f.; BGH VersR 1984, 162, 164; s. auch BGHZ 83, 17, 25; Brandner, AnwBl. 1969, 384

[34] Terminologie bei Winkler v. Mohrenfels, S. 19

[35] Zur Pflicht des Anwalts, durch Befragen (nur) des Rechtsuchenden ein möglichst vollständiges und objektives Bild der Sachlage zu gewinnen, BGH NJW 1961, 601, 602; NJW 1981, 2741, 2743; Borgmann, Festschrift Ostler, S. 1, 5ff. (S. 14ff. zu Recht gegen die zu weit gehende Entscheidung BGH NJW 1983, 1665); Prinz, VersR 1986, 317.

sacher zu ermitteln. Zufällig ist es der Detektiv selbst, der damit nach dem Vertrag verpflichtet ist, nun seine eigene Beteiligung an dem Unfall zu offenbaren (sieht man einmal von Möglichkeiten einer Aufhebung des Vertrages ab). Oder: Jemand „verkauft" einem Buchautor die eigene Lebensgeschichte. Dabei kommt heraus, daß der zur Information Verpflichtete sich gegenüber jenem Autor einmal pflichtwidrig verhalten hat.

Verträge, bei denen die Information über ein eigenes Fehlverhalten als Bestandteil der Hauptleistungspflicht geschuldet ist, bei denen die Information also „im Zentrum des Wollens der Kontrahenten" steht, „derentwillen sie verhandelten und sich rechtlich banden"[36], sind allerdings hier nicht näher zu erörtern. Dies zwar nicht etwa deshalb, weil hier der Weg über § 666 und die darin enthaltenen unselbständigen *Nebenpflichten*[37] nicht paßt; dieser Umstand könnte vielmehr umgekehrt zu der Überlegung nötigen, ob der Gedanke des § 666 für eine Lösung des hier zu erörternden Problems nicht doch zu eng ist. Entscheidend ist vielmehr, daß von einer *spontan* zu erfüllenden Informationspflicht im Sinne der hier aufgeworfenen Fragestellung dort eigentlich nicht gesprochen werden kann, wo der Vertrag von vornherein mit dem Ziel geschlossen wird, die Information über ein in der Vergangenheit liegendes, im Allgemeinen bereits vermutetes und damit gewissermaßen schon (fast) entdecktes Fehlverhalten zu bekommen bzw. umgekehrt zu erbringen. Die Willenserklärung des an der Information Interessierten erscheint hier als „Aufforderung"; die Information ist nicht mehr spontan geschuldet. Soweit dagegen die Pflicht zur Offenbarung eines solchen Fehlverhaltens in Frage steht, das bei Vertragsschluß noch nicht existiert, das überhaupt nur „eventuell" während der Vertragsausführung entstehen wird, soweit also der Blick nicht nur – vom Vertragsschluß aus

[36] Reutlinger, S. 8

[37] RGRK-Steffen[12], § 666 Rdn. 16; MünchKomm/Seiler[2], § 666 Rdn. 3; Staudinger/Wittmann[12], § 666 Rdn. 1; kritisch zum mißverständlichen Prädikat *„unselbständig"* Winkler v. Mohrenfels, S. 19; diese Kritik vermag sich jedoch lediglich auf die „selbständig" einklagbaren (RGRK-Steffen und MünchKomm/Seiler, jeweils aaO m.w.Nwen.) Auskunfts- und Rechenschaftsansprüche des § 666 BGB zu beziehen. Die spontan zu erfüllende Benachrichtigungspflicht ist demgegenüber nicht klagbar: „Was eingeklagt werden muß, ist nicht spontan erfüllt" (Winkler v. Mohrenfels, S. 22; als „gegenstandslos" bezeichnet MünchKomm/Seiler[2], § 666 Rdn. 13 Fn. 50, denn auch die Klagbarkeit bei der Benachrichtigung, die vom Auskunftsverlangen erfaßt wird; zur Unklagbarkeit von Aufklärungspflichten [im Gegensatz zu Auskunftspflichten] allgemein ferner MünchKomm/Roth[2], § 242 Rdn. 197, 206; Palandt/Heinrichs[48], § 242 Anm. 4 B d). Die mit dem Prädikat „unselbständig" eigentlich gemeinte Tatsache, daß die Ansprüche aus § 666 BGB (grundsätzlich; vgl. für den Auskunftsanspruch die Ausnahmesituation in BGH NJW 1989, 1601 f.) nicht isoliert ohne den Hauptanspruch abtretbar und pfändbar sind, zu dessen Befriedigung sie dienen, trifft auf den Anspruch auf Benachrichtigung jedoch wie für die anderen Ansprüche des § 666 BGB zu: Der Anspruch auf Benachrichtigung ist ohne den Anspruch auf Durchführung des Auftrags nicht abtretbar. Zur Benachrichtigungspflicht als abgeleiteter kompletorischer Informationspflicht oben S. 43 mit Fn. 7.

gesehen – punktuell retrospektiv ausgerichtet ist, sondern auch die „Eigen-“ bewertung und -kontrolle eines zukünftigen, noch ungewissen Verhaltens umfaßt, läßt sich sagen, daß bei Fehlen deutlicher anderweitiger Erklärungen kaum als versprochene Hauptleistungspflicht eines Vertrages in Betracht kommt, daß sich der zur Leistung Verpflichtete bei der Vertragsausführung ständig selbst kontrolliere und festgestellte Fehler unaufgefordert dem Vertragspartner offenbare. Trotz der an sich gegebenen sachlichen Nähe zur „umfassenden Beratungspflicht“ des Rechtsanwalts[38] hat es der BGH denn auch – abgesehen vom dargestellten Ausnahmefall der Verfolgung eines Amtshaftungsanspruchs – abgelehnt, die Pflicht zur Offenbarung eigenen Fehlverhaltens und daraus resultierender Regreßansprüche als Bestandteil der Hauptleistungspflicht des Anwalts anzusehen[39]. Und ebenso wird die Hinweispflicht des baubetreuenden Architekten bezüglich seiner eigenen Haftung als Nebenpflicht angesehen, deren Verletzung über die positive Vertragsverletzung ausgleichspflichtig ist[40], obwohl die vermögenssorgenden Beratungs- und Betreuungspflichten an sich zum „Kernbereich“ des geistigen Architektenwerks gezählt werden und eine Verletzung der allgemeinen Pflicht, „dafür zu sorgen, daß die wirtschaftlichen Belange des Bauherrn berücksichtigt werden“, bei einer „'falladäquaten' Lösung“ dem Bereich des § 635 BGB zugerechnet wird[41].

---

[38] s. die sehr weiten Formulierungen in RGZ 158, 130, 134; RG JW 1932, 2854; RG DR 1940, 453; BGHZ 89, 178, 181; BGH NJW 1986, 182, 183; NJW 1986, 581, 582; VersR 1985, 347; VersR 1984, 162, 163; VersR 1968, 1042, 1043; VersR 1967, 979, 980; OLG Celle, VersR 1978, 1119, 1120; OLG Düsseldorf, VersR 1985, 92

[39] BGHZ 83, 17, 25; zust. Dehner, LM StBerG Nr. 18; s. auch Mutze, StB 1977, 149, 152f.; damit ist der BGH gleichzeitig dem Argument entgegengetreten, daß der Steuerberater wegen Fehlens einer „umfassenden“ (Rechts-)Beratungspflicht keine „Belehrung gegen sich selbst“ schulde; so aber die Argumentation von Späth, Haftung[3], Rdn. 451f.; dems., StB 1977, 201, 204; Gräfe, in: Gräfe/Suhr, S. 111f.. Eine Zuordnung der Offenbarungspflicht zur vom Anwalt geschuldeten Hauptleistungspflicht wird allerdings weithin bejaht, wenn die Einordnung auch nicht immer deutlich wird: Gubernatis, JZ 1982, 363f.; Carl, JW 1938, 2968; Brandner, AnwBl. 1969, 384f.; Mühlbauer, AnwBl. 1979, 475; sie klang auch in einigen gerichtlichen Entscheidungen an, wenn darauf abgestellt wurde, welche Pflichten einen zweitbeauftragten Anwalt getroffen hätten und daß die Pflichten des ersten und einzigen Anwalts nicht anders aussehen könnten: BGH VersR 1968, 1042, 1043; OLG Braunschweig, MDR 1972, 324; zutreffend für eine Unterscheidung aber Borgmann/Haug[2], S. 269

[40] s. die Nachweise oben S. 17 Fn. 45

[41] besonders deutlich die Gegenüberstellung bei MünchKomm/Soergel[2], § 635 Rdn. 77; dabei braucht sich die geistige Fehlleistung des Architekten, die von § 635 BGB erfaßt wird, nach verbreiteter Auffassung keineswegs im Bauwerk als Mangel zu „verkörpern“; auch die Verletzung z. B. der Rechnungsprüfungspflicht und weiterer Pflichten im Kostenbereich soll hierzu gehören, s. MünchKomm/Soergel, aaO.; Locher, Baurecht[4], Rdn. 271ff., 276, 278; LG Fulda, MDR 1988, 965; vgl. ferner Bindhardt/Jagenburg[8], § 1 Rdn. 29; Zimmermann, JuS 1984, 409, 414; BGH NJW 1981, 2182, 2183; allerdings ist die Abgrenzung in höchstem Maße umstritten; für eine Beschränkung des § 635 BGB auf

cc) Die Offenbarungspflicht als abgeleitete kompletorische Informationspflicht

(1) Grundsätze

Damit stellt sich die Frage, wann der wertende Blick zurück zur Erreichung eines anderweitigen, nicht von vornherein zentral auf die Information selbst gerichteten Leistungsinteresses zwingend notwendig ist, wann sich also gemäß den obigen Ausführungen[42] die Offenbarungspflicht als zur Durchführung des vertraglichen Hauptleistungsprogramms erforderliche abgeleitete kompletorische Informationspflicht zeigt. Sehr häufig ist dies bei spezifisch vermögenssorgenden Tätigkeiten der Fall, während im übrigen zwar u. U. eine Tatsacheninformation geschuldet ist, die ihrerseits den wertenden Schluß auf ein Fehlverhalten zuläßt oder sogar nahelegt, wohingegen aber die eigene explizite Wertung vom Informationsverpflichteten selbst regelmäßig nicht erbracht werden muß; sobald ein – außerhalb der Vermögensbetreuung stehendes – Leistungsinteresse oder der Schutz eines entsprechenden Rechtsgutes endgültig fehlgeschlagen bzw. unerreichbar geworden ist, was spätestens dann der Fall ist, wenn ein entsprechender Schadensersatzanspruch nicht (mehr) auf Naturalrestitution, sondern „nur" (noch) auf finanziellen Ausgleich gerichtet ist, dann kommt per se nur eine besondere Vermögensbetreuungspflicht als Grundlage einer Offenbarungspflicht in Betracht. Denn mit diesem Umschlagen der Naturalrestitution in einen auf Geld gerichteten Ersatzanspruch ist keine rechtsdurchsetzende Rechts-(Interessen-)Verfolgung mehr gegeben[43]. Spätestens in diesem Moment kann daher auch nicht mehr mit dem unterschiedlichen Gewicht der zu verfolgenden Interessen oder zu schützenden Rechtsgüter argumentiert werden, wie dies allerdings z. B. bezogen auf die – im vorliegenden Kontext nicht relevante, weil nach Aufforderung zu erfüllende – Rechenschaftspflicht immer wieder geschieht („wenn schon den Vermögensverwalter eine Rechenschaftspflicht trifft, muß dies erst recht für den Umgang mit fremder Gesundheit gelten")[44]; denn ein Haftungsanspruch wegen Körper- oder

---

solche Schäden, die sich in der Substanz des Bauwerkes selbst auswirken, z. B. Lammel, in: Vertragsschuldverhältnisse, S. 259, 312 (zum Baubetreuungsvertrag); s. auch Schmalzl, Haftung[4], Rdn. 58, 62, 82ff.

[42] s. oben S. 42ff. und S. 45ff.

[43] s. Degenkolb, AcP 76 (1890), 1, 76, wonach der „ganze Gedanke der Naturalherstellung... kein spezifisch schadensrechtlicher Gedanke" sei: „er ist vielmehr ein aus der Rechtsdurchsetzung stammender Gedanke: die Grenzverschiebung zwischen Naturalherstellung und Geldersatz ist im wesentlichen eine Grenzverschiebung – nicht innerhalb der Schadensverfolgung, sondern zwischen Schadens- und rechtsdurchsetzender Rechts-Verfolgung." Zum Rechtsfortsetzungsgedanken der Naturalrestitution auch Neuner, AcP 133 (1931), 277ff., 291ff.; Schiemann, Argumente und Prinzipien, S. 206f.

[44] in diesem Sinne bezogen auf die Dokumentationspflicht des Arztes und das Ein-

Gesundheitsverletzung kann zwar als „nachtatlich zivilrechtlicher Rechtsgüterschutz für das Recht auf körperliche Unversehrtheit" bezeichnet werden[45], ist aber als auf Geld gerichteter Schadensersatzanspruch doch „rechtsgutsneutral". Nicht von ungefähr ist der Ersatzberechtigte nicht verpflichtet, den als Schadensersatz empfangenen Betrag tatsächlich für den Ausgleich des Schadens zu verwenden; die Schadensersatzleistung ist nicht zweckgebunden[46]. Die ärztliche Sorge um die Gesundheit des Patienten umfaßt denn auch nicht die Fürsorge für die erfolgreiche Geltendmachung von Schadensersatzansprüchen wegen Fehlbehandlung[47]. Im Hinblick auf die prinzipielle Unterschiedlichkeit zwischen Vertragsdurchführungspflichten (Leistungs- und Schutzpflichten) einerseits und Haftung im Sinne einer Einstandspflicht für die nicht korrekte Erfüllung andererseits[48] sowie im Hinblick darauf, daß die Verfasser des BGB von einem *einheitlichen*, Geldersatz und Naturalrestitution gleichermaßen umfassenden Oberbegriff des Schadensersatzes ausgingen[49] und auch über die Naturalrestitution der herzustellende Zustand (nur) „wirtschaftlich" dem hypothetischen zu entsprechen hat[50], jedoch z. B. „Wieder"herstellung nicht gefordert werden kann[51], mag der Umschlagpunkt sogar bereits dann anzunehmen sein, wenn „nur" noch Schadensersatz oder Gewährleistung in sonstiger Form verlangt werden kann, also keine „Erfüllung" des Primäranspruchs mehr geschuldet ist.

Wer z. B. garantenpflichtig für eine Sache ist, hat die Sache vor „Gefahren", also vor einer „möglichen" und somit in der Zukunft erwarteten

---

sichtsrecht des Patienten OLG Köln, NJW 1982, 704; s. auch BGH NJW 1978, 2337, 2339; OLG Bremen, NJW 1980, 644; Dunz, S. 33; von einem „heiklen Vergleich" spricht Ahrens, NJW 1983, 2609, 2612.

45 Ahrens, NJW 1983, 2609, 2613

46 h.M., s. BGHZ 61, 56, 58; 66, 239, 241; 76, 216, 221 (allerdings sämtlich vom Sachverhalt her bezogen nur auf Sachschäden); (auch) für Personenschäden: OLG Celle, VersR 1972, 468, 469; OLG Stuttgart, VersR 1978, 188, 189; Deutsch, Haftungsrecht I, S. 460f.; H. Lange, Schadensersatz, § 5 V 4 (S. 148); RGRK-Alff[12], § 249 Rdn. 11; Erman/Sirp[7], § 249 Rdn. 66; Enneccerus/Lehmann[15], § 18 II 2 (S. 91); Steffen, VersR 1985, 605, 611; Rinke, DAR 1987, 14f.; *a.A.* Köhler, Festschrift Larenz, S. 349ff.; Schiemann, Argumente und Prinzipien, S. 212ff.; Keuk, Vermögensschaden, S. 222f.; *differenzierend* eine im Vordringen befindliche Auffassung (Zweckgebundenheit bei Personenschäden – häufiges Argument: weil sonst § 253 BGB leicht zu umgehen sei –, keine Zweckgebundenheit bei Sachschäden): BGHZ 97, 14ff.; Medicus, VersR 1981, 593, 599f.; Staudinger/Medicus[12], § 249 Rdn. 226, 227; Grunsky, NJW 1983, 2465, 2468f.; MünchKomm/Grunsky[2], § 249 Rdn. 17, 18; Karakatsanes, AcP 189 (1989), 19ff. (mit weiteren Nachweisen zum Streitstand); Palandt/Heinrichs[48], § 249 Anm. 2a bb; Zeuner, JZ 1986, 640f.

47 so zutr. Landesberufsgericht für Heilberufe beim Hess. VGH, DAZ 1973, 1770 (LS)

48 dazu oben S. 44f.

49 Schiemann, Argumente und Prinzipien, S. 207

50 vgl. RGZ 77, 99, 101; 126, 401, 403; Palandt/Heinrichs[48], § 249 Anm. 1 a

51 RGZ 131, 158, 178

„Veränderung zum Schlechten"[52] zu bewahren oder eingetretene Gefahren zu beseitigen, muß aber nicht darüber informieren, warum die Gefahr eingetreten ist. Der Hersteller hat seine Produkte zwar auch nach dem Inverkehrbringen auf schädliche Eigenschaften und sonstige eine Gefahrenlage schaffende Verwendungsfolgen hin zu beobachten[53]; u. U. kann sich diese Pflicht zu einer zusätzlichen Instruktionspflicht bis hin zu einer Rückrufpflicht verdichten[54]. Aus dieser prospektiv-gefahrenverhindernden oder -beseitigenden Pflicht[55] resultiert jedoch keine Pflicht, über die Vermeidbarkeit der Gefahr oder über entstandene Schadensersatzansprüche zu belehren. Wer einen falschen Rat erteilt hat, muß u. U. darüber informieren, daß der Rat falsch war[56], hat jedoch nicht zu offenbaren, daß die Erteilung des falschen Rates pflichtwidrig oder gar schuldhaft pflichtwidrig erfolgte und daß aus der falschen Raterteilung ein Schadensersatzanspruch resultiert[57]. Ist bei der Vertragsdurchführung ein Hindernis aufgetreten oder droht die Erreichung des angestrebten Erfolges gar völlig unmöglich zu werden, muß über diese Tatsache berichtet werden[58], nicht jedoch darüber, daß das Hindernis bei größerem Einsatz von seiten des Leistungspflichtigen vermeidbar gewesen wäre. Der Vorstand einer Aktiengesellschaft hat in seinen Berichten gemäß § 90 AktG wahrheitsgemäß über die objektive

---

[52] zur Gefahr als der „mögliche[n] Veränderung zum Schlechten" Deutsch, Haftungsrecht I, S. 177 m. w. Nwen.

[53] s. statt vieler BGHZ 80, 199, 202 ff. und die Nachweise in der folgenden Fußnote.

[54] s. statt vieler Sack, BB 1985, 813 ff.; Schwenzer, JZ 1987, 1059 ff.; Palandt/Thomas[48], § 823 Anm. 15 c aa, jeweils m. w. Nwen.

[55] besonders deutlich den Aspekt der Gefahrsteuerung betonend Schwenzer, JZ 1987, 1059 ff.

[56] BGH WM 1962, 932; Palandt/Thomas[48], § 676 Anm. 3 c; der Steuerberater z. B. hat den Mandanten von einem Fehler in der von ihm abgegebenen Steuererklärung zu benachrichtigen und auf eine Berichtigung der Steuererklärung hinzuwirken: BGH NJW 1982, 1285, 1286, 1288; DStR 1962/63, 108; OLG Karlsruhe, BHStB, R 822.19; MünchKomm/Seiler[2], § 666 Rdn. 5; Späth, Haftung[3], Rdn. 184; Köpcke, S. 107

[57] so zutr. die Differenzierung bei OLG Hamm, DStR 1981, 55; Späth, Haftung[3], Rdn. 452; zu undifferenziert OLG Celle, DStR 1978, 682, 683 (alle zum Steuerberater); jedoch kommen entgegen diesen Stimmen beim Steuerberater andere Umstände hinzu, die hier zusätzlich eine Pflicht zur Belehrung über Regreßansprüche tragen; dazu im folgenden Text.

[58] vgl. zu § 666 Palandt/Thomas[48], § 666 Anm. 2a; Balthasar, S. 39; zu den Pflichten des Handelsvertreters GroßKomm-HGB/Brüggemann[3], § 86 Rdn. 5; zum Arbeitnehmer Hueck/Nipperdey I[7], S. 243; Schaub[6], S. 275 f.; Rehhahn, RdA 1979, 216 ff.; allg. Köpcke, S. 104 f. m.w. Nwen.; Reutlinger, S. 79 f. m. w. Nwen. (auch dazu, daß der rechtzeitig gegebene Hinweis den Verpflichteten teilweise zu entlasten vermag, indem der Partner nun seinerseits z. B. die günstige Gelegenheit eines Deckungsgeschäfts nicht vorbeigehen lassen darf).

Zutreffend deshalb OLG Hamm, OLGZ 17 (1908), 397 zur Offenbarungspflicht des Anwalts, dem die Handakten abhanden gekommen sind; das OLG stützt diese Offenbarungspflicht auf § 666 1. Alt. BGB.

Situation der Gesellschaft zu berichten, nicht aber darüber, daß diese Situation u. U. auf eigenen Pflichtverletzungen beruht[59]; eine wahrheitsgemäße Information über die objektive Lage der Gesellschaft ist insbesondere dann erforderlich, wenn nur dadurch das Einschreiten der Organe verlanlaßt werden kann, das geboten ist, um *weiteren* Schaden von der Gesellschaft abzuwenden[60]. Ist durch Fehlverhalten des Arztes eine irreparable Körper- oder Gesundheitsverletzung entstanden, die keine weiteren Gesundheitsbeeinträchtigungen erwarten läßt, kann die Information über das Fehlverhalten nicht mehr Ausfluß der auf lege-artis-Behandlung gerichteten, endgültig fehlgeschlagenen Pflichten des Arztes sein[61]. Der kranke Arbeitnehmer hat zwar seine Gesundung nach besten Kräften zu fördern; als Ausfluß seiner Pflicht zur Wiederherstellung der Arbeitskraft, welche ihrerseits Nebenpflicht seiner Arbeitspflicht ist[62], hat er aber nicht darüber aufzuklären, daß er die Krankheit, also das Leistungshindernis, selbst verschuldet hat. Der Werkunternehmer hat im Rahmen seiner bis hin zur Nachbesserung reichenden Pflicht zur mangelfreien Erstellung des Werkes zwar den festgestellten Mangel zu beseitigen, aber vom Leistungsinteresse ist nicht mehr die Information umfaßt, warum der Mangel entstanden ist. Der Anwalt, der pflichtwidrig nicht hinreichend schnell für die Freilassung des inhaftierten Mandanten gesorgt hat, muß nicht darüber aufklären, daß sich die Freilassung durch ein Fehlverhalten des Anwalts verzögert hat; er muß (selbstverständlich) alles tun, damit der Mandant *jetzt* so bald wie möglich freikommt.

---

59 Kölner Komm/Mertens², § 90 Rdn. 22

60 die Berechtigung des Vorstandsmitglieds, sich nicht selbst belasten zu müssen, geht nicht soweit, daß es anderen Vorstandsmitglieder oder dem Aufsichtsrat derartige Informationen über die noch zu beeinflussende Lage der Gesellschaft vorenthalten dürfte: Mertens, Festschrift Fleck, S. 209, 215; Kölner Komm/Mertens², § 93 Rdn. 129, zu Unrecht aber beschränkt auf die Abwendung „erheblichen weiteren Schadens"; zur Frage, ob als weiterer Schaden auch die drohende Verjährung des Schadensersatzanspruchs gegen das pflichtwidrig handelnde Vorstandsmitglied selbst reicht, unten S. 65f.

61 Im Rahmen dieser Arbeit ist keine Stellungnahme zu der Frage erforderlich, ob § 666 über § 675 auf den ärztlichen Behandlungsvertrag überhaupt unmittelbar anwendbar ist; dies hängt von dem bekannten Streit über die Auslegung des Begriffs „Geschäftsbesorgung" in § 675 ab und davon, ob nicht die Anwendung – zumindest bestimmter – Vorschriften des Auftragsrechts jedenfalls dort geboten ist, wo die Interessenlage dies verlangt; s. zum Überblick über den Meinungsstand hier nur MünchKomm/Seiler², § 662 Rdn. 9ff. Selbst wenn man die hier zu erörternde Offenbarungspflicht nicht unmittelbar auf § 666 stützt, sind die hier herausgearbeiteten Kriterien doch zumindest über den Grundsatz von Treu und Glauben maßgeblich.

62 zur Ausstrahlung der Arbeitspflicht in die Privatsphäre Motzer, S. 108ff. (zur Pflicht zu gesundheitsförderndem Verhalten während der Krankheitszeit S. 111; hierzu ferner Berkowsky, Rdn. 251; Buchholtz, Personenbedingte Kündigung³, S. 76, alle mit weiteren Nachweisen).

Im übrigen verlangen auch die vielfältigen Vorschriften des BGB, die mit der Anknüpfung an das arglistige Verschweigen eines Mangels implizit eine unaufgefordert zu erbringende Informationspflicht statuieren[63], keine Information über die Ursache des Mangels, obwohl dieser Umstand für den Vertragspartner durchaus von Interesse sein mag, insbesondere wenn bestimmte Rechtsfolgen nur bei zu vertretendem Mangel eintreten[64].

(2) Offenbarungspflicht des Arztes als Bestandteil der therapeutischen Beratung?

Häufig diskutiert wurde in letzter Zeit die bereits angesprochene Offenbarungspflicht des Arztes. Sieht man zunächst von der später zu erörternden Vermögensbetreuungspflicht ab[65], so schuldet der Arzt im Rahmen des Behandlungsvertrages *neben* der ordnungsgemäßen Behandlung des Patienten die sog. therapeutische Aufklärung[66], besser als therapeutische Beratung bezeichnet, die von der (ebenfalls zunächst zurückzustellenden[67]) Selbstbestimmungsaufklärung zu trennen ist[68]. Die therapeutische Beratung umfaßt ihrerseits die sog. Diagnoseberatung, also die Information über den Gesundheitszustand des Patienten[69]; daneben gehört zu ihr die Verlaufsberatung, nämlich die Information über die Weiterentwicklung des Zustandes des Patienten in unbehandelter Form sowie die Aussicht, wie sich

---

[63] z.B. §§ 443, 460 S. 2, 463 S. 2, 476, 477 S. 1, 478 Abs. 2, 479 S. 2, 480 Abs. 2, 523 Abs.1, 524 Abs. 1 und 2 S. 2, 540, 600, 637, 638 Abs. 1 S. 1 BGB

[64] z.B. §§ 538 Abs. 1, 635

[65] dazu unten S. 66ff.

[66] Beim reinen Diagnosevertrag, z.B. der „second opinion", kann die therapeutische Beratung Hauptleistungspflicht sein, ansonsten wird sie ganz überwiegend als Nebenpflicht angesehen, s. statt vieler G. Fischer, JR 1981, 501, 502. Die therapeutische Beratung ist zwar häufig „autonom" vereinbarte Nebenleistungspflicht des Behandlungsvertrages, so zutr. Winkler v. Mohrenfels, S. 20; sie ergibt sich aber auch aus einer (wegen der Einordnung des Arztvertrages als Dienstvertrag:) *analogen* Anwendung des § 666 1. Alt. BGB bzw. aus §§ 242, 157 BGB; zur Nähe zwischen der Begründung über § 666 und derjenigen über §§ 242, 157 BGB z.B. Hohloch, NJW 1982, 2577, 2579; Stürner, Aufklärungspflicht, S. 312f.; Balthasar, S. 31.

[67] dazu unten S. 86ff.

[68] zu den verschiedenen Bezugspunkten und Arten der „Aufklärung" Deutsch, Arztrecht, Rdn. 60ff. (zur „babylonische[n] Sprachverwirrung" ders., VersR 1981, 293); zur therapeutischen Beratung BGH NJW 1981, 630, 631 = JR 1981, 499 m. Anm. G. Fischer; BGH VersR 1986, 1121, 1122; OLG Celle, VersR 1985, 346; OLG München, VersR 1988, 523, 524; OLG Karlsruhe, Arztrecht 1988, 233; OLG Stuttgart, VersR 1989, 632; Laufs, NJW 1978, 1177, 1181; Kern/Laufs, S. 183ff.; Solbach, JA 1986, 419; die unterschiedlichen Bezugspunkte verkennt Ströfer, VersR 1981, 796ff., der deshalb die Bedeutung der von ihm besprochenen Entscheidung des BGH zur Beratungspflicht des Arztes vor einer geplanten Sterilisation (BGH NJW 1981, 630) verkennt und konsequenterweise keinen Sinn darin sieht, zwischen „Aufklärung" und „Beratung" zu trennen (aaO, S. 802).

[69] die Notwendigkeit der Diagnoseaufklärung prinzipiell zu eng begrenzend Deutsch, NJW 1988, 2306, 2307 (im konkreten Fall allerdings zutreffend)

die gesundheitliche Situation bei Durchführung der (u. U. verschiedenen) in Betracht kommenden Behandlungsmethoden gestalten kann[70].

Diagnose- und Verlaufsaufklärung sind aufeinander bezogen; die Diagnose ist Grundlage der Verlaufsaufklärung wie auch der Umfang der notwendigen Diagnose von den Behandlungsmöglichkeiten abhängt: Vor einem schwerwiegenden Eingriff z. B. ist die körperliche Konstitution des Patienten weit umfangreicher zu ermitteln und mit dem Patienten zu erörtern als vor einer wenig belastenden und wenig gefährlichen Maßnahme.

Die therapeutische Beratung soll das medizinisch Notwendige vorbereiten oder unterstützen[71]; sie dient dem Schutz des Patienten vor einer (weiteren) vermeidbaren Schädigung[72] und wendet den Blick also vom Jetzt-Zustand in die Zukunft. Der Blick in die Vergangenheit interessiert nur insoweit, als er für die weitere Behandlung oder das weitere Verhalten des Patienten (z.B. die Einhaltung einer Diät) medizinisch notwendig ist. Für die Beurteilung der weiteren Behandlung ist zwar oftmals auch die Ursache eines Krankheitszustandes zu ermitteln; dies vor allem dann, wenn die Art der Ursache weitere Krankheitsfolgen befürchten läßt oder spezifische Behandlungsmethoden erfordert. Aber der Verstoß gegen eine Sollensnorm, die Disparität von Sein und Sollen, ist regelmäßig für die weitere Behandlung unerheblich; ob ein Krankheitszustand schicksalshaft eingetreten oder vom Arzt zu verhindern gewesen wäre, spielt für die weitere Behandlung zumeist keine Rolle. Deshalb muß der Arzt den Patienten zur Erfüllung der therapeutischen Beratungspflicht nur darüber informieren, welche nachteiligen Gesundheitsfolgen ein bestehender Zustand in unbehandelter Form haben kann und ob ein jetzt bestehender Defekt „reparabel" bzw. aus medizinischer Sicht sinnvollerweise zu verändern ist; beides gilt uneingeschränkt auch dann, wenn der jetzt bestehende Zustand auf einem Fehlverhalten beruht. Mißlingt dem Operateur der Eingriff oder bestehen Zweifel an seinem Erfolg, so ist der Arzt verpflichtet, davon den Patienten oder dessen (einweisenden) Hausarzt zu unterrichten, damit der weiterbehandelnde Arzt Hinweise für die anschließende sachgerechte Beratung und Therapie erhält[73]. Ist eine falsche Diagnose gestellt worden, darf der Arzt nicht allein aus Furcht vor Schadensersatzansprüchen die *Richtigstellung* der Diagnose unterlassen[74]. Der Arzt hat über Diagnose und Therapie so aufzu-

---

[70] Deutsch, Arztrecht, Rdn. 61f.; OLG Düsseldorf, VersR 1988, 1297, 1298

[71] Laufs, Arztrecht[4], Rdn. 117; vgl. auch OLG Hamm, VersR 1984, 91; dementsprechend steht das Versäumen dieser „gesundheitlichen" Beratungspflicht einem Behandlungsfehler gleich, s. Laufs, NJW 1978, 1177, 1181; OLG Hamm, aaO.

[72] G. Fischer, JR 1981, 501, 502; OLG Düsseldorf, VersR 1988, 1297, 1298.

[73] OLG Hamm, VersR 1984, 91

[74] s. den besonders krassen Fall OLG Karlsruhe, VersR 1988, 1134, 1135: Mehr als 20 Jahre lang hatte man den Patienten mit der (auf einer falschen Diagnose beruhenden)

klären, wie er es tun müßte, wenn der Patient im gegenwärtigen Stadium seiner Erkrankung erstmals zu einem Arzt käme. Differenzierungen in der Literatur danach, daß – bei vorausgegangenem Fehler eines Arztes – nur über zu erwartende schwere Gesundheitsschäden zu informieren sei[75], lassen sich nicht mit dem sonst selbstverständlichen Umfang der therapeutischen Beratung vereinbaren und könnten als deren Einschränkung allenfalls über den nemo-tenetur-Gedanken gerechtfertigt werden, wie gezeigt worden ist aber nicht einmal das[76]. Übersehen wird in der Diskussion um die ärztliche Offenbarungspflicht jedoch zumeist, daß für die Beratung über die *weitere Behandlung* des Patienten und für die Richtigstellung einer falschen Diagnose eine Information über die *Bewertung der zurückliegenden Behandlung* als „fehlerhaft" und gar als „verschuldet" fehlerhaft zumeist nicht erforderlich ist[77]. Das gängige „Argument": „Wohl des Patienten / salus aegroti suprema lex" trägt eine allgemeine Mitteilungspflicht über Behandlungsfehler gegenüber dem Patienten nicht[78].

In manchen Fällen beinhaltet allerdings bereits die Feststellung und Eröffnung der Diagnose Befunde, die ihrerseits den wertenden Schluß auf ein Fehlverhalten des Arztes oder eines vorbehandelnden Arztes nahelegen oder geradezu herausfordern; zu denken ist an die klassischen Fälle der

---

„Krebsangst" leben lassen; zu Recht führt das Gericht aus: „Dieses Verhalten der Ärzte... ist nicht nur – auch wenn es von der Sorge vor Schadensersatzansprüchen mitbestimmt gewesen sein mag – bemerkenswert, es zeugt auch von einer Einstellung gegenüber dem Patienten, für die der Senat nicht das geringste Verständnis aufzubringen vermag."

Zur Pflicht des Hausarztes, (ggfs. nach Rücksprache mit den Kollegen im Krankenhaus) die erkennbare Unrichtigkeit der dortigen Diagnose bzw. der weiteren von dort aus ins Auge gefaßten Behandlung mit dem Patienten zu erörtern, BGH, U. v. 8.11.1988 – VI ZR 320/87 -.

[75] Rieger, DMW 1986, 234, 235; ders., Lexikon, Rdn. 220; Uhlenbruck, Festschrift Weißauer, S. 150, 161; noch enger Opderbecke, Arzt im Krankenhaus 1982, S. 229, 230, der eine Informationspflicht schlechthin verneint; wohl ebenso H.L. Schreiber, Festschrift Dünnebier, S. 633, 643f. (anders aber wiederum ders., in: v. Troschke/Schmidt, S. 187, 188)

[76] s. oben S. 31ff.; zu Recht jede weitere (beeinflußbare) Gesundheitsgefährdung als ausreichend ansehend, um den nemo-tenetur-Gedanken zurücktreten zu lassen, Gubernatis, JZ 1982, 363, 364; Hart, in: Francke/Hart, S. 60ff.; H.L. Schreiber, in: v. Troschke/Schmidt, S. 187, 188; Carstensen/Schreiber, Mitteilungen der Deutschen Gesellschaft für Chirurgie 1986, 121; Bachmann, FAZ Nr. 155 v. 9.7.1986, S. 28; Taupitz, ZZP 100 (1987), 287, 334

[77] zu undifferenziert besonders Hart, in: Francke/Hart, S. 61 (Hervorh. v. Verf.): „In der Literatur besteht grundsätzlich Einigkeit über das Bestehen einer vertraglichen Belehrungspflicht des Arztes *über Fehler bei der Behandlung*, wenn durch den Fehler eine Gesundheitsschädigung oder Gesundheitsgefährdung eingetreten ist und er eine weitere Behandlung des Patienten erforderlich macht"; ungenau ferner Meinecke, S. 24; H.L. Schreiber, in: v. Troschke/Schmidt, S. 187, 188; Carstensen/Schreiber, Mitteilungen der Deutschen Gesellschaft für Chirurgie 1986, 121.

[78] anders aber Speiser, ÖJZ 1988, 744, 749

abgebrochenen und im Körper des Patienten verbliebenen Spritzennadel oder des vergessenen Tupfers[79]. Sofern sich dieser Zustand als behandlungsbedürftig erweist, was wiederum aus medizinischer Sicht zu beurteilen ist[80], gehört die Information *hierüber* zur therapeutischen Aufklärung[81]; aus „persönlichen Gesichtspunkten", die das Interesse des Patienten beeinträchtigen können, etwa aus dem Grund, daß dem Arzt die Mitteilung des objektiven Befundes „unangenehm" ist, darf der Arzt sich nicht leiten lassen und die Mitteilung nicht verzögern[82]. Der wertende Schluß selbst, das Verdikt der Pflichtwidrigkeit, ist jedoch wiederum von der therapeutischen Beratung nicht umfaßt, fällt vielmehr auch hier in den Risikobereich des Patienten; erst recht gilt dies für die Information, daß der vorbehandelnde Arzt *schuldhaft* pflichtwidrig gehandelt habe. Denn dieser Umstand hat für die an *medizinischen* Gesichtspunkten auszurichtende therapeutischen Beratung[83] keine Bedeutung.

Häufig wird es neben der Art der Gegenbehandlung der Zeitfaktor sein, der den wertenden Schluß von einer Tatsacheninformation auf ein Fehlverhalten nahelegt, also den Anfangsverdacht weckt. Es stellt sich dann die schwierige Frage nach der Abgrenzung zwischen einem bloßen Verschweigen der vom Arzt innerlich vorgenommenen Wertung und Einordnung als „pflichtwidrig", als „fehlerhaft", und dem – grundsätzlich unzulässigen – Verdrehen von Tatsachen als Verstoß gegen die Wahrheitspflicht[84]. Wird ein falsches Medikament verschrieben und nach längerer Einnahmedauer gegen ein anderes ausgetauscht, weckt dies viel weniger Mißtrauen und ist dies viel eher durch die wahre Information zu „erklären", „daß der Patient es schlecht vertragen habe" oder „daß es sich als

---

[79] zu diesen häufig als „offensichtliche" ärztliche Fehler eingestuften Vorfällen z. B. French v. Fischer, 362 S.W. 2d 926; Cass. Civ., Gaz. Pal. 1973, Jurisprudence, 341; RGZ 83, 71; 97, 4; BGH VersR 1955, 344; VersR 1981, 462; LAG Berlin, VersR 1983, 937; OLG Düsseldorf, VersR 1979, 845; LG München, NJW 1984, 671; Hübner/Drost, S. 105 ff.; Neumann, in: P. Heinrich (Hrsg.), S. 172 f. m. w. Nwen.; allerdings kommt es auch hier auf die Umstände des Einzelfalls an; das Zurückbleiben eines Gegenstandes (Tupfers) z. B. „läßt nicht schlechthin ... auf eine Verletzung ärztlicher Sorgfaltspflicht schließen": LG Köln, VersR 1964, 392; ähnlich BGH VersR 1952, 102; VersR 1953, 338; VersR 1981, 462, 463 m. w. Nwen.; gleichwohl spricht hier immerhin eine „Vermutung" für einen schuldhaften Behandlungsfehler: OLG Köln, VersR 1988, 140.

[80] Beispielsweise herrscht Einigkeit in der medizinischen Literatur, daß sehr kleine Katheterteilstücke, die im Verlauf einer Peridural-Anaesthesie im Körper des Patienten abscheren, grundsätzlich im Periduralraum belassen werden sollen, weil die heutigen Materialien völlig gewebeverträglich sind und weil sie schwer auffindbar sind. Grundsätzlich gilt allerdings, daß sub operationem zurückgelassene Fremdkörper zu entfernen sind, s. nur Neumann, S. 172 f. m. w. Nwen.

[81] dazu jetzt deutlich OLG Stuttgart, VerR 1989, 632

[82] vgl. OLG Hamm, OLGZ 17 (1908), 397 zur Offenbarungspflicht des Anwalts, dem die Handakten abhanden gekommen sind.

[83] s. Hart, in: Francke/Hart, S. 20

[84] s. oben S. 7 f.

wirkungslos herausgestellt habe", als wenn dem Patienten schon kurz nach der Einnahme ein Gegenmittel verabreicht oder gar der Magen ausgepumpt werden muß. Ein anderes Beispiel liefert die in der Literatur erörterte Fallgestaltung, daß der Zahnarzt den falschen Zahn zieht, nämlich denjenigen neben dem kariösen Zahn[85]. Zur therapeutischen Beratung gehört zweifellos die Information, daß der kariöse Zahn zu extrahieren sei; hierfür spielt der Umstand, daß zuvor pflichtwidrig ein gesunder Zahn gezogen wurde, an sich keine Rolle. Ein Verdrehen von Tatsachen (bezogen auf den ersten Zahn) liegt hier jedoch dann vor, wenn das alsbald notwendig „gewordene" Ziehen eines zweiten Zahnes damit erklärt wird, daß „auch" der zweite, jetzt noch zu extrahierende Zahn kariös sei.

Zusammenfassend läßt sich festhalten, daß zur Erfüllung der meisten, regelmäßig mit Blick auf die Zukunft ausgerichteten Pflichten entweder schon der Blick zurück oder aber jedenfalls der wertende Blick zurück nicht „erforderlich" im Sinne des von § 666 BGB und seinen „Folgenormen" ausgedrückten Gedankens ist.

In manchen Fällen führt eine anders nuancierte Fragestellung bezogen auf die Erforderlichkeit zu einem weiteren Argument gegen eine Offenbarungspflicht: Wenn man sich vor Augen hält, daß eine Informationspflicht nur dort besteht, wo eine *andere* Person in die Lage versetzt werden soll, aufgrund der Information eine *eigene* Entscheidung zu treffen, dann besteht eine Offenbarungspflicht dort nicht, wo das Fehlverhalten ohne „Beteiligung" des Vertragspartners vom zunächst fehlerhaft Handelnden „in eigener Regie" beseitigt und damit der ursprünglich geschuldete Erfolg letztlich doch herbeigeführt werden kann. Die Information ist auch hier nicht „erforderlich" zur Befriedigung des Leistungsinteresses. Man denke an die zunächst vergessene, aber noch vor der Röntgenuntersuchung nachgeholte Schwangerschaftsbefragung[86] oder an das komplikationslose Nachnähen der zunächst falsch angelegten Naht. Ist die erwartete Pflicht bei einer wertenden Gesamtwürdigung des Geschehensablaufs schließlich doch erbracht worden, bedarf es keiner Information über die zwischenzeitlich, bei einer zergliedernden Sicht an sich auszumachenden Pflichtwidrigkeit. Selbst dort, wo sich das Fehlverhalten uneinholbar manifestiert hat, kann eine „heimliche" restitutio ad integrum zulässig und eine Offenbarung des Fehlverhaltens damit unnötig sein. Dies gilt selbst für so heikle Bereiche wie den ärztlichen Behandlungsfehler[87].

(3) Die vermögensbetreuenden Berufe

Ganz anders stellt sich die Frage nach der „Erforderlichkeit" bei den vermögensbetreuend ausgerichteten Pflichten dar. Insbesondere eine Vermögensmehrungspflicht kann im Grunde nicht vollständig erfüllt werden, wenn nicht auch über die aus einem eigenen Fehlverhalten resultierenden

[85] Solbach, JA 1986, 419 (dort allerdings erörtert aus dem Blickwinkel der Informationspflicht eines zweitbehandelnden Zahnarztes)

[86] Beispiel nach Deutsch, Festschrift v. Caemmerer, S. 329, 336

[87] dazu Uhlenbruck, Festschrift Weißauer, S. 150ff.

Ansprüche (und damit inzident über ein zurechenbares Fehlverhalten) informiert und so die Durchsetzung der Ansprüche ermöglicht wird. Denn anerkanntermaßen wird das bloße Haben eines Anspruchs gegenüber dem tatsächlichen Erhalt einer Leistung oder Sache als geringerwertig angesehen, so daß das Verschweigen bestehender Ansprüche einen Vermögensnachteil zumindest perpetuiert. Schon das ist mit einer Vermögensbetreuungspflicht kaum zu vereinbaren. Droht gar der endgültige Verlust oder – z. B. in Gestalt der Verjährungseinrede – die endgültige Undurchsetzbarkeit eines Anspruchs, geht es weitergehend um die durch Offenbarung mögliche Verhinderung eines bisher noch nicht existenten Vermögensnachteils. Ebenso steht der Schutz des bereits vorhandenen Vermögens und damit die Hauptzielrichtung einer Vermögensbetreuungspflicht zur Debatte, wenn nur durch Offenbarung des eigenen Fehlers Aufwendungen für die (letztlich unnütze) Inanspruchnahme eines falschen Verursachers verhindert werden können. Das Offenbaren eines eigenen Fehlers und der daraus bestehenden Ansprüche ist also sehr häufig „erforderlich" zur Erfüllung einer Vermögensbetreuungspflicht. Selbst wenn die Hauptleistungspflicht des Vertrages nicht in einer *umfassenden* Vermögensbetreuung besteht, z. B. der Steuerberater (nur) die steuerlichen Belange des Mandanten wahrzunehmen hat, besteht doch eine so enge Verbindung zwischen dem „Vermögensnachteil" in Gestalt der beim Mandanten gegebenen Unkenntnis von seinem aus der fehlerhaften Steuerberatung resultierenden Schadensersatzanspruch gegen den Vermögenswahrer und dem auf Vermögenswahrung oder gar -mehrung gerichteten Ziel des Vertrages, daß es zu mißbilligen ist, wenn der Vermögenswahrer mit der einen Hand etwas beeinträchtigt oder vorenthält, dessen Verlust er doch mit der anderen Hand zu verhindern hat. Erst recht ist diese sachliche Nähe dort gegeben, wo zur Vermögensbetreuungspflicht die Wahrung und Durchsetzung von Ansprüchen gegen Dritte gehört: Wer andere zu kontrollieren und als Schuldner des betreuten Vermögensträgers zu ermitteln hat, darf im Zweifel vor einer eigenen Kontrolle und einer Offenbarung der eigenen Schuldnerstellung nicht Halt machen. Der Vertragspartner würde sonst „gerade durch denjenigen um seine Ansprüche gebracht , der ihm bei ihrer Durchsetzung helfen sollte."[88] Zumindest bei derartigen auf Vermögensmehrung gerichteten Verträgen wird man die Auffassung abzulehnen haben, wonach eine Offen-

[88] OLG Frankfurt, Schäfer/Finnern/Hochstein, § 633 Nr. 58; „ihrer" ist allerdings nicht korrekt; genauer müßte es heißen: „... der ihm bei der Durchsetzung gleichartiger Ansprüche helfen sollte". Zu pauschal auch LG Stuttgart, U. v. 10.6. 1975–10 O 279/75 -: „Verpflichtung des Anwalts, seinen Auftraggeber in jeder Hinsicht vor vermeidbaren Nachteilen zu bewahren... Auch er [der Steuerberater] ist verpflichtet, seinen Auftraggeber, soweit der Auftrag reicht, in steuerlichen Angelegenheiten vor vermeidbaren Nachteilen zu bewahren", so daß er gerade deshalb „wie der Anwalt auf die zur Behebung des Schadens gegebene Regreßmöglichkeit gegen sich selbst" hinzuweisen habe.

barungs- und Belehrungspflicht erst dann entstehe, wenn konkrete Anhaltspunkte für einen bisher nicht vorhandenen Vermögensnachteil beim Vertragspartner gegeben seien; der Anwalt z. B. solle erst dann zur Belehrung verpflichtet sein, wenn Anlaß zu der Annahme bestehe, der Mandant werde den Regreßanspruch wegen Unkenntnis der Verjährungsfrist nicht rechtzeitig gerichtlich geltend machen[89]. Dieser Ansicht ist allenfalls für diejenigen Vertragsgestaltungen zu folgen, in denen – anders als beim Anwalt – nur eine vermögenssorgende Schadensabwendungspflicht bejaht werden kann.

Entsprechend der zentralen Bedeutung einer Vermögensbetreuungspflicht und erst recht einer auf („anspruchserkennende" und „-durchsetzende") Kontrolle anderer gerichteten Vermögensmehrungspflicht für die Verpflichtung zur Offenbarung eines Fehlverhaltens haben sich die von der Rechtsprechung bisher positiv entschiedenen Fälle ausschließlich in diesem Bereich bewegt: Bei Rechtsanwälten und Steuerberatern besteht die den Beratungsvertrag prägende Pflicht typischerweise in der Vermögensbetreuung, die sich regelmäßig auch auf die Prüfung und Bewertung der Handlungen anderer richtet[90]; und seitdem die Vermögensbetreuungspflicht beim mit der Bauaufsicht betrauten Architekten von einer bloß untergeordneten Nebenpflicht zu einer zentralen *Hauptleistungspflicht* geworden ist[91], sind

---

[89] OLG Hamm, VersR 1981, 440, 441; s. auch OLG Hamm, 29. 11. 1977 – 10 U 72/77 -; allerdings ist richtig, daß aus der unterlassenen Belehrung erst dann ein *Schaden* entsteht, wenn der Regreßanspruch verjährt, so daß der Rechtsanwalt seine Hinweispflicht grundsätzlich solange erfüllen kann, wie er noch im Besitz des Mandats ist *und* noch ausreichend Zeit bleibt, daß die gegen ihn gerichteten Ansprüche vor Ablauf der Verjährungsfrist durchgesetzt werden können, so zutr. OLG Celle, U. v. 27. 7. 1979 – 3 U 70/79 – und U. v. 1. 8. 1979 – 3 U 88/79 -.

[90] beim Rechtsanwalt gehört die Prüfung von Ansprüchen gegen andere Personen (bzw. umgekehrt deren Abwehr) zum typischen Aufgabenfeld; zur Aufgabe des Steuerberaters, die ergehenden Steuerbescheide zu prüfen, BGHZ 83, 17, 21; BGH NJW 1982, 1532

[91] Bindhardt/Jagenburg[8], § 1 Rdn. 29 m.Nwen. für die Gegenauffassung; Locher, Baurecht[4], Rdn. 271 ff., 276, 278; Neuenfeld, Handbuch, Abschn. IV Rdn. 73 ff. Bei dieser „Aufwertung" der Vermögensbetreuungspflicht haben neben dem in den Architektengesetzen formulierten Berufsbild (dazu hier nur Weyer, BauR 1987, 131, 134f., auch zum Selbstbild der Architektenschaft) die als Verordnungen erlassenen Gebührenordnungen eine bedeutsame Typisierungs- und Konkretisierungsfunktion übernommen; denn die in ihnen enthaltenen Beschreibungen der einzelnen Leistungen des Architekten sind zwar in erster Linie maßgebend für die Bemessung der Gebühren. Gleichzeitig wurden durch die Gebührenordnungen aber auch die hauptsächlichen Aufgaben und Pflichten des Architekten festgelegt, indem die von den Gebühren jeweils mit abgegoltenen Leistungen umgrenzt wurden. Und hier zeigt sich, daß über den rein technischen Bereich hinaus immer mehr Pflichten zur Überwachung und Fortschreibung der Baukosten präzisiert und verschärft worden sind; zwangsläufig ist die Pflicht des Architekten, das Bauvorhaben in wirtschaftlich-finanzieller, insbesondere kostenmäßiger Hinsicht im Rahmen der Wünsche und Möglichkeiten des Bauherrn zu halten, allmählich zu einer Pflicht von gleichem Gewicht wie diejenige zur technisch einwandfreien Leistungserbringung aufgewertet wor-

auch bei dieser Berufstätigkeit die vorstehend (bisher) entwickelten Voraussetzungen erfüllt.

Aus dem Blickwinkel der Evidenz einer Offenbarungspflicht ist dabei allerdings die Entwicklung der Rechtsprechung des BGH zum Architektenrecht eigentlich verkehrt herum verlaufen: Der BGH hat in seinen ersten Urteilen eine Offenbarungspflicht des Architekten angenommen, soweit die Mängel „mindestens auch auf seine eigene fehlerhafte Leistung zurückzuführen sind"[92]; erst später hat er dies dahin modifiziert, daß der Architekt bei Mängeln tätig werden muß, „selbst wenn" die Mängel auf seine eigene fehlerhafte Leistung bei der Planung oder Aufsicht zurückgehen[93]. Richtigerweise ist es viel plausibler, daß der mit der *fremdkontrollierenden* Bauaufsicht betraute Architekt alle dem ordnungsgemäßen Fortgang des Bauwerks entgegenwirkenden Fehler aufzuspüren und alle Baumängel abzustellen hat und dabei vor eigenen Fehlern nicht Halt machen darf und daß der zur vermögenssorgenden Wahrung der Rechte des Auftraggebers gegenüber *Dritten* verpflichtete Architekt[94] die Wahrung der Ansprüche gegen sich selbst nicht ausklammern darf[95].

Gleichwohl decken die bisher genannten drei Berufe ganz offensichtlich das Spektrum der für eine Offenbarungspflicht in Betracht kommenden Vermögensbetreuungsverhältnisse nicht ab. Dies indizieren schon Berufe wie der des Wirtschaftsprüfers, dessen judikative Einbeziehung in den Kreis der belehrungspflichtigen wohl nur eine Frage der Zeit ist[96], oder solche wie der des kammerangehörigen Rechtsbeistands[97], dessen Tätigkeit und

---

den, s. Bindhardt/Jagenburg[8], § 1 Rdn. 21ff. Dogmatisch hat dies dazu geführt, daß die Verletzung der Pflichten des Architekten im wirtschaftlich-finanziellen Bereich von der Haftung aus pFV gelöst und in die Haftung aus § 635 BGB überführt worden ist, s. dazu schon oben S. 17. Denn mit der Ausweitung der vom Architekten als geistiges Werk zu erbringenden Hauptleistung sind immer mehr geistige Fehlleistungen des Architekten als solche des Werkes selbst angesehen worden, wenn sie sich auch nicht im Bauwerk als „technischer" Mangel „verkörpert" haben.

[92] BGH NJW 1967, 2010, 2011; vgl. auch BGH, VersR 1971, 157f.

[93] BGHZ 71, 144, 148; 92, 251, 258

[94] s. BGHZ 71, 144, 148: „Wahrung der Auftraggeberrechte gegenüber den Bauunternehmern"; s. ferner BGH BauR 1973, 321, 323 m. abl. Anm. Locher; Bindhardt/Jagenburg[8], § 3 Rdn. 52ff.

[95] auf Fälle, in denen zumindest *auch* eine Kontrolle Dritter in Frage steht, will Schubert (JR 1979, 21, 22) die Prüfungs- und Belehrungspflicht des Architekten überhaupt beschränken.

[96] s. oben S. 13

[97] Durch Gesetz vom 18.8.1980 (BGBl. I, 1503) ist das Recht der Rechtsbeistände neu geregelt worden. Danach sollen zwar der Rechtsanwaltsberuf und der Beruf des Rechtsbeistands schärfer als bisher voneinander unterschieden werden. Jedoch sind natürliche Personen, denen nach altem Recht eine Vollerlaubnis zur Besorgung fremder Rechtsangelegenheiten erteilt worden ist, auf Antrag in die Rechtsanwaltskammer aufzunehmen. Diese stehen in ihren Rechten und Pflichten den Rechtsanwälten weitgehend gleich, s. die Nachweise in Fußnote 99.

Pflichten als „Organ der Rechtspflege"[98] denen eines Rechtsanwalts zweifellos sehr nahe stehen[99] und der zudem der für Rechtsanwälte geltenden Verjährungsregelung unterliegt (§ 209 BRAO); das Fehlen jeglicher Erörterung der Offenbarungspflicht bezogen auf diesen Personenkreis ist deshalb mehr als erstaunlich. Gleiches gilt für den Patentanwalt, dessen Nähe zur anwaltlichen Tätigkeit allenthalben bejaht wird[100], dessen vermögensbetreuende Beratungspflicht schon vom Reichsgericht anerkannt worden ist[101] und dessen Verjährungsregelung ebenfalls der des Rechtsanwalts gleicht (§ 45 PatAnwO).

Eine Ausdehnung des offenbarungspflichtigen Personenkreises wird zudem dann nahegelegt, wenn man einen vergleichenden Blick auf die vom strafrechtlichen Treubruchstatbestand (§ 266 2. Alt. StGB) erfaßten Tätigkeiten wirft; auch dort wird eine eigenverantwortlich ausgeübte, fremdnützige Vermögensbetreuungspflicht vorausgesetzt, die die Verfolgung der wirtschaftlichen Ziele des Geschäftsherrn (z.B. durch entsprechende Verwaltung und Verwendung seines Vermögens) umfaßt und damit i.d.R. zugleich auch auf eine Vermögensvermehrung gerichtet ist[102]. Hierzu gehören neben den hier bereits genannten Berufen beispielsweise der Baubetreuer beim Bauherrenmodell gegenüber dem Bauherren, der Geschäftsführer einer GmbH, der geschäftsführende Gesellschafter einer Personengesellschaft gegenüber seinen Mitgesellschaftern, der Handelsvertreter gemäß § 84 HGB gegenüber dem Geschäftsherrn, der Kommissionär (§ 383 HGB) gegenüber dem Auftraggeber, der Notar, der Unternehmenssanierer gegenüber dem Unternehmen, das Vorstandsmitglied einer AG[103] oder

[98] dazu hier nur BVerwG, NJW 1968, 906, 908; Späth, Rbeistand 1979, 51, 53f. m.w.Nwen.

[99] vgl. BGHZ 34, 64ff.; BGHZ 83, 350, 354ff.; BGHSt 32, 326, 329

[100] zur Patentanwaltschaft als der „jüngeren Schwester der Rechtsanwaltschaft" Alexander-Katz, S. 8; Mestern, S. 1; zur Übertragbarkeit der anwaltlichen Berufspflichten auf den Patentanwalt ferner z.B. Benkard[4], § 11 PatAnwG Rdn. 4

[101] RGZ 69, 26, 29ff.; zustimmend MünchKomm/Seiler[2], § 666 Rdn. 5; RGRK/Steffen[12], § 666 Rdn. 2

[102] Schönke/Schröder/Lenckner[23], § 266 Rdn. 23 a; Systematischer Kommentar zum Strafgesetzbuch/Samson, § 266 Rdn. 23

[103] v. Godin/Wilhelmi[4], § 93 Anm. 31: „Läßt der Vorstand seine eigene Schuld verjähren, so haftet er aus Pflichtverletzung." Nach Kölner Komm/Mertens[2], § 93 Rdn. 51, gehört die Geltendmachung von Ansprüchen dagegen nicht zu den Verpflichtungen des Vorstands einer Aktiengesellschaft, für das rechtmäßige Handeln der Gesellschaft Sorge zu tragen; es soll allein in den Bereich des unternehmerischen Ermessens fallen; u.a. deshalb (zusätzlich wegen des Grundsatzes der Selbstbezichtigungsfreiheit) sei der Vorstand nicht verpflichtet, Ansprüche gegen frühere oder amtierende Vorstandsmitglieder geltend zu machen; diese Ansicht ist nicht überzeugend. Richtig dagegen Mertens, Festschrift Fleck, S. 209, 215: „Grundsätzlich besteht allerdings für die Verwaltungsmitglieder die Pflicht, berechtigte Ansprüche der Gesellschaft gegen wen auch immer durchzusetzen."

eines Vereins diesen gegenüber[104]. Wenn bei diesen Berufen eine Offenbarungspflicht gleichwohl im Ergebnis regelmäßig zu verneinen ist, muß dies aus anderen, später zu erörternden Kriterien als dem der Vermögensbetreuung folgen[105].

(4) Vermögensbetreuende Offenbarungspflicht des Arztes?

Vereinzelt wird in der Literatur auch beim Arzt eine auf Vermögenssorge gerichtete Pflicht zur Offenbarung eines eigenen Fehlverhaltens befürwortet[106]. Bejahte man sie, dann müßte der Arzt zur Vermeidung von Vermögensnachteilen des Patienten möglicherweise darüber belehren, daß die durch die Fehlbehandlung erforderlich gewordene Weiterbehandlung in Gestalt eines Schadensersatzanspruchs kostenlos sei[107]; zudem könnte es dem Arzt verwehrt sein, ein Honorar für die fehlerhafte Behandlung in Rechnung zu stellen. Eine umfassende Vermögensbetreuungspflicht würde den Arzt schließlich dazu verpflichten, den Patienten auf die Möglichkeit der Geltendmachung von Schadensersatz in Geld (anstelle der Naturalrestitution in Form der restitutio ad integrum[108]) und gegebenenfalls von Schmerzensgeld hinzuweisen, um dem Patienten so zur Realisierung seiner Ansprüche und damit real zur Vermögensmehrung zu verhelfen. Tatsächlich wird auch in der Rechtsprechung zunehmend eine Vermögensbetreuungspflicht des Arztes bejaht; der Arzt soll verpflichtet sein, bei gegebenem Anlaß den Patienten darüber zu informieren, daß die Behandlung (möglicherweise) nicht in vollem Umfang von der Krankenversicherung getragen wird[109]; damit scheint auch die Schlußfolgerung gerechtfertigt, daß dann auch eine Belehrung über die gegen den Arzt selbst gerichteten Schadensersatzansprüche und über die

104 s. zu allen hier nur Schönke/Schröder/Lenckner[23], § 266 Rdn. 25 mit jeweils weiteren Nachweisen.

105 s. insbes. unten S. 70f., 73ff. zur Bedeutung der Kompetenzkluft.

106 Hart, in: Francke/Hart, S. 71ff.; Meinecke, S. 24f. (aber keine Pflicht zum Eingeständnis des Verschuldens); Leithoff, Geburtshilfe und Frauenheilkunde 1978, 247, 253 (allerdings ohne jede Verdeutlichung der Schutzrichtung der Offenbarungspflicht und im übrigen mit der Einschränkung auf zweifelsfreie Fälle); wenig konkret Hanack, Med. Klinik 1965, 1263: „wenn auch der verständige Patient die wirtschaftlichen Folgen des ärztlichen Fehlers mutmaßlich nicht hinnehmen würde".

a.A. Kern/Laufs, S. 191; Rieger, DMW 1986, 234, 235; ders., Lexikon, Rdn. 220; Gubernatis, JZ 1982, 363, 364; Solbach, JA 1986, 419, 421f.

107 zur Liquidation der Kosten einer Nach- oder Gegenbehandlung Uhlenbruck, Festschrift Weißauer, S. 150, 153

108 bedeutsam insbesondere wegen der Wahlmöglichkeit des Patienten nach § 249 S. 2 BGB

109 zuerst AG Köln, NJW 1980, 2756; später z. B. BGH NJW 1983, 2630f.; LG Köln, VersR 1983, 960; LG Saarbrücken, NJW 1984, 2632, 2633; OLG Köln, NJW 1987, 2304; OLG Köln, VersR 1987, 792; weitere Nachweise bei Baden, NJW 1988, 746

übrigen genannten finanziellen Folgen einer Fehlbehandlung von der Vermögensbetreuungspflicht umfaßt sei.

„Formal" ließe sich hiergegen schon einwenden, daß die Vermögensbetreuungspflicht des Arztes nur eine untergeordnete, dem eigentlichen Aufgabengebiet sehr weit entrückte Nebenpflicht des Behandlungsvertrages darstellt[110], was nach hier vertretener Auffassung nicht ausreicht[111]. Überzeugender noch kann argumentiert werden, wenn man sich den Hintergrund der von der Rechtsprechung bisher entwickelten Vermögensbetreuungspflicht des Arztes vor Augen hält: Diese kann letztlich nur verstanden werden als Auswirkung des bestehenden Gesundheitssystems; durch dessen Ausgestaltung hat sich die Verkehrsauffassung durchgesetzt: „Gesundheit kostet nichts". Die eigene finanzielle Beteiligung an der Behandlung erscheint (bisher) als überraschend[112]. Deshalb muß der Arzt den Patienten dann auf diesen vom Patienten nicht erwarteten Umstand hinweisen, wenn er ihn selbst unschwer erkennen kann. Dies ist zumindest dann der Fall, wenn es sich um eine medizinisch nicht oder – wegen des Vorhandenseins einer alternativen Methode – jedenfalls in dieser Form nicht unbedingt indizierte Maßnahme handelt[113]. Der Patient soll abwägen können, ob er

---

[110] so zutr. (ohne Bezug auf die hier erörterte Offenbarungsproblematik) Baden, NJW 1988, 746, 747f.; Solbach, JA 1986, 419, 421f.; OLG Köln, NJW 1987, 2304

[111] s. oben S. 46f.; dazu, daß die Beschränkung des Arztes auf die notwendige und wirtschaftliche Behandlung es nicht rechtfertigt, ihn schlechthin in die Rolle des Sachwalters fremder Vermögensinteressen zu drängen, auch Laufs, Arztrecht[4], Rdn. 157; restriktiv gegenüber der wirtschaftlichen Beratungspflicht des Arztes ferner Gubernatis, JZ 1982, 363, 364; Füllgraf, NJW 1984, 2619f.; Andreas, ArztR 1983, 180f.; Schlund, ArztR 1983, 305, 307f.; Fehse, MedR 1986, 115, 116f.; Baden, NJW 1988, 746, 748f.; Solbach, JA 1986, 419, 421f.

[112] s. denn auch OLG Köln, VersR 1987, 792: „Die Erwartungen eines krankenversicherten Patienten, der sich aufgrund einer kassenärztlichen Einweisung in ein Krankenhaus begibt, gehen nach Auffassung des Senats mit Sicherheit dahin, mit den Kosten der Behandlung nicht belastet zu werden; er wird kaum auf den Gedanken verfallen, eventuell selbst vom Krankenhaus für die entstehenden Kosten in Anspruch genommen zu werden. Er vertraut darauf und kann darauf vertrauen, daß seine Krankenkasse die Zahlung übernimmt."

[113] BGH NJW 1983, 2630f.; LG Köln, VersR 1983, 960; LG Saarbrücken, NJW 1984, 2632, 2634; *unabhängig* von finanziellen Überlegungen trifft den Arzt eine Belehrungspflicht über eine „alternative" Behandlungsart dann, wenn der Patient sich (wie in BGH NJW 1983, 2630) vor die Wahl gestellt sieht, ob er sich einem in seine körperliche und seelische Behandlung in der Regel viel tiefer einschneidenden Krankenhausaufenthalt unterziehen oder eine ambulante Behandlung vorziehen will; zutreffend für eine Trennung beider – am körperlichen und seelischen Wohl des Patienten einerseits und an finanziellen Überlegungen andererseits anknüpfenden – Fragen LG Saarbrücken, NJW 1984, 2632, 2633; Fehse, MedR 1986, 115, 116f.; Baden, NJW 1988, 746, 747f. (deshalb auch zu Recht gegen die Terminologie „wirtschaftliche Aufklärungspflicht"); Kern/Laufs, S. 189; Solbach, JA 1986, 419, 420; zu undifferenziert OLG Köln, NJW 1987, 2304; Füllgraff, NJW 1984, 2619f.; Rieger, DMW 1986, 234

die in Aussicht genommene Maßnahme auch dann durchführen lassen will, wenn er sich finanziell daran zu beteiligen hat. Beim Kassenpatienten kommt hinzu, daß der Arzt selbst gegenüber der Krankenkasse abrechnet und damit schon aus der eigenen Abrechnungspraxis weiß bzw. wissen muß, welche Maßnahmen von der Krankenkasse getragen werden und welche nicht; nach dem Wirtschaftlichkeitsprinzip (§ 368 e RVO) ist der Arzt dabei von vornherein verpflichtet, sich auf die medizinisch notwendigen Leistungen zu beschränken. Die Vermögensbetreuungspflicht des Arztes würde aber zweifellos dann überspannt, wenn man vom Arzt Kenntnis der Bedingungen und Tarife sämtlicher privater Krankenkassen verlangte[114]. Das Vertragsverhältnis zwischen Privatpatient und Versicherung berührt das Behandlungsverhältnis grundsätzlich nicht[115]. Beim Privatpatienten ist es prinzipiell dessen eigene Sache, sich über die Erstattungsfähigkeit zu informieren und gegebenenfalls einen Kostenvoranschlag zu erfordern und prüfen zu lassen. Anderes gilt (abgesehen von einer Überschreitung der üblicherweise von den Krankenversicherungen hingenommenen Abrechnungssätze[116]) auch hier bei Durchführung einer medizinisch nicht unbedingt indizierten Maßnahme[117]; denn regelmäßig ist davon auszugehen, daß ein Krankenversicherer nur die Kosten für notwendige Behandlungen erstattet, da der Arzt nach § 1 Abs. 2 GOÄ nur Leistungen berechnen darf, die nach den Regeln der ärztlichen Kunst für eine medizinisch notwendige ärztliche Versorgung erforderlich sind[118]. Und es gilt, daß der Arzt eine bei ihm tatsächlich vorhandene Kenntnis über die Tarife und Bedingungen der Krankenkasse des konkreten Patienten einsetzen muß[119]; besondere persönliche Stärken und Fähigkeiten verpflichten grundsätzlich dazu, sie auch zu nutzen[120].

---

[114] so zu Recht Fehse, MedR 1986, 115, 116; Baden, NJW 1988, 746, 748; Füllgraf, NJW 1984, 2619f.; Solbach, JA 1986, 419, 421; OLG Hamburg, NJW 1987, 2937; OLG Köln, NJW 1987, 2304; weiter wohl Bach, VersR 1983, 961; AG Köln, NJW 1980, 2756

[115] LG Saarbrücken, NJW 1984, 2632, 2633; Fehse, MedR 1986, 115, 116; Schlund, ArztR 1983, 305, 307; Andreas, ArztR 1983, 180

[116] OLG Hamburg, NJW 1987, 2937; Baden, NJW 1988, 746, 747; zur beihilferechtlichen Seite Schlund, ArztR 1983, 305, 307

[117] so die Fallgestaltungen in BGH NJW 1983, 2630; LG Saarbrücken, NJW 1984, 2632; LG Köln, VersR 1983, 960; s. auch Bach, VersR 1983, 961; Füllgraf, NJW 1984, 2619

[118] GOÄ i.d.F. der Bekanntmachung vom 10.6.1988, BGBl. I, S. 818, ber. S. 1590; etwas anderes gilt nur dann, wenn die Leistungen auf Verlangen des Zahlungspflichtigen erbracht worden sind. – § 1 Abs. 2 der Musterbedingungen des Verbandes der privaten Krankenversicherer e.V. enhält denn auch die Klausel, daß der privatversicherte Patient nur dann Versicherungsleistungen erhält, wenn die vom Arzt durchgeführte Behandlung medizinisch notwendig war.

[119] vgl. Solbach, JA 1986, 419, 421; ferner BGH NJW 1988, 759, 760f.

[120] dies gilt jedenfalls dort, wo deren Einsatz keine Interessen des Betreffenden verletzt; vgl. zum Bereich des Verschuldens BGH NJW 1987, 1479, 1480 m. Anm. Deutsch; OLG Oldenburg, VersR 1989, 402; Deutsch, Haftungsrecht, S. 279f.; ders., Fahrlässig-

Vor diesem Hintergrund wird deutlich, daß den Arzt allenfalls eine sehr begrenzte Vermögensbetreuungspflicht trifft. Diese ist nur bezogen auf die Entscheidung des Patienten für oder gegen eine in Aussicht genommene Behandlung, so daß die Beratung als der Behandlung vorgelagerte Informationserteilung von vornherein nicht die aus einem schuldhaft herbeigeführten Fehlschlagen einer früheren Behandlung resultierenden *Ausgleichs*ansprüche erfaßt. Auch hier steht also letztlich die grundlegende Differenzierung zwischen „prospektiv" und „retrospektiv" im Hintergrund.

Soweit die durch eine Fehlbehandlung erforderlich gewordene *Weiter*behandlung von einer Krankenversicherung getragen wird, drohen dem Patienten durch seine Zustimmung zur Weiterbehandlung in Unkenntnis der Pflichtwidrigkeit auch überhaupt keine (weiteren) finanziellen Nachteile; seine Entscheidung für die ärztliche Maßnahme ist hier daher von vornherein nicht von finanziellen Überlegungen abhängig, über die der Arzt gemäß der bisherigen Rechtsprechung möglicherweise zu informieren hätte. Hier käme lediglich der Krankenversicherung gegenüber eine Informationspflicht in Betracht, was allenfalls beim Kassenarzt erwägenswert wäre[121]. Eine „vermögensbezogene" Beratungspflicht gegenüber dem Patienten könnte von vornherein nur dann bestehen, wenn und soweit dieser selbst die Kosten der durch die Fehlbehandlung erforderlich gewordenen (Weiter-) Behandlung zu tragen hat. Berücksichtigt man jedoch, daß sogar der Anspruch auf das unmittelbar im Synallagma mit der mangelhaft erbrachten Leistung stehende Entgelt beim ärztlichen Dienstvertrag[122] (wie im übrigen auch beim Geschäftsbesorgungsvertrag) nach herrschender Auffassung nicht automatisch wegen der Mangelhaftigkeit der Leistung entfällt oder gemindert ist und die Zahlung vom Dienstberechtigten auch nicht im Wege des § 320 BGB einredeweise verweigert werden kann, der Anspruch vielmehr erst im Wege der Aufrechnung mit einem Schadensersatzanspruch zum Erlöschen zu bringen ist[123], dann kann eine nur als untergeordnete

---

keit, S. 128, 143; ders., Festschrift M. Keller, S. 105, 111 f.; Engisch, Untersuchungen über Vorsatz und Fahrlässigkeit, S. 355; Soergel/Zeuner[11], § 823 Rdn. 233 m.w. Nwen.; *a. A.* Leipziger Kommentar/Schroeder[10], § 16 StGB Rdn. 147, der eine Lähmung der Eigeninitiative befürchtet, wenn auch soeben gewonnene Kenntnisse und Fähigkeiten alsbald zur Pflicht werden; s. auch OGH, ÖJZ 1970, 517.

121 s. hierzu oben S. 6

122 zur Einordnung des Behandlungsvertrages als Dienstvertrag statt vieler Taupitz, NJW 1986, 2851, 2857 m. w. Nwen.; dazu, daß das Honorar des Arztes heute sehr wohl als Gegenleistung anzusehen ist und keine bloße „Ehrengabe" mehr darstellt, als die es allerdings historisch entstanden ist, Roth, VersR 1979, 494, 502 f.; Schiemann, JuS 1983, 649, 657; Taupitz, Standesordnungen, § 3 B III 4 (7 a), § 3 C IV; *a. A.* insbes. Löwenfeld, S. 858 ff., 892 ff., 905 und passim; Leonhard, Besonderes Schuldrecht, S. 198 f.

123 BGH WM 1973, 1382, 1383; NJW 1963, 1301, 1302; AK-Derleder, § 611 Rdn. 32; Staudinger/Otto[12], § 320 Rdn. 26; zur Gegenauffassung Roth, VersR 1979, 494 ff., 600 ff.; Schiemann, JuS 1983, 649, 657; Ullrich, NJW 1984, 585 ff.; allerdings bestimmen beispiels-

Nebenpflicht bestehende Vermögensbetreuungspflicht wertungsmäßig kaum allein ausreichen, um eine Pflicht zur ungefragten Belehrung über die aus der Mangelhaftigkeit erst resultierenden Ersatzansprüche – gerichtet auf „kostenlose" Beseitigung des Mangels – zu tragen[124].

Schließlich kann eine vermögensbetreuende Pflicht des Arztes zur Offenbarung eines eigenen Fehlverhaltens auch nicht allein damit begründet werden, daß andernfalls dem Patienten das Berufsrisiko des Arztes auferlegt würde; denn schließlich sei es dessen Berufsrisiko, den ärztlichen Standard zu verfehlen und für fehlerhaftes Handeln einstehen zu müssen[125]. Ebensogut kann umgekehrt argumentiert werden, daß der Patient als derjenige, der die „erste Ursache... in sich" trägt, „in der Regel ganz bewußt das Risiko des natürlichen Krankheitsverlaufs gegen das Eingriffsrisiko" austausche[126]. Gerade aus dieser Erwägung heraus wird ja denn auch von der allgemeinen Auffassung eine Umkehr der Beweislast hinsichtlich des Vorliegens eines Behandlungsfehlers abgelehnt und dem anschaulich formulierten Satz: „Die Beweisnot des Betroffenen ist gewissermaßen als Bestandteil des vom Schädiger verursachten Schadens anzusehen"[127] zumindest inzident eine Absage erteilt[128]. Zwar trägt die Rechtsprechung den Schwierigkeiten, einen Behandlungsfehler zu erkennen, durchaus angemessen in der Weise Rechnung, daß sie an die Substantiierung einer Behandlungsfehlerbehauptung keine „allzu strenge[n] Anforderungen" stellt und dem Sachverständigen-Beweisantritt zur Klärung des Streitpunkts nachgeht[129]. Das Risiko des Anfangsverdachts nimmt sie dem Patienten damit jedoch bewußt nicht ab.

b) Vertrauensbeziehung und Schutzbedürftigkeitssituation (insbesondere in Fällen übergroßen Kompetenzgefälles)

Die beiden bisher erarbeiteten Kriterien, nämlich der Gedanke der Wahrnehmung fremder Interessen, wie er dem § 666 und seinen Tochternormen zugrundeliegt, und das Kriterium des unmittelbaren Zusammenhangs mit der Erfüllung einer Hauptleistungspflicht – insbesonderen mit einer Vermögensbetreuungspflicht – können allein die hier fragliche Offenbarungspflicht nicht rechtfertigen. Zutreffend wird in der Literatur darauf

weise §§ 141, 16 Abs. 1 KostO für Notare, daß Kosten einer unrichtigen Sachbehandlung nicht erhoben werden dürfen.

124 *a.A.* Uhlenbruck, Festschrift Weißauer, S. 150, 153, wonach der Patient bei zweifelsfrei verschuldeter Fehlbehandlung darüber zu informieren ist, daß er gegenüber dem Honoraranspruch für die Nachbehandlung mit dem Schadensersatzanspruch aus der Fehlbehandlung aufrechnen kann.

125 Hart, in: Francke/Hart, S. 73

126 Dunz, S. 24f.; aufgenommen von Ströfer, VersR 1981, 796, 799

127 Stoll, AcP 176 (1976), 145, 184

128 ausdrücklich dagegen Ströfer, VersR 1981, 796, 799

129 BGH NJW 1981, 630, 631; s. auch BGH VersR 1979, 939, 941; gegen die Praktizierung einer „typenreine[n] Verhandlungsmaxime" und für die Hinnahme gewisser Einbrüche des Untersuchungsgrundsatzes auch H.Franzki/D.Franzki, NJW 1975, 2225, 2227

hingewiesen, daß der Umfang der „erforderlichen“ Benachrichtigung im Sinne des § 666 von der Art und dem Umfang des Geschäfts abhänge[130] und daß im Einzelfall insbesondere zwischen zwei Polen, nämlich dem Interesse des Auftraggebers an einer Überwachung des Beauftragten einerseits und dem Interesse des Beauftragten an der Wahrung seiner Selbständigkeit andererseits zu vermitteln sei[131]. Erforderlich zur Überwindung der geschilderten grundsätzlichen Vorbehalte gegen eine spontan zu erfüllende Pflicht zur Offenbarung eines eigenen Fehlverhaltens sind des weiteren eine besondere Vertrauensbeziehung zum Vertragspartner und eine besondere Schutzbedürftigkeitssituation auf seiten des an der Information Interessierten. Nur dort, wo das die Wirtschaft generell beherrschende „caveat emptor“[132] durch ein „credat emptor“ ersetzt ist, wo eine weit über das übliche Maß hinausgehende Vertrauensbeziehung Basis der Erwartung ist, daß so „persönliche“ Umstände wie ein eigenes Fehlverhalten unaufgefordert offenbart werden, nur dort ferner, wo es dem Vertragspartner typischerweise erschwert bis unmöglich ist, ein Fehlverhalten des anderen Vertragsteils aus eigener Kompetenz heraus erkennen zu können, weil abgesehen von fehlenden eigenen Kenntnissen auch das Ergebnis als solches keine Rückschlüsse auf die Ordnungsmäßigkeit der Vertragsdurchführung zuläßt, nur dort scheint es zulässig, den einen Vertragspartner so weit zur Zurücksetzung eigener Belange zu verpflichten, daß auch ein eigenes Fehlverhalten und ggfs. daraus resultierende Ansprüche zu offenbaren sind.

aa) Vertrauensbeziehung

Mit dem auf das Vertrauensverhältnis abstellenden und von Rechtsprechung und Literatur auch durchgängig als Auslöser für eine Offenbarungspflicht genannten[133] ersten Gesichtspunkt wird nicht nur ein tragender Grund für die Benachrichtigungspflicht speziell des § 666 in das Blickfeld gerückt, der gerade in der Vertrauensbeziehung besteht[134]; vielmehr wird hiermit auch der allgemeine Grundsatz herangezogen, wonach ein besonders enges Vertrauensverhältnis eine gesteigerte Pflicht zur Wahrnehmung der Interessen des Vertrauenspartners zur Folge hat, so daß die je nach Vertragsverhältnis unterschiedliche Vertrauenslage anerkanntermaßen

---

130 MünchKomm/Seiler², § 666 Rdn. 5

131 AK-Joerges, § 666 Rdn. 1

132 s. oben S. 29 Fn. 8

133 zum Rechtsanwalt: BGH VersR 1968, 1042, 1043; BGHZ 83, 17, 23f.; zum Steuerberater: BGHZ 83, 17, 23f.; zum baubetreuenden Architekten: BGHZ 71, 144, 149; 92, 251, 258; BGH VersR 1986, 37, 38; zum Arzt: Gubernatis, JZ 1982, 363, 364; Hart, in: Francke/Hart, S. 60ff.

134 AK-Joerges, § 666 Rdn. 2

ganz generell zu Abstufungen im Umfang von Auskunfts- und Aufklärungspflichten führt[135].

Deshalb hat das Reichsgericht zu Recht entschieden, daß derjenige, der einem mit Vertragsverhandlungen betrauten Vertreter der Gegenpartei ein Schmiergeld verspricht, nicht selbst der Gegenpartei gegenüber offenbarungspflichtig ist (daher auch kein Fall des § 123 Abs. 1 BGB und keine Haftung aus c.i.c.; es fehlt die Wahrnehmung fremder Interessen, die Vermögensbetreuungspflicht, die Vertrauensposition); wohl aber hat (zu ergänzen wäre: u. U.) der Bevollmächtigte seinerseits seinem Hintermann die Annahme des Schmiergeldversprechens zu offenbaren[136]. Ebenso ist einer weiteren Entscheidung des Reichsgerichts zuzustimmen, in der das Gericht einen (gewissermaßen „normalen") Angestellten nicht für verpflichtet gehalten hat, die Abgabe einer falschen, dem Dienstherrn nachteiligen eidesstattlichen Versicherung offenzulegen, obwohl die Information hierüber für den Dienstherrn im konkreten Fall deshalb von erheblichem Interesse gewesen wäre, weil Verhandlungen über die Aufhebung des Angestelltenverhältnisses und eine damit verbundene Abfindung schwebten und dem Dienstherrn bei Kenntnis eine fristlose Kündigung ohne Abfindung möglich gewesen wäre. Das Gericht betont, selbst unter Berücksichtigung der Treuepflicht des Angestellten sei keine so weitgehende rechtliche Verpflichtung zur „Offenherzigkeit" begründet, auch wenn sie in der Regel den sittlichen Anforderungen entsprechen möge[137].

Unterschiede im Ausmaß des gewährten und in Anspruch genommenen Vertrauens[138] werden wesentlich durch die persönliche Nähe und den Zeitfaktor bestimmt: den sich über längere Zeit hin erstreckenden Verträgen mit persönlicher Bindung liegt regelmäßig eine besonders enge Vertrauensbeziehung zugrunde[139]. Und das persönlich entgegengebrachte Vertrauen wiederum hat zumeist einen Verzicht auf eigene Kontrollen und Nachforschungen zur Folge: Vertrauen wirkt einer Fehlererkennung letztlich entgegen und verkürzt damit die Möglichkeit der Wahrnehmung eigener Rechte.

---

135 Staudinger/Weber[11], § 242 Rdn. A 833; MünchKomm/Roth[2], § 242 Rdn. 201; Erman/Brox[7], § 123 Rdn. 15; Hildebrandt, S. 164f.; Lauer, S. 318; Werres, S. 147ff.; RG Seuff.Arch. 79, Nr. 60; zu den besonders stark ausgeprägten Loyalitätspflichten in familienrechtlichen Beziehungen, die eine unterhaltsrechtliche Pflicht zu ungefragter Information über Änderungen bei den für den Unterhaltsanspruch maßgeblichen wirtschaftlichen Verhältnissen tragen können, BGH NJW 1986, 1751, 1754 m.w.Nwen.; Hoppenz, FamRZ 1989, 337, 339; im vorliegenden Zusammenhang insbes. BGH NJW 1982, 1285, 1287

136 RGZ 134, 43, 48f.; vgl. auch RGZ 107, 208, 211; *abl.* aber Böhme, S. 179f.

137 RG JW 1926, 795 m. zust. Anm. Stoll

138 zur Vielschichtigkeit des Phänomens Vertrauen N. Luhmann, Vertrauen[2], 1973

139 allg. Larenz, SchuldR AT[14], § 2 VI; MünchKomm/Emmerich[2], vor § 275 Rdn. 43; Lauer, S. 318. Zu Recht ist deshalb eine Pflicht zur Offenbarung eines eigenen Fehlverhaltens vornehmlich bei Verträgen bejaht worden, die sich durch ein besonderes Dauermoment auszeichneten, s. BGH NJW 1982, 1285, 1287; zur Bedeutung des Dauermoments auch OLG Hamm, NJW 1985, 685.

Nicht von ungefähr spricht man vom „blinden“ Vertrauen, und selbst dort, wo dieses einem deutlicher sehenden partnerschaftlichen Vertrauen[140] gewichen ist, hat die Rechtsprechung nicht ohne Grund immer wieder betont, daß eine ständige, auf die Aufdeckung eines Fehlverhaltens des Gegenübers gerichtete Überwachung mit einem Vertrauensverhältnis unvereinbar wäre[141]; tatsächlich wäre ein solches Verhalten eher Indiz für ein Mißtrauensverhältnis[142].

Das Moment der Dauer ist für die hier zu erörternde Offenbarungspflicht – abgesehen von seinem Einfluß auf das Bestehen einer Vertrauensbeziehung – auch deshalb rein faktisch von erheblicher Bedeutung, weil die Rechtsprechung abgesehen von wenigen Ausnahmen (Architekt) zu Recht eine Belehrungspflicht nur während der Laufzeit des Vertrages bejaht; bemerkt der pflichtwidrig Handelnde erst nach Beendigung des Mandats, daß er einen Fehler gemacht hat, ist er nicht mehr zu einer Information verpflichtet[143]. Je kürzer aber der Zeitraum ist, über den sich die Tätigkeit erstreckt, um so geringer ist auch die Wahrscheinlichkeit, daß ein eigener Fehler bemerkt wird. Die Fehlerhaftigkeit einer notariellen Beratung z.B. wird sich nur selten schon während der zumeist kurzen und mit der Beurkundung endenden Beratungstätigkeit zeigen[144]. Für den prozeßvertretenden Anwalt liefern dagegen die im Laufe der Zeit erfolgenden Maßnahmen des Gegners oder des Gerichts den Anlaß für eine kritische Überprüfung der eigenen Leistung, für den Steuerberater ist es der Erlaß des Steuerbescheides, dessen Richtigkeit er zu überprüfen hat, und für den Architekten sind es die im Laufe der Zeit sichtbar werdenden Schäden am Bauwerk.

bb) Schutzbedürftigkeitssituation

Das zweite Kriterium der Angewiesenheits- oder Schutzbedürftigkeitssituation schöpft seine Legitimation ebenfalls aus zwei Quellen:

Zum einen ist es der für die Begründung von Auskunftsansprüchen von der Rechtsprechung betonte Gedanke, daß nach Treu und Glauben eine besondere Auskunftspflicht bei solchen Rechtsverhältnissen zu bejahen sei,

---

140 so jedenfalls die Forderungen bezogen auf das Arzt-Patienten-Verhältnis, s. Taupitz, Allgemeinmedizin 1987, 21, 28

141 BGH NJW 1982, 1285, 1287; s. auch Deutsch, Arztrecht 1980, 289: „Man bringt einem anderen Vertrauen entgegen, man vertraut, ... man nimmt sich nicht vor ihm in acht“; ähnlich die Situation, wenn einer der Partner ständig Vorsorge im Hinblick auf seine Verteidigung in einem möglichen, gegen ihn gerichteten Schadensersatzprozeß treffen müßte: BGH VersR 1985, 42, 44; Mühsam-Werther, JW 1925, 1362, 1363

142 Mißtrauen ist nicht nur das Gegenteil von Vertrauen, vielmehr zugleich eine dem Vertrauen funktional äquivalente „Strategie“ der Reduktion von Komplexität und der Unsicherheitsabsorption, s. N. Luhmann, Vertrauen², S. 78ff.

143 s. oben S. 14f.

144 Die Verjährungsproblematik in einem derartigen Fall bereitet denn auch der vom BJM eingesetzten Kommission zur Überarbeitung des Schuldrechts erhebliche „Kopfschmerzen“, s. Medicus, AcP 188 (1988), 168, 180

deren Wesen es mit sich bringe, daß der Berechtigte entschuldbarerweise über Bestehen und Umfang seines Rechts im ungewissen, der Verpflichtete aber in der Lage sei, unschwer Auskunft zu erteilen[145]. Dieser – bisher für nach Aufforderung zu erfüllende Auskunftspflichten und hier insbesondere für präparatorische, die Geltendmachung von Schadensersatzansprüchen vorbereitende Auskunftsansprüche entwickelte – Gedanke der Angewiesenheitssituation trifft auf spontan zu erfüllende Informationspflichten gleichermaßen zu.

Er wird ergänzt durch einen Aspekt, der an den Mechanismen ansetzt, die gleichsam selbsttätig die „Richtigkeit" vertraglicher Übereinkünfte gewährleisten: Hierzu gehört neben der später zu erörternden Freiheit der Wahl des Vertragspartners und neben der Möglichkeit, den Inhalt eines Vertrages aufgrund bestehender annähernder Gleichheit für beide Seiten „interessengerecht" auszuhandeln[146], auch die Freiheit der Leistungsbewertung. Während aber die bei *Vertragsschluß* bestehende und den liberalen Prämissen nicht entsprechende Ungleichgewichtigkeit der Vertragspartner, die zu diesem Zeitpunkt nicht gegebene Entschließungsfreiheit in Bezug auf den Inhalt des Vertrages, bereits seit langem als Auslöser für gegensteuernde Maßnahmen der Rechtsordnung anerkannt ist, und zwar gerade auch[147] in Gestalt vorvertraglicher Aufklärungspflichten bei erheblicher Sachkundedisparität[148], ist der zweite Aspekt, die Ungleichgewichtigkeit bei der Mög-

[145] RGZ 108, 1, 7 unter Verweis auf Dernburg, Bürgerliches Recht, Bd. 2, § 38 I; zur weiteren Verbreitung dieser Formel die umfangreichen Nachweise bei Winkler v. Mohrenfels, S. 37f.; Stürner, Aufklärungspflicht, S. 296f.; Haug, Informationelle Strategien, S. 41

[146] Heute ist anerkannt, daß der Vertrag nur dann entsprechend seiner verfassungsrechtlichen Gewährleistung als Instrument der Selbstbestimmung funktionieren und dementsprechend die Anerkennung seitens der Rechtsordnung verlangen kann, wenn sich die einzelnen „mit der Macht zur Selbstbestimmung gegenüberstehen und nicht durch die Macht des einen statt der beiderseitigen Selbstbestimmung eine einseitige Fremdbestimmung eintritt": Flume, BGB AT II[3], S. 10. Die Annahme, daß die Privatautonomie über den Vertragsmechanismus einen Ausgleich entgegengesetzter Interessen im Sinne des Richtigen bewirke, beruht „auf der Prämisse der Gleichheit aller Privatrechtssubjekte": Biedenkopf, Festschrift Böhm, S. 113, 117; ders., Vertragliche Wettbewerbsbeschränkung, S. 106ff.; Säcker, Gruppenautonomie, S. 208f.; ähnlich Henckel, AcP 159 (1960/61), 106, 114; Mestmäcker, JZ 1964, 441; Raiser, Festschrift DJT, Bd. 1, S. 101, 118f.; Schmidt-Salzer, NJW 1971, 173. Grundlegend für die Lehre von der ausgleichenden Vertragsgerechtigkeit Schmidt-Rimpler, AcP 147 (1941), 130, 149ff., 153ff., 156; ders., Festschrift Nipperdey, S. 1, 6ff.; ders., Festschrift L.Raiser, S. 3, 5f., 8; zum „Richtigkeitsdenken" Schmidt-Rimplers und der nachfolgenden Diskussion hier nur die Übersicht bei Säcker, Gruppenautonomie, S. 205ff.

[147] daneben steht u. a. die Kompensation von Ungleichgewichtslagen in Gestalt einer Festlegung bestimmter Pflichten durch zwingendes Gesetzesrecht sowie in Form einer richterlichen Inhaltskontrolle der nicht frei ausgehandelten Verträge; zum Überblick hier nur Hönn, Kompensation gestörter Vertragsparität, 1982

[148] dazu MünchKomm/Roth[2], § 242 Rdn. 201; Soergel/Teichmann[11], § 242 Rdn. 140;

lichkeit einer Leistungsüberprüfung während des laufenden Vertrages, bisher noch nicht in ausreichendem Maße als kompensationsbedürftig und ausgleichsfähig erkannt worden[149]. Dabei betrifft auch die Möglichkeit der Leistungsbewertung wie die Freiheit der Wahl des Vertragspartners und wie die Freiheit der „Vereinbarung" des Vertragsinhalts die Selbstbestimmungsmöglichkeit des vom BGB als eigenverantwortlich handelnd vorgestellten Vertragspartners, und anerkanntermaßen stellt die Selbstbestimmungsmöglichkeit ihrerseits eine der Funktionsvoraussetzungen des Rechtsinstituts „Vertrag" dar[150]. Es ist auch nicht überzeugend, fehlende Selbstbestimmungsmöglichkeiten bei Abschluß des Vertrages als Anlaß für einen erhöhten Schutz des Unterlegenen zu nehmen, dieselben Umstände bei der Ausführung des Vertrages und bei der Kontrolle seiner Erfüllung aber zu ignorieren. Vertragsparität heißt nicht nur punktuell vorhandenes Gleichgewicht bei Abschluß, sondern auch fortwirkendes Gleichgewicht bei Durchführung des Vertrages. Besteht die Störung des Vertragsgleichgewichts in einem so gravierenden Kompetenzgefälle, daß die vom Gesetz als Grundsatz unterstellte Kontrollmöglichkeit der Leistung des Vertragspartners und damit die *Möglichkeit* zum Ausgleich des Informationsdefizits faktisch nicht gegeben ist, dann hat die Rechtsordnung diese Ungleichheit durch vorsichtig zu entwickelnde Informationspflichten zu kompensieren. Im Zentrum derartiger Ungleichgewichtslagen stehen Vertragsgestaltungen, in denen auf der Basis komplexen Fachwissens formal nicht strukturierbare Dienstleistungen erbracht werden, die sich für den Laien weitgehend einer Kontrolle im Detail entziehen und bei denen der Erfolg von den Bedingungen des individuellen Falles abhängt, so daß eine Ergebnisprüfung keine klaren Rückschlüsse auf die Leistung zuläßt und somit eine auch nur indirekte Qualitätskontrolle vom Ergebnis her kaum möglich ist.

Erman/Brox[7], § 123 Rdn. 16; Böhme, S. 76ff.; Grunewald, JZ 1982, 627ff.; Werres, S. 74ff., 139ff.; Klingler , jeweils mit Nachweisen aus der Rechtsprechung; zur vorvertraglichen Aufklärung als „Korrelat der Vertragsfreiheit" Ströfer, VersR 1981, 796, 797.

Auch in der anglo-amerikanischen Rechtsprechung ist die Tendenz abzulesen, Aufklärungspflichten – unter Rückgriff auf den noch sehr jungen Grundsatz des fair dealing (grundlegend Lingsch v. Savage, 213 Cal. App.2d 729, 29 Cal. Rptr. 201 [1963]) – maßgeblich an die Unwissenheit des einen und das bessere fachliche Wissen des anderen Vertragspartners zu knüpfen: Driver v. Melone, 11 Cal. App.3d 746; McMahon v. Meredith Corp., 595 F.2d 433; Slater v. K.F.C. Corp., 621 F.2d 932; Smith v. Peterson, 282 N.W.2d 761.

[149] prinzipiell zutreffend in der hier verfolgten Richtung aber van Venrooy, DB 1981, 2364, 2372; Hart, in: Francke/Hart, S. 60ff.; zur professionellen Überlegenheit als Auslöser für eine eigenständige nichtvertragliche Berufshaftung Hopt, AcP 183 (1983), 608ff., 634ff.; s. ferner Grunewald, JZ 1982, 627ff.

[150] s. oben Fn. 146

Zutreffend hat Teichmann[151] in anderem Zusammenhang darauf hingewiesen, daß eine Verpflichtung, ohne Nachfrage über *negative* Gesichtspunkte aufzuklären, nicht schon bei Vorhandensein eines Informationsgefälles gegeben sei, sondern nur dann entstehen könne, wenn der andere aufgrund seiner fehlenden Kenntnisse noch nicht einmal die *Möglichkeit* habe, entsprechende sachkundige Fragen zu stellen. Ansonsten sei es Sache des einzelnen selbst, Defizite auszugleichen, sich also die notwendigen Informationen zu beschaffen. Es ist dies der Gedanke, den schon der englische Kritiker Samuel Johnson (1709–1784) ausgedrückt hat: „Wissen gibt es in zweierlei Form: Wir kennen den Gegenstand selbst oder wir wissen, wo wir Information über ihn erlangen." Eine Pflicht zu ungefragter Information kann deshalb nur dort bestehen, wo der rechtfertigende Einwand des Informierten, der andere hätte ja Auskunft verlangen können, gegen Treu und Glauben verstößt[152]. Deswegen reicht die mit jeder Aufgabendelegation beinahe zwangsläufig eintretende „Unwissenheit" des Geschäftsherrn über die konkrete Aufgabenerfüllung durch den Geschäftsdiener ebensowenig aus für eine Offenbarungspflicht wie allein die positive (Er-)Kenntnis eines fehlerhaft Handelnden von seinem Fehler. Ansatzpunkt ist die auf der „Laienseite" bestehende *Unmöglichkeit* einer Fehlererkennung, das dort bestehende Kompetenzdefizit, das der Experte dann allerdings u. U. aufgrund *seines* Fachwissens auszugleichen hat. Daher ist es schließlich auch zutreffend, wenn eine Pflicht zur unaufgeforderten Offenbarung eigener Fehler seitens der *Arbeitnehmer* durchgängig verneint wird, obwohl sie die Interessen ihres Arbeitgebers „nach besten Kräften wahrzunehmen" und „alles zu unterlassen haben", was dem Arbeitgeber oder dem Betrieb abträglich sein könnte[153].

Zu Recht ist gerade im Rahmen des § 666 auf die kompensatorische Bedeutung von Aufklärungs- und Beratungspflichten hingewiesen worden: Bei der Vermittlung der gegenläufigen Interessen der beiden Vertragspartner sei auf ungleiche Chancen der Interessenwahrnehmung zu achten und deshalb auch dafür zu sorgen, daß Kompetenzvorsprünge des Geschäftsbesorgers ausgeglichen werden könnten[154]. Letztlich sind dies allgemein umschrieben genau die Gedanken, die nach Auffassung des BGH tragend für die Belehrungspflicht des Rechtsanwalts sind: „Der Anwalt ist in der Regel seinen Mandanten an Rechtskenntnissen weit überlegen; gerade das Gefühl der eigenen Rechtsunkenntnis ist es ja, das die meisten Parteien zur Inanspruchnahme eines Anwalts veranlaßt. Diese Rechtsunkenntnis hindert

[151] Teichmann, JA 1984, 545, 547, im Rahmen der Erörterung vorvertraglicher Nebenverpflichtungen; vgl. auch BGH VersR 1989, 596, 597.

[152] vgl. aus dem Blickwinkel der unterhaltsrechtlichen Pflicht zu ungefragter Information Hoppenz, FamR 1989, 337, 339.

[153] Hueck/Nipperdey I[7], S. 243 Fn. 12 a.E.; Nikisch I[2], S. 385; Strobel, S. 112; RAG, ARS 15, 561, 565; BGH NJW – RR 1989, 614, 615; zur umfassenden Interessenwahrungspflicht des Arbeitnehmers hier statt vieler Hueck/Nipperdey I[7], S. 241 f.; Nikisch I[2], S. 383; Schaub[6], S. 273 f. (zutreffend mit der Tendenz einer Eingrenzung der Treuepflichten)

[154] AK-Joerges, § 666 Rdn. 1

aber den Mandanten auch daran, Fehler des Rechtsanwalts alsbald zu erkennen und ohne fremde Hilfe die zur Wahrnehmung der eigenen Rechte erforderlichen Maßnahmen zu treffen."[155] Und der BGH hat Recht, wenn er diese Ausführungen in den Zusammenhang mit der Beurteilung der Verjährungsregelung der BRAO stellt: Denn dort, wo die Einführung einer kurzen und nicht von einer Kenntnis des Anspruchsberechtigten abhängigen Verjährungsfrist den kontrollunfähigen Mandanten u. U. schon während des noch laufenden Mandats, zumindest aber innerhalb einer äußerst kurzen Zeitspanne nach dessen Beendigung „rechtlos" stellt[156], dort also, wo sich die Kontrollunfähigkeit des Auftraggebers nicht nur in der vermögenswerten Differenz zwischen Anspruch und tatsächlichem Erhalt einer Leistung, sondern alsbald in einem endgültigen Rechtsverlust[157] manifestiert, dort ist die Schutzbedürftigkeitssituation um so ausgeprägter vorhanden und eine Kompensation durch die Statuierung einer Offenbarungspflicht um so dringlicher. Nicht zu Unrecht sind verfassungsrechtliche Bedenken gegen die Verjährungsregelung des § 51 BRAO erhoben worden, denen durch Ausgestaltung der Belehrungspflicht Rechnung zu tragen sei[158], ebenso wie der BGH selbst ausführt, daß sich die gesetzliche Verjährungsregelung der BRAO mit rechtsstaatlichen Grundsätzen nur dann vereinbaren lasse, wenn man zum Ausgleich strenge Anforderungen an die Belehrungspflicht des Rechtsanwalts stelle[159]. Schließlich erscheint der den Rechtsanwälten, Steuerberatern und Wirtschaftsprüfern vom Gesetzgeber auf dem Gebiet der Verjährung gewährte Schutz nicht nur in zeitlicher Hinsicht als bedenklich weit ausgedehnt[160], sondern dieser beinhaltet letztlich einen Schutz gegen die Anwendung gerade ihrer berufsspezifischen Fähigkeiten: er bewirkt nämlich eine Freistellung von der Pflicht, diejenigen Kenntnisse zur Fehlererkennung in der noch laufenden Vertrauensbezie-

---

[155] BGHZ 83, 17, 25f.; s. ferner OLG Frankfurt, Schäfer/Finnern/Hochstein, § 633 BGB Nr. 58 (Hervorh. v. Verf.): Die Rechtsprechung zur Belehrungspflicht des Architekten „beinhaltet, daß es als treu- und pflichtwidrig angesehen werden muß, wenn der *gerade zur Beratung des in der Regel fachunkundigen Bauherrn angestellte Architekt* durch eine Vernachlässigung der ihm obliegenden objektiven Mangelprüfungspflicht dem Bauherrn die rechtzeitige Geltendmachung von Ansprüchen, auch soweit sie sich gegen ihn selbst richten, unmöglich macht".

[156] BGHZ 83, 17, 25f.

[157] Rechtsverlust nicht nur im eigentlichen Sinne, sondern auch im Sinne der Belastung mit der Verjährungseinrede.

[158] Dehner, LM StBerG Nr. 18

[159] BGHZ 83, 17, 25f.; BGH NJW 1975, 1655, 1656

[160] bezeichnenderweise wird der Verjährungsbeginn unabhängig von einer Kenntnis des Mandanten regelmäßig dort gebilligt, wo die Verjährungsfrist relativ lang ist, während eine nur wenige Jahre betragende Frist sehr häufig Anlaß zur Suche nach einem verstärkten Schutz des Auftraggebers liefert, vgl. etwa zu den Unterschieden zwischen der Anwaltshaftung in der Schweiz und in den USA Levis, S. 42f., 93f.

hung einsetzen zu müssen, mit denen sie werben und deretwegen sie vom Laien gerade aufgesucht werden. Eine vergleichbare Situation ist bei anderen, (gleichfalls) nicht auf eine Kenntnis des Geschädigten abstellenden Verjährungsnormen wie §§ 477, 638 BGB, § 43 Abs. 4 GmbH-Gesetz und § 93 Abs. 6 AktG zumeist nicht gegeben[161]. Bezeichnend und eine Bestätigung für die hier vertretene Ansicht sind aber Stimmen in der Literatur, die umgekehrt auch z. B. bezogen auf § 638 BGB die Auffassung vertreten, daß die Verjährungseinrede dann treuwidrig sein könne, wenn der Unternehmer (etwa als Sachverständiger) ein besonderes Vertrauen in seine fachliche Fähigkeit in Anspruch nehme und gewährt erhalte und eine Überprüfbarkeit seiner Leistung faktisch nicht gegeben sei[162].

3. Der Einfluß eigenen Wissens des vom Fehlverhalten Betroffenen und der Unterschied zwischen der hier vertretenen Lösung und einer Entschärfung der Offenbarungsproblematik über den Gedanken des § 852 BGB

Bereits oben wurde darauf hingewiesen, daß Änderungen der als anstößig empfundenen Verjährungsregeln die Offenbarungsproblematik nicht aus der Welt schaffen würden[163]. Noch in einer anderen Hinsicht besteht ein Unterschied zwischen der hier vertretenen Lösung und Versuchen eines „Herumdokterns" im Bereich der Verjährung: Mit der Anbindung der Offenbarungs- und Belehrungspflicht an das überlegene fachliche Wissen des Rechtsanwalts, Steuerberaters usw. (in Gestalt der Fragestellung, ob für *ihn* Anlaß bestand, sein eigenes Verhalten auf einen Fehler hin zu überprüfen[164]) ist entgegen manchen Literaturstimmen[165] keine mit § 852 BGB vergleichbare Lösung der Verjährungsproblematik gegeben. Denn zum einen wird hierbei nicht auf Kenntnis des *Geschädigten*, sondern letztlich des *Schädigers* abgestellt; gleichzeitig ist nicht (wie bei § 852 BGB) positive Kenntnis erforderlich[166], sondern es wird die fahrlässige Unkenntnis des Experten mit einbezogen. Es erfolgt damit eine Verlagerung und Ausweitung der kognitiven Elemente unter gleichzeitiger Anhebung des fachlichen

[161] vgl. bezogen auf §§ 477, 638 BGB auch van Venrooy, DB 1981, 2364, 2371 f.

[162] Ballerstedt, Festschrift Larenz, S. 717, 725

[163] s. oben S. 23 f.

[164] vgl. nur BGH, VersR 1987, 718, 719; NJW 1985, 2250, 2252

[165] z. B. Rinsche, VersR 1987, 239; für eine Ersetzung der Belehrungspflicht durch eine Rechtsanalogie unter Rekurs auf § 852 BGB van Venrooy, DB 1981, 2364, 2372

[166] nur sehr eingeschränkt soll Kennenmüssen die Verjährung nach § 852 beginnen lassen, wenn sich nämlich der Geschädigte die nötige Kenntnis ohne nennenswerte Mühe sehr leicht verschaffen kann: BGH VersR 1988, 465, 466; VersR 1987, 820; VersR 1985, 367, 368 m. w. Nwen.

Standards als Maßstab für das (Er-)Kennenmüssen. Zum anderen sind diese kognitiven Elemente – anders als bei § 852 BGB – nicht maßgeblich für den Beginn der Verjährungsfrist; der Beginn ist vielmehr abhängig von der Verjährung des Primäranspruchs als dem Zeitpunkt der Schadensentstehung[167] bzw. von der Beendigung des Mandats[168]. Positive Kenntnis oder fahrlässige Unkenntnis des Experten vom Primäranspruch ist lediglich Voraussetzung dafür, daß die Verjährungsfrist de facto auf das Doppelte (d.h. 6 bzw. 10 Jahre[169]) *verlängert* wird, so daß eine größere *Wahrscheinlichkeit* besteht, daß der Mandant seine Ansprüche gegen den Experten doch noch geltend macht. Erhält der Mandant die Belehrung (= Kenntnis) vor Ablauf der Verjährungsfrist des Primäranspruchs, verlängert sich diese Frist nicht[170], ebensowenig wie nun – entsprechend § 852 BGB – eine Verjährungsfrist überhaupt erst zu laufen beginnt.

Wenn auch die Belehrungspflicht an den Kenntnissen des Schädigers ansetzt, so wirkt die Kenntnis des Geschädigten gleichwohl auf die Informationspflichten des Schädigers zurück: Da ein Kompetenzdefizit auf seiten des Auftraggebers dann nicht gegeben ist, wenn er das Fehlverhalten des Professional tatsächlich erkannt hat oder wenn er gerade wegen des Fehlverhaltens von einem anderen Experten beraten wird, lehnt die allgemeine Auffassung für derartige Situationen zu Recht eine Belehrungspflicht des fehlerhaft Handelnden (bzw. deren Fortbestand) ab[171]; auch aus dem Gesichtspunkt der „Erforderlichkeit" heraus kann man sagen, daß der zweite

---

[167] § 51 BRAO 1. Alt.; § 68 StBerG; § 51a WPO; zum Beginn der Verjährung oben S. 10 Fn. 4 (dort bezogen auf das Entstehen des primären Regreßanspruchs); der sekundäre Regreßanspruch entsteht nach den gleichen Grundsätzen.

[168] *nur* beim Anwalt, § 51 BRAO 2. Alt. („spätestens in drei Jahren nach der Beendigung des Auftrags")

[169] 6 Jahre beim Anwalt und Steuerberater, 10 Jahre beim Wirtschaftsprüfer; wegen § 51 BRAO 2. Alt. (nur) beim Anwalt begrenzt auf maximal 3 Jahre nach Beendigung des Mandats.

Einen *Tertiäranspruch*, durch den die Verjährung noch weiter hinausgeschoben würde, hat der BGH ausdrücklich abgelehnt: BGH NJW 1985, 2250, 2253 und AnwBl. 1988, 285 (IX. Zivilsenat); anders im Ansatz zuvor BGH NJW 1984, 2204 (VI. Senat), wonach die Hinweispflicht grundsätzlich bis zum Mandatsende bestehen bleibe.

[170] ein Schadensersatzanspruch mag hier nur dann in Betracht kommen, wenn die Kenntnis so kurz vor Eintritt der Verjährung erfolgt, daß keine verjährungsunterbrechende Maßnahme mehr getroffen werden kann.

[171] zum *Rechtsanwalt:* BGH NJW 1984, 2204; NJW 1985, 1151, 1152; AnwBl. 1988, 285; OLG Celle, VersR 1978, 1119, 1120; OLG Celle, U. v. 27.7.1979–3 U 70/79 – und U. v. 1.8.1979–3 U 88/79 -; OLG Düsseldorf, VerR 1989, 699f.; OLG Frankfurt, VersR 1979, 775, 776; OLG Hamm, VersR 1981, 440, 441; OLG Hamm, U. v. 29.11.1977–10 U 72/77 -; Rinsche, VersR 1987, 239, 240; Mühlbauer, AnwBl. 1979, 475, 476; Borgmann/Haug², S. 274f. m.w.Nwen.; zum *Steuerberater:* BGH NJW 1982, 1288, 1289; OLG Köln, StB 1983, 76, 77; OLG Celle, Stbg. 1985, 63; Späth, Haftung3, Rdn. 458; zum *Architekten:* OLG Frankfurt, Schäfer/Finnern/Hochstein, § 633 BGB Nr. 57

Professional bei Übernahme der Beratung wegen des Fehlverhaltens „näher dran“ ist als der pflichtwidrig Handelnde selbst[172]. Da die Offenbarungspflicht nur „durch eine billige Abwägung der beiderseitigen Belange“ ermittelt werden kann[173], dürfte es sogar vertretbar sein, den fehlerhaft Handelnden bereits dann zu entlasten – und zwar schon bezogen auf die Informationspflicht selbst, nicht erst über den für Schadensersatzansprüche relevanten Gedanken des Mitverschuldens[174] –, wenn ein zweiter Professional dergestalt in der Angelegenheit tätig wird, daß der fehlerhaft Handelnde berechtigterweise erwarten *darf*, daß jener den Fehler bemerkt und einen entsprechenden Hinweis erläßt; dies wäre z. B. dann der Fall, wenn ein zweiter Steuerberater oder Anwalt mit der Fortführung des Mandats oder mit der Vertretung derjenigen Sache vor Gericht (z. B. dem Finanzgericht) beauftragt wird, innerhalb derer der Beratungsfehler unterlaufen ist[175]. Darauf, ob der zweite Experte den Fehler tatsächlich bemerkt, käme es dann nicht an. Der BGH scheint allerdings – jedenfalls für den sog. „Hausanwalt“ – eine restriktivere Haltung einzunehmen[176].

Richtigerweise entfällt die Offenbarungspflicht auch dann, wenn der Auftraggeber das Fehlverhalten – z. B. aufgrund eigener *Fach*kenntnisse[177] – unschwer selbst hätte erkennen können[178]; denn bezogen auf den Rechtsanwalt ist beispielsweise anerkannt, daß der Umfang der (allgemeinen vertraglichen) Beratungspflicht auch von den persönlichen Eigenschaften

---

[172] vgl. Mühlbauer, AnwBl. 1979, 475, 476 im Anschluß an OLG Celle, U. v. 27.7.1979–3 U 70/79 – und U. v. 1.8. 1979–3 U 88/79 -: „Denn der mit der Durchsetzung des Regreßanspruchs befaßte zweite Anwalt steht der zureichenden Durchsetzung des Anspruchs viel näher, als der im Konflikt mit eigenen Abwehrinteressen stehende erste Anwalt“.

[173] BGH NJW 1975, 1655, 1656; OLG Celle, U. v. 27.7.1979 – 3 U 70/79 – und U. v. 1.8.1979–3 U 88/79 –

[174] dazu aber Probst, AnwBl. 1977, 20; für die Fallgestaltung, daß der Mandant selbst das Bestehen von Regreßansprüchen erkennt, seine Rechte jedoch erst nach Eintritt der Verjährung verfolgt, OLG München, U. v. 29.7.1971–1 U 1985/70 –.

[175] vgl. zu derartigen Fallgestaltungen und für ein baldiges Ende der Belehrungspflicht des fehlerhaft Handelnden Späth, Haftung[3], Rdn. 458f.; Borgmann/Haug[2], S. 274f.; wohl auch OLG Frankfurt, VersR 1979, 775, 776; in jedem Fall ist jedoch zu fordern, daß der Zweitbeauftragte den konkreten Fehler bei Anwendung der *ihm* obliegenden Sorgfalt erkennen konnte und daß der fehlerhaft Handelnde seinerseits hiervon ausgehen konnte.

[176] BGH NJW 1979, 264f.; s. auch Palandt/Heinrichs[48], Überbl. 5 c vor § 194: „Die Beauftragg eines and RAnw beseitigt die ErsPfl nur, wenn dieser rechtzeit auf die Regreßmöglichk hinweist“; im Fall BGH NJW 1988, 2245 (auf den Heinrichs sich beruft) wurde das Mandat von den anderen Rechtsanwälten nicht übernommen, eine Beratung nicht erteilt; das reicht natürlich nicht aus, um den fehlerhaft handelnden (ersten) Anwalt zu entlasten.

[177] eine allgemeine Erfahrung in geschäftlichen Dingen reicht keinesfalls aus, s. BGH VersR 1986, 37, 38

[178] so auch Mühlbauer, AnwBl. 1979, 475, 476 unter Hinweis auf ein großes Unternehmen mit eigener Rechtsabteilung.

und Kenntnissen des Auftraggebers abhängt[179] und eine Beratung über solche Umstände und Rechtsfolgen entbehrlich ist, über die der Auftraggeber bei vernünftiger Betrachtung nicht im unklaren sein kann[180].

Schließlich sei darauf hingewiesen, daß es hinsichtlich der (bis zur tatsächlichen Kenntniserlangung bzw. anderweitigen Belehrung u. U. *zunächst* gegebenen) Belehrungspflicht des fehlerhaft Handelnden im Falle ihrer Nichterfüllung an der Kausalität zwischen Pflichtverletzung und Schaden fehlt, wenn der Geschädigte erst später, aber vor der Verjährung des Regreßanspruchs über die Regreßfrage anderweitig beraten wird oder sonst Kenntnis davon erlangt[181]. Denn wenn der Mandant den Regreßanspruch trotz anderweitiger Beratung nicht (verjährungsunterbrechend) geltend macht, kann nicht davon ausgegangen werden, daß er die Verjährung bei Belehrung durch den fehlerhaft Handelnden selbst unterbrochen hätte. Der Schaden beruht dann also nicht auf der Unterlassung des pflichtwidrig Handelnden.

4. Zwischenergebnis

Es lassen sich damit vier Kriterien nennen, die in ihrer *Kumulation* eine Pflicht zur spontanen Offenbarung eines eigenen Fehlers und gegebenenfalls auch der daraus resultierenden Ansprüche tragen können: Tätigkeit im fremden Interesse, enge Vertrauensbeziehung[182], Unmöglichkeit einer Kontrolle der Tätigkeit des Interessenwahrers durch den Vertragspartner sowie Notwendigkeit der Offenbarung zur Erfüllung einer Hauptleistungspflicht. Diese Gesichtspunkte können sicher nicht als Kriterienkatalog im Sinne eines gesetzlichen Tatbestandes verstanden werden, unter den ohne weiteres subsumiert werden könnte; sie kennzeichnen aber doch Gewichte,

---

[179] BGH, U. v. 30.9.1976 – III ZR 140/74 -; BGH, NJW 1971, 1363, 1364; OLG München, NJW 1986, 726, 727; OLG Düsseldorf, MDR 1986, 145; OLG Celle, VersR 1983, 88; Wendt, S. 148f.; zum Einfluß der Fachkenntnisse des Bauherrn auf die Beratungspflicht des Architekten BGH NJW 1973, 1457, 1458

[180] OLG Düsseldorf, MDR 1986, 145; OLG München, NJW 1986, 726, 727 m. w. Nwen.; s. auch Soergel/Wiedemann[11], Vor § 275 Rdn. 313; u. U. bedarf der Mandant trotz Kenntnis vom Fehler und Regreßanspruch aber eines Hinweises auf die Verjährungsregelung der BRAO, s. BGH NJW 1984, 2204

[181] BGH NJW 1988, 2245, 2247; NJW 1987, 326, 327; NJW 1985, 1151, 1152; OLG Celle, U. v. 27.7.1979 – 3 U 70/79 – und U. v. 1.8.1979 – 3 U 88/79 -; OLG Karlsruhe, BHStB, R 822.19; Rinsche, VersR 1987, 239, 241; Mühlbauer, AnwBl. 1979, 475, 476; Soergel/Wiedemann[11], Vor § 275 Rdn. 373

[182] zutreffend dazu, daß eine sich *allein* auf ein Vertrauensverhältnis bzw. auf den Treuegedanken gründende Offenbarungspflicht nicht bis zur Selbstbezichtigung geht, Stoll, JW 1926, 795; Hueck/Nipperdey I[7], S. 243 Fn. 12 a.E.; Nikisch I[2], S. 385; Strobel, S. 112; Emmerich, JuS 1989, 668; Soergel/Kraft[11], § 611 Rdn. 78; BGH, NJW – RR 1989, 614, 615; RAG, ARS 15, 561, 565.

die bei der Interessenabwägung eine herausragende Rolle spielen. Parallelogrammartig vermag ein im Einzelfall weniger stark ausgeprägtes Merkmal aus dem Kreis der maßgeblich von Wertungen abhängigen ersten drei durchaus in begrenztem Umfang vom herausragenden Ausmaß eines anderen kompensiert zu werden. Methodisch wird die Pflicht zur Offenbarung eines eigenen Fehlverhaltens damit im Wege des typologischen Zuordnungsverfahrens bestimmt[183].

Die Besonderheiten der Pflicht zur spontanen Offenbarung eigenen Fehlverhaltens bedingen es, daß die typischerweise offenbarungspflichtigen Personen – aufs Ganze gesehen – nicht zu jenen gehören, die sonst aufgrund besonders intensiver gegenseitiger Treueverpflichtungen am stärksten in die Pflicht genommen scheinen: Jedenfalls nach der von Hueck aufgestellten "Reihenfolge zunehmender Pflichten„ sind an der Spitze Arbeits- und Gesellschaftsverträge zu finden, während Dienstverträge außerhalb des Arbeitsrechts (Verträge mit einem Arzt, Rechtsanwalt oder Agenten) generell mit geringeren Treueverpflichtungen verbunden sein sollen[184]. Nach hier vertretener Auffassung sind dagegen Rechtsanwälte, Steuerberater, Wirtschaftsprüfer, Notare, Patentanwälte, kammerangehörige Rechtsbeistände und baubetreuende Architekten „typischerweise“ zur Offenbarung eigenen Fehlverhaltens verpflichtet.

III. Die Offenbarung eigenen Fehlverhaltens als Auslöser für eine Kündigung des Vertrages seitens der anderen Vertragspartei: Das personale Element der Offenbarungspflicht

1. Ausgangspunkt

Aus den in der Literatur entwickelten Grundsätzen über das Ausmaß der Benachrichtigungspflicht des § 666 und der entsprechenden Parallelnormen läßt sich möglicherweise ein weiterer Gesichtspunkt für die Begründung einer Pflicht zur Offenbarung eines eigenen Fehlverhaltens ableiten: Die Benachrichtigungspflicht soll anerkannter- oder zumindest unbestrittenermaßen auch dazu dienen, dem Geschäftsherrn Informationen zu liefern, die

[183] zum Typus als Gegenstück zum (definierbaren, im Wege der Subsumtion einem Sachverhalt zugeordneten) abstrakt-allgemeinen Begriff und zur Variabilität und Graduierbarkeit der Merkmale des Typus hier nur Engisch, Die Idee der Konkretisierung, S. 237ff.; Larenz, Methodenlehre[5], S. 443ff.; ders., ARSP 34 (1940/41), 20ff.; Leenen, S. 25ff.; Zippelius, Festschrift Engisch, S. 224ff.; kritisch Kuhlen, Typuskonzeptionen in der Rechtstheorie, 1977.

[184] Hueck, Treuegedanke, S. 17f.; zur abweichenden (und vorzugswürdigen) Dreiteilung nach der Interessenlage oben S. 46 Fn. 25.

ihn zur *Kündigung* des Auftrages[1], Kommissionsgeschäfts[2] usw. veranlassen könnten[3]. Tatsächlich läßt sich auch dieser Aspekt noch – wenn auch als Grenzfall – von der prospektiven Sicht, wie sie der Benachrichtigungspflicht nach hier vertretener Auffassung in Gestalt ihrer Ausrichtung auf die (weitere) Durchführung des Geschäfts zugrundeliegt, erfassen. Zwar stellt die Kündigung selbst gewissermaßen den Umschlagpunkt zwischen den auf Vertragsdurchführung gerichteten Interessen und den Interessen bei Scheitern des Vertrages dar; offenkundig wird die prospektive Sicht jedoch dann, wenn der Geschäftsherr das Geschäft vom pflichtwidrig Handelnden trotz Kenntnis der Pflichtwidrigkeit gleichwohl fortführen läßt, also die Kündigung nach „reiflicher Überlegung" unterläßt. Und ganz allgemein läßt sich sagen, daß zu den Interessen des Geschäftsherrn an der Durchführung des Geschäfts auch der Umstand gehört, mit welchem Vertragspartner das Geschäft am sachgerechtesten, vertrauensvollsten usw. abgewickelt werden kann. Dann aber stellt sich die Kündigung nur als „negatives" Ergebnis oder Kehrseite der auf Erreichung des Vertragsziels hin ausgerichteten Überlegungen dar.

Gleichwohl weckt diese Kennzeichnung als „Kehrseite" oder als „negatives" Ergebnis der auf Vertragsdurchführung gerichteten Erwägungen Vorbehalte gegen Offenbarungspflichten, die auf eine mögliche Kündigung des Vertrages hinzielen. Denn im Grunde wird die Pflicht zur Offenbarung eigenen Fehlverhaltens hier final dazu eingesetzt, das Vertrauen zu zerstören, das doch seinerseits wesentliche Grundlage eben der Offenbarungspflicht selbst ist: *Weil* der Gegenüber vertraut, muß der andere Teil ihm nahelegen, ihm das Vertrauen zu entziehen. Während es in den bisher erörterten Fällen *ausschließlich* um die Frage ging, ob ein in der Durchführung des Auftrages begründetes und damit zentral vom Willen der Vertragsparteien getragenes Interesse nur durch Offenbarung eines Fehlverhaltens

---

[1] MünchKomm/Seiler[2], § 666 Rdn. 5; das Gesetz nennt in § 671 die Beendigung durch einseitiges Rechtsgeschäft auf seiten des Auftraggebers zwar Widerruf und spricht nur auf seiten des Auftragnehmers von Kündigung; dieser terminologischen Unterscheidung kommt jedoch keine Bedeutung zu, vgl. MünchKomm/Seiler[2], § 671 Rdn. 1; Staudinger/Wittmann[12], § 671 Rdn. 2; in beiden Fällen handelt es sich um eine rechtsgestaltende Willenserklärung, die auf Beendigung des Auftrages ex nunc gerichtet ist und der Sache nach eine Kündigung darstellt.

[2] GroßKomm-HGB/Koller[3], § 384 Rdn. 28; Schmidt-Rimpler, Das Kommissionsgeschäft, in: Ehrenbergs Handbuch, Bd. 5, I. Abt., 1. Hälfte, S. 477, 724

[3] vgl. auch zur umfassenden Berichtspflicht des Vorstandes einer Aktiengesellschaft Kölner Komm/Mertens[2], § 93 Rdn. 129: „... doch geht die Berechtigung des Vorstandsmitglieds, sich nicht selbst belasten zu müssen, nicht soweit, daß es anderen Vorstandsmitgliedern oder dem Aufsichtsrat Informationen über die Lage der Gesellschaft vorenthalten dürfte, über die es nach allgemeinen Grundsätzen Bericht zu erstatten hätte. Das gilt insbesondere dann, wenn das Einschreiten der Organe geboten ist, um erheblichen weiteren Schaden von der Gesellschaft abzuwenden."

sachgerecht (weiter-)verfolgt werden kann, steht hier – zumindest „drohend im Hintergrund" – *auch* und sogar primär das Scheitern der gemeinsamen Zusammenarbeit wegen Entzuges des Vertrauens im Raum. Nicht das Bemühen um eine *weitere* Verfolgung des Leistungsinteresses des Gegenübers oder „Wiedergutmachung" werden verlangt, sondern das (ehrenrührige) Eingeständnis: „Mit mir hat die Verfolgung Deiner Interessen (wohl) keinen Zweck mehr". Man mag allerdings einwenden, daß durch die Offenbarung des Fehlverhaltens eigentlich nur ein wegen der Unwissenheit des Geschäftsherrn zwar kognitiv-psychologisch (noch) bestehendes Vertrauen zerstört werde, dieses jedoch – normativ gesehen – ein nicht mehr „gerechtfertigtes" Vertrauen dargestellt habe. Zerstört worden sei das Vertrauen im Grunde bereits durch die Pflichtwidrigkeit, nicht erst durch deren Offenbarung. Aber diese Sicht wird schon zweifelhaft, wenn man den Satz Luhmanns akzeptiert, wonach Vertrauen überhaupt auf „Täuschung" beruhe[4]; im übrigen wird man wohl sagen können, daß auch das auf Unwissenheit beruhende Vertrauen in der Gesellschaft eine bedeutsame Befriedungsfunktion ausübt, die bei einer weitgehenden Offenbarungspflicht untergraben würde. Mit vollem Recht hat deshalb das Reichsgericht festgestellt, daß eine Rechtspflicht zur unaufgeforderten Mitteilung von Umständen, die einen Rechtsgrund für die fristlose Kündigung eines Vertrages abgeben, selbst bei bestehenden Vertrauensverhältnissen regelmäßig zu verneinen sei, auch wenn die Offenbarung zumeist sittlichen Anforderungen entsprechen möge[5]. Und bezeichnenderweise ist die auf eine Kündigung des Vertrages gerichtete Informationspflicht von seiten der sich dazu äußernden Literatur[6] bisher jedenfalls nicht explizit auf das personale Element eines *früheren Fehlverhaltens* des Beauftragten gestützt worden; es darf vermutet werden, daß man bisher primär an Leistungshindernisse gedacht hat, die die weitere Vertragsdurchführung als objektiv unmöglich oder jedenfalls infolge tatsächlichen Unvermögens des Beauftragten als unerreichbar erscheinen lassen. Ein einmaliges Fehlverhalten begründet eine solche Unmöglichkeit jedoch regelmäßig nicht.

Angesprochen ist hier die aus dem Arbeitsrecht geläufige Unterscheidung zwischen verhaltens- und personenbedingten Kündigungsgründen[7], wobei selbst hinsichtlich der personenbezogenen Kündigungsgründe keine Pflicht zur deren unaufgeforderter Offenbarung angenommen wird. Sogar bei schon bestehendem

---

[4] N. Luhmann, Vertrauen[2], S. 33; Luhmann fährt fort: „Eigentlich ist nicht so viel Information gegeben, wie man braucht, um erfolgssicher handeln zu können. Über die fehlende Information setzt der Handelnde sich willentlich hinweg."

[5] RG JW 1926, 795 m. zust. Anm. Stoll

[6] oben S. 82f. Fn. 1 bis 3

[7] dazu Berkowsky, Rdn. 39ff., 74ff., 168ff.; Buchholtz, Personenbedingte Kündigung[3], 1985; ders., Verhaltensbedingte Kündigung[4], 1985

Verdacht des Arbeitgebers wird eine aus Treuegesichtspunkten abgeleitete Mithilfepflicht des Arbeitnehmers zur Aufklärung des verhaltens- oder personenbezogenen Kündigungsgrundes als Korrelat der dem Arbeitgeber vor einer Kündigung obliegenden Pflicht zur Aufklärung des Sachverhalts abgelehnt[8].

Im übrigen zeigt die Vorschrift des § 627 BGB, daß der Gesetzgeber zwar den Fortbestand des Vertrauens als wesentliche Grundlage von „Vertrauensgeschäften" ansieht und deshalb eine Kündigung solcher Geschäfte unter stark erleichterten Bedingungen ermöglichen will; § 627 BGB macht aber die außerordentliche Kündigung gerade nicht davon abhängig, daß das Vertrauen tatsächlich („berechtigterweise") erschüttert ist[9]; diese Vorschrift verlangt folglich auch keine Angabe von Kündigungsgründen und erwartet vom Kündigenden keine Offenbarung derjenigen Tatsachen, die die Vertrauensbasis haben entfallen lassen. Gleiches gilt für die jederzeitige Kündigungsmöglichkeit des Auftraggebers nach § 671 BGB, die ebenfalls Ausfluß des Vertrauensgedankens ist. Das Gesetz gibt damit zu verstehen, daß es gerade nicht nur den Gegner eines vertrauenswidrig Handelnden privilegieren und nur ihm eine erleichterte Kündigung ermöglichen will, weil der vertrauenswidrig Handelnde den „Anlaß" dazu gegeben hat.

2. Besondere Kriterien für die Bejahung einer auf Kündigung gerichteten Offenbarungspflicht: Wahrnehmung höchstpersönlicher Interessen eines anderen und Vorliegen einer groben Pflichtverletzung

Wenn man es trotz der genannten Vorbehalte überhaupt für zutreffend hält, die Offenbarungspflicht als „Kündigungshilfe" einzusetzen, dann bleiben tragfähig die Aspekte „Fremdnützigkeit", „enge Vertrauensbeziehung", „Schutzbedürftigkeitssituation wegen übergroßen Kompetenzgefälles". Aber die im gleichfalls zuvor genannten Merkmal der Erforderlichkeit enthaltene Nähe zur jeweiligen Hauptleistung vermag hier keine Bedeutung zu erlangen. Denn letztlich ist die Offenbarung bei jedem auf Dauer gerichteten Vertrag „erforderlich" zur Ermöglichung der Entscheidung, den Vertrag zu beenden. Damit fehlt aber der auf Kündigung gerichteten Offenbarungspflicht die enge Anbindung an den kraft eigenen Willens übernommenen, auf die Befriedigung eines „*sachlichen*" Leistungsinteresses gerichteten Pflichtenkreis. Stattdessen tritt ein „*personales*" Element der Offenbarungspflicht, ausgerichtet auf die Person des Vertragspartners, stärker in den Vordergrund. Zwei Aspekte dürften erwägenswert sein, um hier zu einem gerechten Interessenausgleich zu gelangen:[10] Zum einen ist dies eine

[8] Strobel, S. 110ff. m.w.Nwen. (auch zur Gegenauffassung); s. ferner Nikisch I², S. 385

[9] dazu, daß die Anwendbarkeit des § 627 nicht erfordert, daß eine Störung des Vertrauensverhältnisses der Parteien vorliegt, RAG, ARS 15, 528, 536; Soergel/Kraft¹¹, § 627 Rdn. 4; MünchKomm/Schwerdtner², § 627 Rdn. 9

[10] Denkbar wäre auch eine Differenzierung nach dem Ausmaß der Rechtsfolgen, indem eine Offenbarungspflicht nur bei Verursachung einer schweren Rechtsgutsverlet-

Beschränkung (aus dem Blickwinkel der Vorbehalte gegen eine faktisch vertrauenszerstörende, auf Beendigung des Vertragsverhältnisses zielende Information: eine *Erweiterung*) der Offenbarungspflicht auf solche Geschäfte, die in der Wahrnehmung *höchstpersönlicher* Interessen eines anderen bestehen, zum anderen ist – kumulativ – eine *grobe* Pflichtverletzung als Auslöser der Offenbarungspflicht zu verlangen.

Neben diesen beiden Gesichtspunkten behalten wie erwähnt auch in der hier zu erörternden Fallkonstellation die oben dargestellten Merkmale „Fremdnützigkeit", „enge Vertrauensbeziehung" und „faktische Unmöglichkeit einer fachlichen Kontrolle der Tätigkeit des Interessenwahrers durch den Vertragspartner" ihre Bedeutung. Plastisches Beispiel für die Folgen, wenn man diese Schwellen (und insbesondere die letztgenannte) nicht verlangen würde: Der Ehepartner könnte von seinem anerkanntermaßen zu besonderer Loyalität verpflichteten Partner (= enge Vertrauensbeziehung[11] und Wahrnehmung höchstpersönlicher Interessen) u. U. Schadensersatz verlangen mit der Begründung, der andere Teil habe ihn nicht ungefragt über einen „Seitensprung" (= schwere Pflichtverletzung) aufgeklärt, so daß eine alsbaldige Ehescheidung (= Kündigung) unterblieben ist.

Das Erfordernis einer Wahrnehmung *höchstpersönlicher* Interessen eines anderen rekurriert auf die Tatsache, daß es Rechtsgüter wie Leben, Körper, Gesundheit, Freiheit gibt[12], die als solche nicht auf einen anderen übertragen werden können und bei denen die Eröffnung einer Eingriffsbefugnis oder -pflicht seitens der Rechtsordnung in ganz besonderem Maße von der Ausübung eines hochgradig geschützten Selbstbestimmungsrechts abhängig gemacht wird. Bei derartigen Rechtsgütern, die schon von Verfassungs wegen (Art. 2 I GG) einem besonderen Schutz unterstellt sind, verlangt die Effektuierung des Selbstbestimmungsrechts anerkanntermaßen die Erfüllung besonders weit gehender Aufklärungs- und Beratungspflichten[13]; dann aber liegt es nahe, auch der eigenen Entscheidung des Rechtsgutsträgers

---

zung (z.B. einem schweren Gesundheitsschaden) zu bejahen wäre; in dieser Richtung Uhlenbruck, Festschrift Weißauer, S. 150, 153 (Offenbarung bei einer „nicht unwesentlichen gesundheitlichen Beeinträchtigung"); jedoch unterscheiden Vertrags- und Deliktsrecht im Bereich von Anspruchsvoraussetzungen grundsätzlich nicht zwischen leichten und schweren Schäden, so zutr. Hart, in: Francke/Hart, S. 63; zudem dürfte die Art des eingetretenen Schadens häufig eher zufallsbedingt sein.

Im Ergebnis ist daher abzulehnen die Auffassung Schlenkers (S. 28), wonach der *nachbehandelnde* Arzt einen Behandlungsfehler des *Kollegen* gegenüber dem Patienten sogar auf dessen *Nachfrage* nur dann zu offenbaren habe, wenn gegenüber dem primären Krankheitsbild ein „erheblich schwereres" Leiden verursacht worden ist; ebenso wie Schlenker aber auch Th. Solbach, Ermittlungsverfahren, S. 79.

[11] s. statt aller BGH NJW 1986, 1751, 1754 m. w. Nwen.

[12] Leben, Gesundheit usw. sind rechtlich geschützte Lebensgüter; man kann sie deshalb auch als Rechtsgüter bezeichnen, so zutr. Staudinger/Schäfer[12], § 823 Rdn. 9

[13] aus der kaum noch überschaubaren Fülle von Stellungnahmen zur ärztlichen Aufklärungspflicht (im Sinne der Selbstbestimmungsaufklärung) hier nur BVerfGE 52, 131,

über die eingriffs- oder schutzbefugte Person eine über den Normalfall hinausgehende Bedeutung beizumessen und eine entsprechend umfassende Informationspflicht des Gegenübers als Grundlage eines vertragsrechtlichen „informed consent“ zur Fortführung des Vertragsverhältnisses zu statuieren, von der auch eigene Pflichtverletzungen umfaßt sind. Letztlich beinhaltet die hier zur Diskussion gestellte Ausprägung der Offenbarungspflicht dann nur eine Weiterführung und gleichzeitig einen Teil der Selbstbestimmungsaufklärung, wie sie bei der ärztlichen Behandlung seit langem Allgemeingut ist[14]; innerhalb dieser zeigt sich das auf den Vertragspartner hin ausgerichtete personale Element denn auch besonders deutlich daran, daß die Information über den operierenden Arzt als der eingriffsbefugten Person jedenfalls dann erforderlich ist, wenn sich die Zustimmung des Patienten nicht erkennbar auf eine beliebige Person (z. B. eines Ärzteteams im Krankenhaus) erstreckt[15]. Dogmatisch transzendiert die Offenbarungspflicht jedoch die Ausrichtung auf den deliktsrechtlich relevanten Rechtfertigungsgrund „Einwilligung“[16], ebenso wie ja auch die ärztliche Selbstbestimmungsaufklärung längst von diesem Untergrund gelöst wurde und (auch) als vertragliche Nebenpflicht anerkannt worden ist[17]. Was freilich bisher nicht deutlich genug hervorgehoben wurde, ist die Einbindung (auch[18]) dieser Pflicht in den Gedanken der von § 666 BGB und seiner Parallelnormen zum Ausdruck gebrachten prospektiv ausgerichteten Benachrichtigungspflicht[19]. Verfolgt man diesen Weg, dann wird es möglich,

---

166ff.; BGHZ 29, 46ff.; 29, 176ff.; BGH NJW 1980, 1333, 1334; Deutsch, NJW 1979, 1905ff.; ders., Arztrecht, Rdn. 59ff.; Tempel, NJW 1980, 609ff.

[14] Dementsprechend wird die Pflicht des Arztes zur Offenbarung eines Fehlverhaltens gelegentlich aus der Selbstbestimmungsaufklärung hergeleitet, freilich ohne die im folgenden darzustellende Beschränkung auf eine grobe Pflichtwidrigkeit, s. z. B. Hart, in: Franke/Hart, S. 62f.; Solbach, JA 1986, 419, 420f.; Speiser, ÖJZ 1988, 744, 749.

[15] Deutsch, Arztrecht, Rdn. 73; zu weit OLG Celle, NJW 1982, 706

[16] Zur Aufklärung als Voraussetzung der Einwilligung die Nachweise oben Fn. 13; die Rechtsnatur der deliktsrechtlich begründeten Aufklärungs„pflicht“ ist noch weitgehend ungeklärt; während Steindorff (JZ 1963, 370) von einer dem Arzt obliegenden „Last“ spricht, deren Mißachtung lediglich gewisse Rechtsnachteile wie die Verurteilung wegen eigenmächtiger Heilbehandlung auslöse, tendiert Winkler v. Mohrenfels (S. 26) in Richtung eines funktionellen Informationszwanges nach Art einer Verkehrspflicht.

[17] OLG Stuttgart, NJW 1973, 560; Ströfer, VersR 1981, 796, 797f.; sogar von einer Hauptpflicht geht Staudinger/Weber[11], § 242 Rdn. A 856 aus; weitere Nachweise für beide Positionen bei Kleinewefers, VersR 1963, 297, 301; vgl. aus dem Blickwinkel der Beweislast auch BGH NJW 1984, 1807, 1808f.

[18] zur therapeutischen Beratung schon oben S. 57ff.; das bedeutet allerdings nicht, daß beide Pflichten nicht getrennt werden sollten.

[19] zu § 666 als „praktikable[r] Grundlage für eine schuldrechtliche Verpflichtung des Arztes zur Aufklärung“ bezogen auf die Selbstbestimmungsaufklärung aber Wilts/Kleinewefers, in: Mergen (Hrsg.), Bd. 3, S. 25, 58f.; Kleinewefers, VersR 1963, 297, 301; *abl.* Ströfer, VersR 1981, 796, 798.

den Selbstbestimmungsaspekt über den ärztlichen Bereich hinaus z. B. auf die „freiheitswahrende" und nicht „-eingreifende" Tätigkeit eines Strafverteidigers sowie sonstiger, vertraglich gerade mit der Sorge für Lebensgüter betrauter Personen zu erweitern[20]. Die (auf den Behandlungsvertrag gegründete) ärztliche Selbstbestimmungsaufklärung ihrerseits wird gleichzeitig stärker in das allgemeine vertragliche Pflichtensystem des BGB integriert und erscheint dann nicht mehr als die singuläre „Konstruktion", als die sie immer wieder dargestellt wird[21].

Die Anbindung der eine Kündigung des Vertragsverhältnisses nahelegenden Offenbarung an die „Höchstpersönlichkeit" der genannten Rechtsgüter legt gleichzeitig eine Grenze der Offenbarungspflicht nahe, die in der Diskussion bisher nicht explizit erörtert, aber gleichwohl offenbar stillschweigend anerkannt worden ist: Zu offenbaren ist allenfalls ein Fehlverhalten, das in einer engen Beziehung zum potentiell Informationsberechtigten steht. Deshalb hat der Arzt den Patienten nicht darüber aufzuklären, daß ihm bei einer gleichartigen Operation, wie sie nun bei dem Patienten in Aussicht genommen ist, früher oder gar kürzlich bei einem anderen Patienten ein Fehler unterlaufen ist. Zwar würde der Patient bei Kenntnis dieses Umstandes möglicherweise von einer Behandlung durch diesen Arzt Abstand nehmen; ein (subjektives) Informationsinteresse und eine Irritation des auf einen „unfehlbaren" Arzt projizierten Vertrauens wären vielfach gegeben. Gleichwohl sind durch dieses Fehlverhalten die „persönlichen" Rechtsgüter des zur Entscheidung über die Erteilung der Eingriffsbefugnis aufgerufenen Patienten nicht tangiert; anders mag es wiederum dann sein, wenn das Fehlverhalten ein Glied in einer Kette gleichartiger Vorfälle darstellt, woraus sich eine generelle Unfähigkeit des Arztes zur ordnungsgemäßen Behandlung des entsprechenden Zustandes oder zumindest ein signifikant übernormal großes Risiko für den Patienten ableiten ließe, über das gegebenenfalls zu informieren wäre[22]. Abgesehen von derartigen Umständen hat die Rechtsprechung den Arzt jedoch nicht für verpflichtet gehalten, über das – immer vorhandene – Risiko eines vermeidbaren Fehlers aufzuklären; es sei nicht der Sinn der Aufklärung, dem Kranken zu schildern, welche fahrlässigen Fehler einem Arzt unterlaufen könnten[23]. Und ebensowenig wird im Rahmen von Vertragsverhandlungen nach zu-

---

[20] vgl. sogleich im Text auch zur Wertung der Rechtsprechung, die für die ärztliche Behandlung entwickelten Beweisgrundsätze und hier die Beweislastumkehr bei *grober* Verletzung der Berufspflichten aus Gründen der „Billigkeit und des gerechten Interessenausgleichs" auf solche Berufe auszudehnen, deren Tätigkeit, „ähnlich wie beim Arztberuf, gerade auf die Bewahrung anderer vor Gefahren für Körper und Gesundheit gerichtet ist" (BGH NJW 1962, 959, 960).

[21] zu Recht kritisch gegenüber der gängigen dogmatischen Loslösung der ärztlichen Selbstbestimmungsaufklärung von den allgemeinen vertragsrechtlichen Kategorien Ströfer, VersR 1981, 796ff. (der jedoch die therapeutische Beratungspflicht nicht genügend von der Selbstbestimmungsaufklärung trennt).

[22] zur Pflicht, über die fehlende fachliche Eignung aufzuklären, hier nur Böhme, S. 176ff.; Soergel/Teichmann[11], § 242 Rdn. 145

[23] BGH VersR 1962, 155, 156; NJW 1985, 2193; OLG Düsseldorf, VersR 1988, 968,

treffender Ansicht eine unaufgeforderte Offenbarung von Umständen geschuldet, die die eigene persönliche Zuverlässigkeit betreffen, sofern es sich nicht – wiederum abgesehen von der generellen Unfähigkeit zur ordnungsgemäßen Leistungserbringung – um wesentliche persönliche Umstände handelt, die so außergewöhnlich sind, daß der Vertragspartner an sie nicht zu denken braucht[24]. Eine weitergehende Aufklärung würde aber im Grunde verlangt, wenn der Arzt über einen (evtl. kürzlich geschehenen) Behandlungsfehler bei einem anderen Patienten informieren müßte.

Ausgangspunkt für den zweiten Aspekt – das Erfordernis einer *groben* Pflichtverletzung – ist nicht nur der allgemeine Satz: „Je gravierender der neue Umstand ist, desto näher liegt die Verpflichtung, den Partner darauf hinzuweisen“[25]. Entscheidend ist vielmehr der Umstand, daß – auch in den Augen der Gesellschaft – ein leichter oder „normaler“ Fehler „immer einmal passieren kann“[26]. Ein leichtes Fehlverhalten des Vertragspartners gehört gewissermaßen zu den typischen Risiken eines jeden Geschäfts, und zwar um so mehr, je „gefahrengeneigter“ die Tätigkeit ist. Demgegenüber stellt ein „Fehler, der aus objektiver... Sicht 'schlechterdings nicht unterlaufen darf'“[27], einen so außergewöhnlichen Umstand dar, daß ihn die Rechtsordnung in vielfältiger Weise zum Anlaß für einen verstärkten Schutz des Gegners nimmt: Grundsätzlich können Dauerverträge (nur) bei einer schweren Pflichtverletzung des einen Vertragspartners, nicht schon bei einem leichten Fehlverhalten, „aus wichtigem Grund“ fristlos gekündigt werden[28]. Wurde „die erforderliche Sorgfalt nach den gesamten Umständen

---

970; zust. D. Eberhardt, S. 98; im Hintergrund steht der Satz, daß ein Vertragspartner den anderen nicht ungefragt auf allgemein bekannte Gefahren, sondern nur auf atypische Risiken hinzuweisen braucht, s. dazu BGH NJW 1986, 780; OLG Düsseldorf, VersR 1988, 1132, 1133; Köpcke, S. 109; Ströfer, VersR 1981, 796, 800.

[24] Soergel/Teichmann[11], § 242 Rdn. 144; die Grenze des Rechts zu schweigen ist freilich sehr umstritten, s. dazu die Nachweise bei Soergel/Teichmann, aaO, und Böhme, S. 170ff.

[25] Hoppenz, FamRZ 1989, 337, 339 (zur unterhaltsrechtlichen Pflicht zu ungefragter Information).

[26] in dieser Richtung bezogen auf das Arzt-Patienten-Verhältnis z. B. Hanack, Med. Klinik 1965, 1263; Bochnik/Gärtner/Richtberg, VersR 1981, 793, 794

[27] BGH NJW 1983, 2080, 2081 = JZ 1983, 963, 964 m. Anm. Stürner (zum ärztlichen Behandlungsfehler)

[28] s. zum Dienst- und Arbeitsvertrag statt vieler Palandt/Putzo[48], § 626 Anm. 5; Soergel/Kraft[11], § 626 Rdn. 7ff.; Berkowsky, Rdn. 168ff.; Buchholtz, Verhaltensbedingte Kündigung[4], S. 57ff.; vgl. auch die ausdrückliche gesellschaftsrechtliche Regelung des § 712 Abs. 1 BGB und des § 117 HGB: Danach liegt ein wichtiger Grund für eine Entziehung der Geschäftsführung „insbesondere“ bei „grobe[r] Pflichtverletzung oder Unfähigkeit zur ordnungsmäßigen Geschäftsführung“ vor; auch hier steht der Gedanke im Hintergrund, daß das dem geschäftsführenden Gesellschafter von den übrigen Gesellschaftern entgegengebrachte Vertrauen im Falle einer groben Pflichtverletzung so stark erschüttert ist, daß dies der Einschätzung gleich zu achten ist, der Gesellschafter sei überhaupt unfähig zur ordnungsmäßigen Geschäftsführung.

in ungewöhnlich großem Maße verletzt und unbeachtet gelassen, was im gegebenen Fall jedem hätte einleuchten müssen“[29], führt die damit umschriebene grobe Fahrlässigkeit bei einer Reihe von Haftungsprivilegierungen (Gläubigerverzug § 300, Schenkung § 521, Leihe § 599, Notgeschäftsführung § 680, Fund § 968, Grenze der diligentia quam in suis § 277) sowie beim Rückgriff im Beamten-[30] und Arbeitsrecht[31] sowie im Versicherungsrecht[32] zu besonderen, den fehlerhaft Handelnden über das normale Maß hinaus belastenden Rechtsfolgen[33]. Im Arztrecht kehrt die Rechtsprechung seit langem die Beweislast für die Kausalität zwischen Behandlungsfehler und Schaden um, wenn ein schwerer (grober) Behandlungsfehler geschehen ist[34]. Gleiches gilt für andere Berufe, denen vertragsgemäß die Bewahrung

---

[29] Zur Verbreitung und Herkunft dieser Formel Deutsch, Haftungsrecht I, S. 289 m.Nwen.; zur – bereichsspezifisch differenzierten – inhaltlichen Bestimmung der groben Fahrlässigkeit nach objektiven oder subjektiven Merkmalen Deutsch, aaO, S. 290f.; Bokelmann, S. 6ff.

[30] §§ 46 I 2, II BRRG, § 78 I 2, II BBG

[31] BAG NZA 1988, 579ff.; NZA 1988, 584f.; VersR 1988, 1306, 1308. Einigkeit herrscht darüber, daß der Arbeitnehmer den Schaden bei grober Fahrlässigkeit voll zu tragen hat, während Schäden aufgrund leichtester Fahrlässigkeit in das Betriebsrisiko des Arbeitgebers fallen; im Bereich der mittleren Fahrlässigkeit ist umstritten, ob der Schaden zwischen Arbeitnehmer und Arbeitgeber quotal zu verteilen ist (so der 8. Senat des BAG, aaO m. w. Nwen. zum Streitstand), oder ob der Schaden auch in diesem Fall vom Arbeitgeber als Teil seines Betriebsrisikos allein zu tragen ist (so der 7. Senat des BAG, BAGE 42, 130; 44, 170); zum „Rückwärtsgang“ des 8. Senats Hanau/Preis, JZ 1988, 1072ff. m.w. Nwen.

[32] §§ 6 III, 61 VVG; § 640 RVO; dazu hier nur Bokelmann, S. 95ff., 126ff.

[33] weitere Fälle, in denen das Gesetz die grobe Fahrlässigkeit besonders behandelt: §§ 460, 523, 524, 539, 617, 723 I, 912, 932 II BGB. – Nach § 254 BGB und den ihm vergleichbaren Vorschriften hängt der Umfang des vom Schädiger zu leistenden Ersatzes – bei einem Mitverschulden des Geschädigten – von den Umständen und damit auch vom Verschulden des Schädigers ab; s. dazu nur Palandt/Heinrichs[48], § 254 Anm. 4 a bb m. w. Nwen. – Nach der Rechtsprechung des BGH zur Haftung bei Probefahrten mit einem Vorführ- oder Gebrauchtwagen haftet der Kaufinteressent nicht für „leicht fahrlässige, aufgrund fahrtechnischen Fehlverhaltens verursachte Schäden“: BGH NJW 1979, 643ff.; NJW 1972, 1363ff.; zu dieser Problematik Ströfer, NJW 1979, 2553ff.; Schmid, JR 1980, 138ff.

Das OLG Düsseldorf hat vorgeschlagen, die versäumte Hinweispflicht des Rechtsanwalts nur bei grober Fahrlässigkeit mit einem sekundären Schadensersatzanspruch zu sanktionieren; dem ist der BGH bisher nicht gefolgt, s. oben S. 11 Fn. 10.

[34] RG Warn Rspr. 1941, Nr. 14 (S. 29, 33); BGH VersR 1956, 499, 500; seither ständige Rspr., s. nur BGHZ 72, 132, 136; 85, 212ff.; BGH NJW 1988, 2303f.; MedR 1988, 253, 255.

Zwar bezieht sich die Differenzierung zwischen leichtem und grobem Behandlungsfehler hier nicht auf die Ebene der materiellrechtlichen Tatbestandsvoraussetzungen, sondern nur auf die prozessuale Ebene der Verteilung von Beweislasten, so zutr. Hart, in: Francke/Hart, S. 64; zudem ist hier nicht die Beweislast für das Vorliegen der objektiven Pflichtwidrigkeit selbst betroffen, vielmehr ist diese in jedem Fall vom Patienten zu beweisen (BGH VersR 1963, 169; Baumgärtel/Wittmann, JA 1979, 113, 115; D. Franzki, vor Gefahren von Körper und Gesundheit obliegt, wie z.B. für die der ärztlichen Tätigkeit noch nahestehende Krankenpflege[35], aber auch z.B. für den Schwimmeister[36] und für den Inhaber eines Kioskes auf dem Kirmesplatz[37]; sogar über den vertraglichen Bereich hinaus ist für den Straßenverkehrssicherungspflichtigen, der Gefahren und Schäden für Leib und Leben der Verkehrsteilnehmer fernzuhalten hat, eine entsprechende Beweislastumkehr bejaht worden[38]. Schließlich wird bei der Bemessung des Schmerzensgeldes anerkanntermaßen darauf abgestellt, ob ein Schaden durch ein grob fahrlässiges Verhalten des Schädigers hervorgerufen wurde oder nicht; denn ein grob fahrlässiges Verhalten wirke sich „auf den Verletzten verbitternd aus, während ein durch leichte Fahrlässigkeit verursachter Schaden eher als 'Schicksal' hingenommen" werde[39]. Gibt die Rechtsordnung damit zu verstehen, daß sie die Schwere eines Fehlverhaltens durchaus

---

Beweisregeln, S. 59). Gleichwohl kann die genannte Fallgruppe im Rahmen der hier zu erörternden Fragestellung argumentativ berücksichtigt werden: Erstens zeigt (auch) sie die grundsätzliche Bereitschaft der Rechtsordnung, die Schwere eines Fehlverhaltens als Differenzierungskriterium heranzuziehen. Zweitens soll die Umkehr der Beweislast dazu verhelfen, daß das materielle Recht überhaupt real durchsetzbar wird; wenn aber ein Bedürfnis besteht, aus Billigkeitsgründen (zu dieser Begründung für die Umkehr der Beweislast bei grobem Behandlungsfehler D. Franzki, S. 61f. m. umfangr. Nwen.) demjenigen größere Chancen bei der Realisierung seiner Rechte einzuräumen, der sich einer groben Pflichtwidrigkeit ausgesetzt sieht, dann müßte erst dargelegt werden, warum dieses Bedürfnis konkret bei der Realisierung des Selbstbestimmungsrechts nicht maßgeblich sein soll. Angesichts der Wechselbezüglichkeit von Prozeßrecht und materiellem Recht und formellem und materiellem Rechtsschutz wäre es schließlich wenig einsichtig, wenn die Position des Gegners bei der Wahrnehmung und Durchsetzung seiner Rechte zwar aufgrund eines bestimmten Umstandes innerhalb des Prozesses verbessert werden müßte, dieser selbe Umstand aber außerhalb des Prozesses jegliche Berechtigung verlieren solle.

[35] BGH NJW 1971, 241, 243

[36] BGH NJW 1962, 959, 960

[37] OLG Köln, OLGZ 1970, 311, 316f.

[38] OLG Frankfurt, MDR 1971, 764f.; noch weitergehend Giesen, JZ 1988, 660, wonach eine entsprechende Beweislastumkehr auch beim geschuldeten Schutz von Vermögensinteressen zu bejahen sei, wenn eine grobe Pflichtverletzung eines Rechtsanwalts oder eines Freiberuflers mit ähnlicher Vertrauensstellung nachgewiesen sei; zust. Palandt/Heinrichs[48], § 282 Anm. 2 d aa; unentschieden und eher ablehnend BGH JZ 1988, 656, 658.

[39] OLG Karlsruhe, VersR 1988, 850; ganz ähnlich BGHZ 18, 149, 158; zur Berücksichtigung des Verschuldensmaßes ferner BGH VersR 1957, 103; VersR 1961, 534, 536; VersR 1961, 1094, 1095; VersR 1967, 495, 496; VersR 1968, 175, 176; VersR 1970, 134, 135; VersR 1977, 768, 769; OLG Düsseldorf, VersR 1985, 291, 293; RGZ 136, 60, 61f.; BAGE 15, 67, 78f.; RGRK-Kreft[12], § 847 Rdn. 47; Staudinger/Schäfer[12], § 847 Rdn. 63ff.; MünchKomm/Mertens[2], § 847 Rdn. 31; die Berücksichtigung des Verschuldensmaßes war nach dem Kriege unter der Einwirkung des Gedankens, daß der sich Sinn des Schmerzensgeldes im Ausgleich der erlittenen Schmerzen erschöpfe, zunächst umstritten, s. dazu hier nur Lieberwirth, Schmerzensgeld[3], 58; heute noch *a.A.* E. Lorenz, Immaterieller Schaden, S. 134ff.

als Differenzierungskriterium heranzieht[40] und berücksichtigt man, daß das Vertrauen in den Vertragspartner durch eine grobe Pflichtverletzung in besonderem Maße erschüttert ist, während ein schlichtes Fehlverhalten zwar selbstverständlich nicht als nicht ausgleichspflichtig[41], aber – wie in der zitierten Rechtsprechung zum Schmerzensgeld betont wurde – viel eher als unvermeidlich angesehen wird, dann sprechen gute Gründe dafür, (nur) ein schweres Fehlverhalten als Anlaß für eine (die Kündigung des Vertragsverhältnisses nahelegende) Pflicht zur *unaufgeforderten* Offenbarung eines eigenen Fehlverhaltens zu nehmen[42]. Durch eine grobe Pflichtwidrigkeit hat man „den Kredit verspielt“, in dessen Rahmen auch ungünstige Erfahrungen absorbiert werden können[43]. Nicht ohne Grund ist der Geschädigte im Rahmen der Schadensminderungspflicht allenfalls gegenüber dem nur leicht fehlerhaft Handelnden gehalten, eine Schadensbeseitigung durch dessen eigene Tätigkeit zu ermöglichen, und zwar dies selbst dort, wo eine Naturalrestitution an sich ausgeschlossen ist[44]. Auch hier steht im Hinter-

---

40 wobei Anknüpfungspunkte sowohl die objektive Pflichtwidrigkeit wie auch das Verschulden sind; auf eine Unterscheidung dieser Bezugspunkte kommt es hier jedoch nicht an; wie nahe beieinander beide Kategorien liegen, zeigt etwa die Entwicklung zur Beweislastumkehr beim schweren Behandlungsfehler: Während die Rechtsprechung anfangs auf subjektive Kriterien („leichtfertig“ als qualifiziertes Verschulden im Sinne grober Fahrlässigkeit) abgestellt hatte (z.B. RG Warn Rspr. 1941, Nr. 14 [S. 29, 33]; BGH LM § 286 C ZPO Nr. 25), stehen heute objektive Gesichtspunkte („schwerer“ oder „grober Behandlungsfehler“ als gesteigerte objektive Pflichtwidrigkeit) im Vordergrund, s. z.B. BGH VersR 1962, 960, 961; NJW 1965, 345, 346; NJW 1978, 1683; NJW 1978, 2337, 2338; NJW 1979, 1933, 1935; NJW 1988, 2303, 2304); immer wieder wurde aber auch der „leichtfertig“ begangene Fehler bezeichnenderweise neben dem „groben“ Behandlungsfehler als alternative Voraussetzung für die Beweislastumkehr genannt, so z.B. BGH NJW 1959, 1583; VersR 1962, 528, 529; VersR 1967, 663, 664; VersR 1970, 839, 840; VersR 1981, 462f.; näher zur Entwicklung D. Franzki, S. 57f., der auch zu Recht darauf hinweist, daß in aller Regel bei einem schweren Behandlungsfehler des Arztes auch grobe Fahrlässigkeit vorliegt.

41 eine Beschränkung der zivilrechtlichen Haftung z.B. des Arztes auf Vorsatz und grobe Fahrlässigkeit wird zu Recht abgelehnt, s. nur Hart, in: Francke/Hart, S. 64; Taupitz, Allgemeinmedizin 1987, 21, 27f.; im Bereich des Strafrechts wäre eine Beschränkung eher berechtigt (dazu de lege ferenda Deutsch, Arztrecht, Rdn. 196; ders., NJW 1978, 1657; Wilhelm, Verantwortung und Vertrauen, S. 55f.; Taupitz, NJW 1986, 2851, 2853; zur österreichischen Rechtslage Bauer, Forensia 1985, 197, 201f.); dort geht es nicht um eine gleichzeitige Reduktion der Ansprüche von Geschädigten, sondern „nur“ um den staatlichen Strafanspruch.

42 *a.A.* Solbach, JA 1986, 419, 421f.: „Denn ein verständiger Patient will, bevor er in eine weitere Behandlung durch denselben Arzt einwilligt, darüber unterrichtet sein, ob diesem zuvor Fehler unterlaufen sind. Auf die Fehlerlosigkeit der bisherigen Behandlung gründet sich das Vertrauen des Patienten in 'seinen' Arzt. Nur im Wissen um die Richtigkeit oder Unrichtigkeit der bisher geschehenen ärztlichen Maßnahmen kann der Patient eine wirksame Zustimmung zur vorgeschlagenen Behandlung geben“.

43 zu dieser Art des „Kredits“ Luhmann, Vertrauen[2], S. 31

44 vgl. RGRK-Glanzmann[12], Anh. zu §§ 633–635 Rdn. 71 zum Architekten; in den dort

grund, daß der für einen leichten Fehler Verantwortliche durchaus noch Vertrauen verdienen mag, ebenso wie diese Wertung der Beschränkung einer Kündigungsmöglichkeit bei Dauerverträgen auf schwere Pflichtverletzungen zugrunde liegt.

Gegen die gezogenen Wertungsparallelen kann nicht eingewandt werden, daß Vertrauensverhältnisse grundsätzlich gerade ohne das Vorliegen eines wichtigen Grundes gekündigt werden können (vgl. §§ 627, 671 BGB), so daß es auf die Schwere des Fehlverhaltens nicht ankommen könne; denn hier steht nicht die Kündigungsmöglichkeit an sich, sondern das den eigenen Interessen zuwiderlaufende *ungefragte* Nahelegen der Kündigung durch den Gegenüber in Frage; in dieser durch eine besondere Interessenkollision gekennzeichneten Situation erheischt die prinzipielle Wertung der Rechtsordnung, eine Auflösung von Vertragsverhältnissen nur bei einem schweren Fehlverhalten zu ermöglichen, ungleich größere Beachtung. Und hier bleibt es im Zweifel bei dem Grundsatz, daß vertragliche Treuepflichten nicht bis zur unaufgeforderten Offenbarung von Kündigungsgründen reichen[45].

Am Rande sei zudem erwähnt, daß die Verneinung einer Pflicht zur Offenbarung des eigenen Fehlverhaltens z.B. des Arztes aus bestimmtem Blickwinkel gerade zu einer Verstärkung des Schutzes des Patienten führen kann: Dies gilt jedenfalls dann, wenn man den Arzt entsprechend der Auffassung des Reichsgerichts[46] für verpflichtet hält, nach einem eigenen Fehler nicht nur die normale Sorgfalt walten zu lassen, sondern ein Höchstmaß an ausgleichender Sorgfalt zu

---

zitierten Entscheidungen (BGH Schäfer/Finnern Z 3.01, 378, 416) lagen jeweils schwere Fehler des Architekten vor, deretwegen der BGH ein eigenes Beseitigungsrecht des Architekten hinsichtlich der Baumängel verneint hat; dazu, daß der Architekt in besonderen Fällen berechtigt sein kann, selbst für eine Mangelbeseitigung zu sorgen, ferner BGHZ 43, 227, 233; Locher[4], Rdn. 239; für ein weitergehendes Mangelbeseitungsrecht z.B. Herding/Schmalzl, Vertragsgestaltung[2], S. 311f.; Ganten, NJW 1978, 2593; zum Streitstand Jagenburg, in: Bindhardt/Jagenburg[8], § 4 Rdn. 47ff.; vgl. ferner Späth, Stbg. 1983, 208f. zum Steuerberater.

Im Hinblick auf § 249 S. 2 BGB gilt allerdings der *Grundsatz*, daß der Verursacher eines *Körper- oder Sachschadens* in der Regel nicht verlangen kann, selbst mit der Schadensbeseitigung betraut zu werden; der Geschädigte soll das verletzte Rechtsgut nicht dem Schädiger zur Wiederherstellung anvertrauen müssen; einer Operation durch den Arzt, dessen Fehlverhalten den Schaden verursacht hat, braucht sich der Geschädigte deshalb normalerweise nicht zu unterziehen: LG Köln, VersR 1964, 392, 394; Staudinger/Medicus[12], § 254 Rdn. 43; umfassend zum Recht des Arztes auf eigene Nachbehandlung Uhlenbruck, Festschrift Weißauer, S. 151, 155f., 159ff.

Anders als die Schadensbeseitigung ist die Fehleraufdeckung zu beurteilen: Ein Recht, selbst mit der Überprüfung der eigenen Arbeit und mit dem Aufdecken des eigenen Fehlers betraut zu werden, steht dem Schadensverursacher keinesfalls zu, vgl. OLG Stuttgart, Stbg. 1983, 207; zu sehr beide Problembereiche verwischend Späth, Stbg. 1983, 208f.

[45] dazu die schon oben zitierte Entscheidung des Reichsgerichts, RG JW 1926, 795

[46] RG, Warn. Rspr. 1941, Nr. 14 (S. 29, 30f.); vgl. ferner (ohne Bezug hierauf) die Überlegungen bei Deutsch, Festschrift v. Caemmerer, S. 329, 336ff.

erbringen; dem Patienten würde diese *gesteigerte* Sorge bei einer (Weiter-)Behandlung durch einen anderen Arzt vorenthalten.

Mit der hier vertretenen Lösung trägt man schließlich den verbreiteten Vorbehalten gegen eine Offenbarungspflicht Rechnung, die sich darauf gründen, daß die Bewertung als „pflichtwidrig“ häufig nicht in eindeutiger Weise zu treffen ist. Dementsprechend wird oftmals eine Offenbarung nur bei einem „zweifelsfreien“ Versagen bejaht[47]. Tatsächlich weitet man das Risiko einer „unnötigen“ Zerstörung oder zumindest Belastung des Vertrauensverhältnisses ganz erheblich aus, wenn man eine Offenbarungspflicht schon bei Verdacht eines Fehlverhaltens annimmt. Ist das Mißtrauen erst einmal gesät und ist die Saat erst einmal aufgegangen, hilft es wenig, wenn sich – später[48] – herausstellt, daß in Wahrheit kein Fehlverhalten oder jedenfalls kein Verschulden gegeben waren. Auch der Satz: „tout comprendre c'est tout pardonner“[49] trifft die Realität eben nur selten, weil er eine Kenntnis von wirklich allen Umständen und einen „verständnisbereiten“ Partner voraussetzt sowie im übrigen durch den Einfluß des Zeitfaktors zu ergänzen wäre. Das Risiko einer letztlich nicht gerechtfertigten und der Gegenpartei nicht nützenden Belastung des Vertrauensverhältnisses ist bei einem groben Fehlverhalten dagegen kaum vorhanden; denn dieses zeich-

---

[47] so z. B. (bezogen auf den Arzt) Leithoff, Geburtshilfe und Frauenheilkunde 1978, 247, 253; Rieger, Lexikon, Rdn. 220; Uhlenbruck, Festschrift Weißauer, S. 150, 153, 161; vgl. auch Goldhahn/Hartmann, Chirurgie und Recht, S. 117, zum nur vermuteten Zurücklassen eines Fremdkörpers (hier wäre allerdings auf das mögliche Ausmaß der Gefährdung für den Patienten abzustellen); *gegen* eine Beschränkung der Offenbarungspflicht auf ein „zweifelsfreies“ Versagen Hart, in: Francke/Hart, S. 63. Zur entsprechenden – nach hier vertretener Auffassung freilich nicht gleich gelagerten – Diskussion beim Anwaltsvertrag Scheffler, AnwBl. 1969, 50, 51 f. einerseits und Brandner, AnwBl. 1969, 384, 386 andererseits; der BGH hat gelegentlich die Formulierung verwendet, daß es für den Anwalt „wahrscheinlich“ gewesen sein müsse, einen Fehler begangen zu haben: BGH NJW 1979, 265; VersR 1977, 622, 624; zu den vom OLG Düsseldorf daraus gezogenen Schlußfolgerungen oben S. 11 Fn. 10.

Bezogen auf die unterhaltsrechtliche Pflicht zu ungefragter Information über Veränderungen bei den für die Unterhaltspflicht maßgeblichen wirtschaftlichen Verhältnissen wird gleichfalls die Auffassung vertreten, daß „die unterhaltsrechtliche Bedeutung der Änderungen auf der Hand liegen“ müsse; sie müsse „von einer Wertung abhängig sein, deren Ergebnis von vornherein eindeutig“ sei; nicht erforderlich sei dagegen, daß der Betreffende die Umstände auch so gewertet habe (Hoppenz, FamRZ 1989, 337, 339).

[48] Nicht repräsentativ aber gleichwohl bezeichnend für die oft außergewöhnliche Länge der Prozesse in Fragen des Anwaltsregresses das Verfahren, das durch Entscheidung des OLG München vom 29.7.1971 – 1 U 1985/70 – abschließend geregelt wurde; nach zweimaliger Zurückverweisung des BGH (VersR 1967, 979 und VersR 1970, 815) erfolgte dieser Abschluß nach 19 Jahren in 13. Instanz, die des Vorprozesses mitgezählt. Auch RGZ 158, 130 war die sechste in Anspruch genommene Instanz, und noch immer bestand keine Klarheit; das Urteil war zurückverweisend. Zum ersten Fall auch Borgmann/Haug^2, S. 274 Fn. 113 und zum zweiten Fall Carl, JW 1938, 2968.

[49] Heck, Grundriß des Schuldrechts, S. 78

net sich nach einer Formulierung der Rechtsprechung dadurch aus, das der Berufsangehörige „eindeutig" gegen die anerkannten Regeln seines Faches verstoßen hat[50].

[50] BGH NJW 1968, 2291, 2292 zum groben Behandlungsfehler des Arztes; s. ferner Baumgärtel/Wittmann, JA 1979, 113, 115; zur nicht einheitlichen Linie der Rechtsprechung oben S. 92 Fn. 40 und zu den wechselnden Formulierungen Gaupp, Beweisfragen, S. 69f.; Sick, Beweisrecht im Arzthaftpflichtprozeß, S. 48ff.

§ 7 Rechtspflicht zur Offenbarung oder Offenbarungsobliegenheit? Zur Rechtsnatur der Pflicht zur spontanten Offenbarung eigenen Fehlverhaltens

Im Rahmen der vorstehenden Ausführungen wurde pauschal von der „Pflicht" zur spontanen Offenbarung eigenen Fehlverhaltens gesprochen. Deren Rechtsnatur ist erklärungsbedürftig. Mehrere Gesichtspunkte legen insbesondere die Frage nahe, ob mit der Offenbarung – bei Gegebensein der genannten Voraussetzungen – tatsächlich eine „echte" Rechtspflicht erfüllt wird oder ob das Eingeständnis des eigenen Fehlers nicht lediglich aufgrund einer „Obliegenheit" erfolgt: Ist vielleicht deshalb eine bloße Obliegenheit gegeben, weil die spontane Offenbarung nicht erzwungen und nicht eingeklagt werden kann[1]? Wurde nicht bereits oben festgestellt, daß das Unterlassen der Offenbarung oftmals keinerlei Sanktion, insbesondere keine solche in Form des Schadensersatzes zur Folge hat[2]? Handelt der Anwalt vielleicht gar nur „im eigenen Interesse"[3], wenn er sein Fehlverhalten und den daraus resultierenden Regreßanspruch offenbart, weil er andernfalls eine „Minderung seiner Rechte" hinnehmen muß[4], nämlich seine „ihm günstige Rechtsposition" in Gestalt der Verjährungseinrede verliert[5]? Steht

---

[1] Zum Fehlen von Erfüllungsansprüchen und/oder Klage- und Vollstreckungsmöglichkeiten als Wesensmerkmal der Obliegenheit z. B. Soergel/Teichmann[11], Vor § 241 Rdn. 7; MünchKomm/Kramer[2], Einl. zu § 241 Rdn. 44; Wieling, AcP 176 (1976), 334, 346; Hanau, AcP 165 (1965), 220, 237; Larenz, BGB AT[6], § 12 II d (S. 194); Esser/Schmidt, SchuldR I[6], § 6 VI 3 (S. 94); Winkler v. Mohrenfels, S. 26ff.

[2] Zur Abgrenzung der Obliegenheiten aus dem Blickwinkel der Sanktionen, insbesondere unter dem Gesichtspunkt des Fehlens von Schadensersatzansprüchen, R. Schmidt, Obliegenheiten, S. 315; Soergel/Teichmann[11], Vor § 241 Rdn. 7; v. Tuhr, BGB AT I, § 4 III; Larenz, BGB AT[7], § 12 II d; Wieling, AcP 176 (1976), 334, 346; Fikentscher, Schuldrecht[7], § 16 II 3; Winkler v. Mohrenfels, S. 26ff.; Hanau, AcP 165 (1965), 220, 237f.

[3] zu den Obliegenheiten als Pflichten oder Gebote „im eigenen Interesse" des Belasteten Esser, Schuldrecht[2], § 28 5 c; Esser/Schmidt, Schuldrecht I[6], § 6 VI 3 (S. 94); Larenz, BGB AT[7], § 12 II d; Fikentscher, Schuldrecht[7], § 8 4 (S. 29); v. Tuhr, BGB AT I, § 4 III; MünchKomm/Kramer[2], Einl. zu § 241 Rdn. 44; Palandt/Heinrichs[48], Einl. v. § 241 Anm. 4b; Hanau, AcP 165 (1965), 220, 237f.

[4] s. R. Schmidt, Obliegenheiten, S. 104; Wieling, AcP 176 (1976), 334, 346; Winkler v. Mohrenfels, S. 26ff.; Esser/Schmidt, Schuldrecht I[6], § 6 VI 3 (S. 94)

[5] zur „schwächeren Sanktion" bei Obliegenheitsverletzung in Gestalt des Verlustes einer günstigen Rechtsposition Larenz, BGB AT[7], § 12 II d; MünchKomm/Kramer[2], Einl. zu § 241 Rdn. 44

es ihm nicht im Grunde frei, der sogenannten Pflicht nicht nachzukommen und damit die Rechtsfolgen (Verlust seiner Einrede) über sich ergehen zu lassen[6]? Wird nicht in der Literatur darauf hingewiesen, daß das Unterlassen der Belehrung „auf eigenes Risiko" des Anwalts gehe[7], so daß sich die Annahme aufdrängt, daß die Rechtsordnung das Schweigen des Anwalts „nicht in dem gleichen Maße mißbilligt wie die Verletzung einer Rechtspflicht"[8]? Wurde nicht oben die Nähe der Offenbarungs„pflicht" zum Gedanken des dolus praesens aufgezeigt[9] und kann man nicht wie allgemein für Obliegenheiten sagen, daß „keine Pflicht zu der obliegenheitsmäßigen Handlung [eben der spontanen Offenbarung] besteht", ja, daß die Offenbarung als solche vielleicht nicht einmal wünschenswert ist[10], daß es jedoch (und zwar gewissermaßen „nur") „widersprüchlich ist, sie zunächst zu unterlassen und dann einen damit unvereinbaren Standpunkt einzunehmen"[11], nämlich sich nun auf die mittlerweile und wegen Unkenntnis des Gegners eingetretene Verjährung zu berufen?

Derartige Gesichtspunkte knüpfen (zum Teil jedoch nur scheinbar) an den vielfältigen Versuchen an, bestimmte Verhaltensanforderungen unter dem Begriff der „Obliegenheiten" von den „Rechtspflichten" zu unterscheiden. Aber schon diese auf eine unversöhnliche Gegensätzlichkeit beider Kategorien zusteuernde Fragestellung kann nicht für sich beanspruchen, gesicherter Terminologie zu entsprechen: Ebensowenig wie es bis heute geklärt ist, welche Kriterien überhaupt maßgeblich sind, um bestimmte Verhaltensanforderungen als „Obliegenheiten" zusammenzufassen[12], ebensowenig herrscht Einigkeit darin, ob es sich bei den Obliegenheiten um – von den Rechtspflichten wirklich abzugrenzende – „Lasten"[13] oder aber nicht doch um „Rechtspflichten", wenn auch vielleicht

---

[6] vgl. die Beschreibung der (in heutiger Terminologie:) Obliegenheiten bei v. Tuhr, BGB AT I, § 4 III (S. 100); Esser/Schmidt, Schuldrecht I^{6}, § 6 VI 3 (S. 94).

[7] Borgmann/Haug^{2}, S. 270

[8] vgl. die Beschreibung der Obliegenheit bei Larenz, BGB AT^{7}, § 12 II d; Hanau, AcP 165 (1965), 220, 239

[9] s. oben S. 21 ff., allerdings S. 24 f. schon oben auch dazu, daß die Offenbarungspflicht nicht allein auf diesen Gesichtspunkt gestützt werden kann.

[10] s. oben S. 21 f.

[11] s. bezogen auf die Obliegenheit Hanau, AcP 165 (1965), 220, 239; zur Obliegenheit als Ausfluß der exceptio doli generalis, als „Sonderzweig des venire contra factum proprium-Prinzips", R. Schmidt, Obliegenheiten, S. 114, 317; Deutsch, Fahrlässigkeit, S. 58 m. w. Nwen.; kritisch Staudinger/Weber11, II. Band, Teil 1a, Einl., Rdn. M 20; Canaris, Vertrauenshaftung, S. 199, Fn. 19.

[12] s. zur Übersicht Staudinger/Schmidt^{12}, Einl. zu §§ 241 ff. Rdn. 221 ff.; Henß, Obliegenheit und Pflicht im Bürgerlichen Recht, 1988.

[13] s. insbes. Hanau, AcP 165 (1965), 220, 239

um solche „geringerer Intensität"[14], „mit abgeschwächter Sanktion" bzw. „ohne unmittelbaren Zwang" handelt[15].

Im Rahmen dieser Arbeit ist es nicht erforderlich, die Problematik der Obliegenheiten als besonderer Kategorie der Verhaltensanforderungen in voller Breite aufzurollen. Es bestehen schon erhebliche Zweifel, ob Ableitungen aus einem allgemeinen Begriff der „Obliegenheit" (den Reimer Schmidt aus dem Versicherungsrecht in die allgemeine Rechtslehre transponiert hat) überhaupt möglich und insbesondere von praktischer Bedeutung sind[16]. Fruchtbarer scheint es, die Pflicht zur spontanen Offenbarung in folgender Weise näher zu beschreiben (und in diesem Rahmen zur Verdeutlichung gleichzeitig aus Sicht einiger Unterscheidungsvorschläge von den Obliegenheiten abzugrenzen):

Wenn man vom Telos der Rechtssätze ausgeht und fragt, in wessen Interesse die Erwartung besteht, daß das eigene Fehlverhalten offenbart wird, dann liegt die Annahme einer Obliegenheit sehr fern; denn schon die oben dargestellten Argumente *gegen* eine Offenbarungspflicht indizieren, daß der pflichtwidrig Handelnde gerade nicht in seinem eigenen Interesse gehalten ist, die Pflichtwidrigkeit spontan zu offenbaren. Selbst der „Nachteil", die „günstige Rechtsposition" in Gestalt der Verjährungseinrede gegenüber dem primären Regreßanspruch nicht geltend machen zu können, wenn das Fehlverhalten nicht offenbart wird, ist ja gegenüber dem Vorteil, im Falle des Schweigens wahrscheinlich gar nicht in Anspruch genommen zu werden, kein wirklicher Nachteil[17]. Die Offenbarungspflicht dient vielmehr zentral dazu, dem Gegner zur Durchsetzung *seiner* Ansprüche zu verhelfen. Nicht von ungefähr wurde die Belehrungspflicht oben an die *Fremdnützigkeit* eines Vertrages angekoppelt und davon abhängig gemacht, daß ein beim Vertragspartner bestehendes Kompetenzdefizit auszugleichen ist. Im Rahmen der Verjährungsproblematik wird über den Schadensersatzanspruch bei Verletzung der Offenbarungspflicht erreicht, daß im Interesse des Gegners lediglich ein „Leistungsverweigerungsrecht" ausgeschaltet

---

[14] zu den Obliegenheiten als „Pflichten geringerer Intensität" insbes. R. Schmidt, Obliegenheiten, S. 104, 314f.; Deutsch, Fahrlässigkeit, S. 59; kritisch Hanau, AcP 165 (1965), 220, 238; dagegen wiederum Bydlinski, Privatautonomie, S. 84; Canaris, Vertrauenshaftung, S. 198f.

[15] vgl. hierzu nur die Darstellung der „Verbindlichkeitstheorie" und der „Obliegenheitstheorie" bei Wieling, AcP 176 (1976), 334, 347; ferner Staudinger/Weber[11], Einl. zu § 241 Rdn. M 13f.; Henß, Obliegenheit und Pflicht im Bürgerlichen Recht, 1988.

[16] so zutr. Bydlinski, Privatautonomie, S. 84; Canaris, Vertrauenshaftung, S. 199; Staudinger/Schmidt[12], Einl. zu §§ 241ff. Rdn. 242f.

[17] wobei hier von der Frage abgesehen sei, ob der Nachteil, nämlich die gesetzlich oder vertraglich für die Versäumung von Obliegenheiten vorgesehene Rechtsfolge, überhaupt bei der Prüfung der Interessenlage herangezogen werden darf; verneinend R. Schmidt, Obliegenheiten, S. 104

wird. Dem Berufsangehörigen wird von der Rechtsordnung keineswegs die Wahl gelassen, ob er der Offenbarungspflicht im eigenen Interesse nachkommen will; dies könnte man nur dann annehmen, wenn man der Auffassung wäre, „daß auch bei den wirklichen Rechtspflichten der Verpflichtete immer die Wahl hat, die ihm vorgeschriebene Handlung vorzunehmen, oder sich den Rechtsfolgen des Ungehorsams (Strafe, Ersatz, Zwangsvollstreckung) zu unterziehen“[18]; aus diesem Blickwinkel könnte von einer – im Interesse eines anderen auferlegten – Rechtspflicht überhaupt nicht mehr gesprochen werden. Wenn die Rechtsordnung – wie bei der Offenbarungspflicht – durch Schadensersatz ein dem vorgeschriebenen Verhalten möglichst nahekommendes Resultat herzustellen versucht, zeigt sie gerade, daß sie die Pflicht im Interesse eines anderen statuiert und dem Verpflichteten keine echte Entscheidungsfreiheit eröffnen will[19]. Versetzt man sich schießlich in die Lage des Begünstigten und sieht man das Wesen der Obliegenheit darin, daß dieser „gerade kein Interesse daran hat, daß der Belastete die geforderte Handlung vornimmt“[20] – Beispiel: § 377 HGB -, (auch) dann stellt die Offenbarungspflicht ganz ohne Zweifel eine „echte“ Rechtspflicht dar.

Ebensowenig kann man im Sinne der „Voraussetzungs-“ oder „Bedingungstheorie“ davon sprechen, daß die Offenbarung des eigenen Fehlverhaltens als Beobachtung des „obliegenden Verhaltens“ tatbestandliche Voraussetzung zur Entstehung oder Erhaltung des Gläubigerrechts (hier: der Verjährungseinrede) sei[21]. Die Verjährungseinrede ist vielmehr umgekehrt nur ausnahmsweise ausgeschlossen, wenn eine Belehrung nicht erfolgt ist, obwohl sie aufgrund bestimmter Umstände im Einzelfall notwendig gewesen wäre.

Auch der Sanktionsgesichtspunkt vermag die Offenbarungspflicht nicht in die Kategorie der Obliegenheiten zu drängen. Richtig ist zwar, daß die Rechtsordnung bezogen auf die Offenbarungspflicht in den meisten Fällen nicht über eine besondere Sanktion den Anreiz dazu gibt, das eigene Fehlverhalten zu offenbaren. Man ist sogar versucht zu sagen, daß zumeist die einzige „Sanktion“ z. B. für den schweigenden Anwalt darin besteht, daß er doch noch den Schadensersatz leisten muß, den er von vornherein – *gleichermaßen auch bei Erfüllung der Offenbarungspflicht* – zu leisten gehabt

---

[18] v. Tuhr, BGB AT I, § 4 III (S. 100), der trotz „dieser auf der Unvollkommenheit aller Zwangsmittel beruhenden Argumentation“ Rechtspflichten und (in heutiger Terminologie:) Obliegenheiten unter dem Blickwinkel der Entscheidungsmöglichkeit unterscheidet, aber zu Recht ausführt, daß die Grenze „rechtsphilosophisch nicht ganz einwandfrei“ zu ziehen sei.

[19] so zutr. (allg.) v. Tuhr, BGB AT I, § 4 III (S. 100f.)

[20] Wieling, AcP 176 (1976), 334, 348

[21] Nachweise für diese Aufassung bei Staudinger/Weber[11], Einl. zu § 241 Rdn. M 12; s. ferner OLG Hamm, VersR 1970, 319, 320

hätte: Denn der materielle Schadensersatzanspruch des Mandanten vergrößert sich durch die Verletzung der Offenbarungspflicht nicht[22]. Man kann deshalb in Wahrheit noch nicht einmal davon sprechen, daß das Unterlassen „auf eigenes Risiko" des Anwalts gehe; denn eigentlich geht das Unterlassen der Belehrung immer auf Risiko des Mandanten, da dieser möglicherweise niemals von seinen Ansprüchen erfährt oder aber doch vielleicht erst nach Eintritt der endgültigen Verjährung (3 Jahre nach Entstehung des sekundären Schadensersatzanspruchs oder spätestens drei Jahre nach der Beendigung des Auftrags). Aber abgesehen von grundsätzlichen Bedenken dagegen, Verhaltensanforderungen „am System des 'Zwanges'" auszurichten und zu unterscheiden[23], ist es zweifelhaft, ob diese „wertende Gesamtbetrachtung" im Rahmen des Sanktionsgesichtspunkts für die Abgrenzung der Obliegenheiten von den (durch Schadensersatzansprüche „teleologisch" sanktionsbewehrten) Rechtspflichten zulässig ist oder ob nicht – enger und „formaler" – darauf abgestellt werden muß, daß die erstrebten Rechtsfolge („Versagung der Verjährungseinrede") gerade doch über einen Schadensersatzanspruch erreicht wird; im übrigen zeigt (auch) das Beispiel der vergeblichen Inanspruchnahme eines nur vermeintlich Verantwortlichen durch den Gegner als Folge des Verschweigens der eigenen Verantwortlichkeit des Informationsverpflichteten[24], daß die Sanktion „Schadensersatz" (wertend: „Vergrößerung des Schadensersatzanspruchs") als Folge der Offenbarungspflichtverletzung nicht per se ausgeschlossen ist, sondern nur von der konkreten Erfüllung des Tatbestandsmerkmal „Schaden" abhängt; die Verletzung der Pflicht zur Offenbarung eigenen Fehlverhaltens hat also wie die Verletzung einer jeden anderen Rechtspflicht dann (aber auch nur dann) einen Schadensersatzanspruch zur Folge, wenn im konkreten Fall ein Schaden eingetreten ist.

Bleibt das Kriterium des Fehlens von Erfüllungsansprüchen und/oder von Klage- und Vollstreckungsmöglichkeiten. Hier in der Tat ist der einzige ernsthafte Anknüpfungspunkt für eine Einordnung der Offenbarungspflicht als Obliegenheit zu finden. Denn die hier zu erörternde spontan zu erfüllende Offenbarungspflicht ist nicht klagbar: „Was eingeklagt werden muß, ist nicht spontan erbracht."[25] Das genannte Abgrenzungsmerkmal wird jedoch nicht zuletzt deshalb kritisiert, weil danach auch die sogenannten Naturalobligationen (oder allgemeiner: sämtliche unvollkommenen

[22] Borgmann/Haug[2], S. 270
[23] dazu insbes. Esser, AcP 154 (1955), 49, 50
[24] oben S. 23f.
[25] oben S. 51 Fn. 37

Verbindlichkeiten[26]) sowie alle Nebenpflichten eines Vertrages[27] unter den gleichen Begriff (den der Obliegenheit) gebracht werden müssen[28]. Und gerade als eine solche „Nebenpflicht", besser: als sog. „weitere Verhaltenspflicht" eines Vertrages in Gestalt einer „vertragszielbezogenen Nebenpflicht"[29] (und sinnvollerweise [nur] von den Leistungspflichten sowie insbesondere von der Hauptleistungspflicht abzugrenzende Pflicht) ist diejenige zur spontanen Offenbarung eigenen Fehlverhaltens richtigerweise einzuordnen[30]. Ihr steht ein sog. unentwickelter Informationsanspruch gegenüber[31], dessen Erfüllung nicht verlangt und nicht eingeklagt werden kann, dessen Nichterfüllung jedoch Schadensersatzansprüche zur Folge hat[32].

---

[26] die Terminologie schwankt ebenso wie die sachliche Abgrenzung; s. dazu hier nur Staudinger/Schmidt[12], Einl. zu §§ 241 ff. Rdn. 244 ff., 246

[27] dazu, daß diese zum großen Teil (aber keineswegs durchgängig) nicht einklagbar sind, hier nur Stürner, JZ 1976, 384 ff.; Larenz, Schuldrecht AT[13], § 2 I (S. 11); MünchKomm/Kramer[2], § 241 Rdn. 14 m. w. Nwen.

[28] Staudinger/Schmidt[12], Einl. zu §§ 241 ff. Rdn. 229; nach Henß (S. 110) handelt es sich bei den Obliegenheiten und den vertragszielbezogenen Nebenpflichten um komplementäre Mittel: Die Obliegenheiten konturieren das Schuldverhältnis von der Gläubigerseite her, während die vertragszielbezogenen Nebenpflichten dies von der Schuldnerseite her tun.

[29] s. oben S. 43 f.

[30] Die aus einem Vertrag resultierenden und von den Haupt- und Neben*leistungs*pflichten unterschiedenen Nebenpflichten (Treue- und Sorgfaltspflichten) werden mit den unterschiedlichsten Begriffen gekennzeichnet; der von Heinrich Stoll (AcP 136 [1932], 257, 298 ff.) geprägte Ausdruck „Schutzpflichten" trifft nur auf einen Teil der „weiteren Verhaltenspflichten" zu, s. hierzu an dieser Stelle nur Larenz, SchuldR AT[14], § 2 I (S. 9 ff.) m. w. Nwen.; Henß, S. 106 ff.; zur Benachrichtigungspflicht des § 666 als unselbständiger Nebenpflicht oben S. 51; zur Kennzeichnung als Schutzpflicht Winkler v. Mohrenfels, S. 22 ff.; Staudinger/Wittmann[12], § 666 Rdn. 1. – Dazu, daß die hier zu erörternde, spontan zu erfüllende Offenbarungspflicht nicht als Hauptleistungspflicht eines Vertrages in Betracht kommt, oben S. 49 ff.

[31] zum Begriff „unentwickelter Anspruch" Kreß, Lehrbuch des Allgemeinen Schuldrechts, § 23; zum „unentwickelten Informationsanspruch" Ehmann, AcP 188 (1988), 230, 254

[32] Nach zum Teil vertretener Auffassung (z. B. G. Husserl, Festschrift Pappenheim, S. 87, 123 f. m. w. Nwen.) gehört die zwangsweise Durchsetzbarkeit dagegen zum „Wesen" der Forderung; anders zu Recht Larenz, Schuldrecht AT[14], § 2 III m. w. Nwen.; zur Kategorie der „unklagbaren Ansprüche" ferner Reuss, AcP 154 (1955), 485, 514 f.; H.A. Neumann, Der vertragliche Ausschluß der Klagbarkeit, S. 2 ff.; für „scholastisch" hält Kramer (MünchKomm/Kramer2, Einl. zu § 241, Rdn. 43 (Fn. 101) die Kontroverse.

§ 8 Der Einfluß der Offenbarungspflicht auf die Beweislast

Auf den ersten Blick stellt sich die Pflicht zum ungefragten Eingestehen eines eigenen Fehlers aus zivilrechtlicher und zivilprozessualer Sicht als prinzipienwidrig dar. Denn das materielle Zivilrecht läßt in einer Fülle von Einzelnormen erkennen, daß die prozessual bedeutsame Beweislast für ein Fehlverhalten bei demjenigen liegt, der aus dem Fehlverhalten eine für ihn günstige Rechtsfolge ziehen will[1]. Es gilt der Satz, daß zumindest die objektive Pflichtwidrigkeit vom Gegner des pflichtwidrig Handelnden zu beweisen ist[2]. Eine Pflicht zum unaufgeforderten Offenbaren eines eigenen Fehlverhaltens scheint diese Beweislast umzukehren und den hinter der Beweislastverteilung stehenden Gedanken des Rechtsfriedens[3] zu untergraben: Während an sich der aktuelle Angreifer der gegenwärtigen Besitzstandsverteilung mit einem größeren Risiko und größeren Lasten belegt wird als derjenige, der sich auf den status quo beruft[4], und zwar auch dann, wenn der

---

[1] Auf die unterschiedlichen dogmatischen Wege zur Begründung des nahezu einhelliger Auffassung entsprechenden Ergebnisses, daß die Beweislastentscheidung aus dem Inhalt der materiellen Rechtssätze zu ermitteln ist und daß im Prinzip jede Partei die Beweislast für das Vorhandensein der Voraussetzungen der ihr günstigen Normen trägt, an dieser Stelle nur Rosenberg/Schwab, Zivilprozeßrecht[14], § 118 II

[2] Statt aller Prütting, Gegenwartsprobleme der Beweislast, S. 221; Musielak, AcP 176 (1976), 465, 467; RGRK-Alff[12], § 276 Rdn. 144; Palandt/Heinrichs[48], § 282 Anm. 2 a; m. w. Nwen.; dies gilt auch dann, wenn damit negative Tatsachen, z. B. eine unvollständige Beratung, bewiesen werden müssen: BGH VersR 1985, 42, 44 m. umfangr. Nwen. Die Auffassung, wonach die Gefahrenbereichslehre auf die objektive Pflichtwidrigkeit auszudehnen sei (Prölss, Beweiserleichterungen, S. 79; ders., ZZP 82 [1969], 468, 472; Larenz, Schuldrecht AT[11], S. 304, weitgehend wieder aufgegeben von dems., Festschrift Hauß, S. 225, 234ff.; dems., Schuldrecht AT[14], § 24 I b), hat sich nicht durchgesetzt; abl. z. B. neben den bereits Genannten Stürner, Aufklärungspflicht, S. 5; Rosenberg/Schwab[14], § 118 II 3 a (S. 719) m. w. Nwen. – Eine andere (hier nicht zu erörternde) Frage ist allerdings, welche *inhaltlichen* Anforderungen an die Beweisführung zu stellen sind.

[3] Zum Schutz des Rechtsfriedens als (einem) der Beweislast zugrundeliegenden Gedanken genauer Leipold, Beweislastregeln, S. 46ff.; Stürner, Aufklärungspflicht, S. 5, beide auch zu abweichenden Deutungen; dazu, daß die Beweislastverteilung nicht nur einem einzigen sachlichen Prinzip folgt, umfassend ferner Prütting, Gegenwartsprobleme, S. 227f., 230ff. m. w. Nwen. (zur Wahrung des Rechtsfriedens z. B. S. 250, 258).

[4] Hierzu schon Burckhard, Die Civilistischen Präsumtionen, S. 132; Beckh, Beweislast, S. 15ff.; Cüppers, Beiträge zur Lehre von der Beweislast, S. 25; Endemann, Lehrbuch des Bürgerlichen Rechts, I/1[8], S. 496ff.; aus neuerer Zeit (und zu Recht auf „eine[r] eher psychologische[n] Ebene“ [Prütting, Gegenwartsprobleme, S. 251] über den zu kurz greifenden Gedanken rein faktischen Besitzstandsschutzes hinausgehend) Leipold, Beweis-

gegenwärtige Angriff einen früher einmal existenten Besitzstand wiederherstellen soll, wenn also ein jetzt abgeschlossener Angriff „ungeschehen" gemacht oder kompensiert werden soll, wird nun jemand dazu verpflichtet, unaufgefordert auf seine Pflichtwidrigkeit als den in der Vergangenheit liegenden Angriff hinzuweisen und damit praktisch erst den Auslöser für die eigene Inanspruchnahme als den gegenwärtigen (genauer: einen zukünftigen) Angriff zu geben.

Mit einer spontan zu erfüllenden Offenbarungspflicht wird jedoch keine Änderung der Beweislastverteilung bewirkt. Denn im Streitfall hat derjenige, der sich auf die Verletzung der Offenbarungspflicht beruft, deren Voraussetzungen und also auch eine frühere, dann später zu offenbarende Pflichtwidrigkeit des Gegners zu beweisen[5]. Die Beweislage hinsichtlich der die Offenbarungspflicht auslösenden Pflichtwidrigkeit ändert sich also nicht.

Richtig ist allerdings, daß derjenige, der der ihm obliegenden Offenbarungspflicht tatsächlich („freiwillig") nachkommt, damit seinem Gegner auch das Material für einen aus der zugrundeliegenden Pflichtverletzung resultierenden Schadensersatzanspruch oder für sonstige Sanktionen an die Hand gibt. Aber würde und sollte dieser zur Offenbarung Bereite seiner Schadensersatzpflicht nicht ebenso „freiwillig" nachkommen wie der darauf erst aufbauenden und jene effektivierenden Offenbarungspflicht? Im übrigen wird man kaum sagen können, daß die Beweislastverteilung die Aufgabe habe, das Risiko des fehlenden Anfangsverdachts zu verteilen und damit die Totenstille der Unwissenheit als höherwertig über die materielle Gerechtigkeit zu stellen. Die von der Beweislastverteilung mit erstrebte „Ruhe" bezieht sich nicht auf einen generellen Vorrang des Nichteintritts von Rechtsfolgen, sondern auf das im Prozeß sich ergebende non liquet; in dieser Situation wird „im Zweifel" der bestehenden Lage der Vorzug vor Veränderungen gegeben, weil dies bei einem Beweislasturteil mit seiner Gefahr einer Abweichung vom materiell richtigen Urteil als das geringere Übel erscheint[6].

Aus Gesichtspunkten der Beweislastverteilung lassen sich damit keine durchgreifenden Bedenken gegen die Statuierung spontan zu erfüllender Offenbarungspflichten herleiten.

---

lastregeln, S. 51; Schwab, Festschrift Bruns, S. 505, 518; Prütting, Gegenwartsprobleme, S. 250f.

[5] der Auftraggeber hat die Voraussetzungen des § 666 zu beweisen, insbesondere auch die Erforderlichkeit von Nachrichten, s. RGRK-Steffen[12], § 666 Rdn. 28

[6] näher Leipold, Beweislastregeln, S. 47

§ 9 Zusammenfassung und Thesen

1. Die Pflicht zur Offenbarung eigenen Fehlverhaltens wendet den Blick wertend zurück; sie verlangt vom Offenbarenden einen Vergleich seines tatsächlichen Verhaltens mit einer Sollensordnung. Eine Rechtspflicht zur Offenbarung kommt nur bei einem Verstoß gegen rechtsnormativ begründete Pflichten in Betracht.

2. Die Pflicht zur spontan zu erbringenden Information über die eigene frühere Pflichtwidrigkeit stellt eine sog. weitere Verhaltenspflicht eines Vertrages in Gestalt einer „vertragszielbezogenen Nebenpflicht", keine Leistungspflicht dar. Ihr steht ein unentwickelter, nicht einklagbarer Informationsanspruch gegenüber. Sie läßt sich positivrechtlich auf § 666 1. Alt. BGB und dessen Tochternormen stützen; dabei handelt es sich um eine gesetzliche Konkretisierung des Grundsatzes von Treu und Glauben.

3. Eine Pflicht zur Offenbarung eigenen Fehlverhaltens kollidiert dann nicht mit dem strafrechtlichen Schutz vor Selbstbelastung, wenn eine Zweckentfremdung der Information durch ein prozessuales Verwertungsverbot verhindert wird. Im übrigen bewirkt der Grundsatz der Selbstbezichtigungsfreiheit, daß eine Offenbarungspflicht nur dort besteht, wo das berechtigte Interesse der anderen Partei gegenüber den Schweigeinteressen des pflichtwidrig Handelnden überwiegt.

4. Es sind verschiedene Stufen des Umfangs an geschuldeter Information möglich: Die Offenbarung kann sich auf das objektive Fehlverhalten als solches beschränken; ein Mehr an Informationen auf der Basis einer weitergehenden Wertung wird verlangt, wenn auch über die Zurechenbarkeit, also insbesondere das Verschulden aufzuklären ist. Auf der obersten Stufe steht die Belehrung über das Bestehen eines Schadensersatzanspruchs und gegebenenfalls dessen Verjährung.

5. Die Offenbarungs- oder Belehrungspflicht kann aus zwei unterschiedlichen Blickwinkeln heraus begründet sein:

a) Unter einem „sachlichen" Aspekt geht es um die Frage, ob ein vertragliches Leistungsprogramm nur bei Offenbarung des eigenen Fehlverhaltens oder gar nur bei Belehrung über daraus resultierende Ansprüche sachgerecht (weiter-)verfolgt werden kann. Kriterien, welche in ihrer Kumulation eine Informationspflicht indizieren, sind hier: Wahrnehmung fremder Interessen, enge Vertrauensbeziehung, faktische Unmöglichkeit einer fachlichen Kontrolle der Tätigkeit des Interessenwahrers durch den Vertragspartner sowie Erforderlichkeit der Information zur Befriedigung des im Zentrum des Vertrages stehenden Leistungsinteresses. Die Erforderlichkeit bestimmt zugleich den unter 4. dargestellten Umfang an geschuldeter Information.

In dieser Fallgruppe kommen primär die Angehörigen der vermögensbetreuenden Expertenberufe als Adressaten der Offenbarungspflicht in Betracht, z.B. Rechtsanwälte, Steuerberater, Wirtschaftsprüfer, Notare, Patentanwälte, kammerangehörige Rechtsbeistände, baubetreuende Architekten. Der Arzt ist dagegen weder aus dem Blickwinkel der therapeutischen Beratung noch unter dem Gesichtspunkt der „wirtschaftlichen Aufklärung" zur Offenbarung der Eigenbewertung einer zurückliegenden Behandlung als „fehlerhaft" verpflichtet.

b) Der zweite („personale") Aspekt erfaßt die Offenbarung als Auslöser für eine Kündigung des Vertrages seitens der anderen Vertragspartei. Ob man diesen Weg überhaupt beschreiten soll, scheint zweifelhaft. Bejaht man dies, können aber nur folgende Kriterien in ihrer Kumulation eine Informationspflicht tragen: Wahrnehmung höchstpersönlicher Interessen des Vertragspartners, enge Vertrauensbeziehung, faktische Unmöglichkeit einer fachlichen Kontrolle der Tätigkeit des Interessenwahrers durch den Vertragspartner, Vorliegen einer groben Pflichtverletzung.

Aus diesem Blickwinkel ist vor allem der Arzt möglicher Adressat der Offenbarungspflicht; sie gründet sich hier auf das Selbstbestimmungsrecht des Patienten.

Literaturverzeichnis

Ahrens, Hans-Jürgen: Ärztliche Aufzeichnungen und Patienteninformation – Wegmarken des BGH, NJW 1983, 2609ff.

Alexander-Katz, Richard: Rechtsanwaltschaft und Patentanwaltschaft, Berlin 1902

Alternativkommentar zum BGB, Kommentar zum Bürgerlichen Gesetzbuch, Band 3, Besonderes Schuldrecht, Neuwied 1979

Andreas, Manfred: Anm. zu BGH, U. v. 1.2.1983 – VI ZR 104/81 –, ArztR 1983, 180f.

Auernhammer, Herbert: Das Bundesdatenschutzgesetz, 2. Aufl., Köln 1981

Bach, Peter: Anm. zu LG Köln, U. v. 23.2.1983 – 9 S 9/82 –, VersR 1983, 961

Bachmann, Margot: Aufklärung über Kunstfehler, FAZ Nr. 155 v. 9.7.1986, S. 28

Bacon, Francis: Essayes, Religious Meditations, London 1598

Baden, Eberhard: „Wirtschaftliche Aufklärungspflichten" in der Medizin, NJW 1988, 746ff.

Bai, Koichi: Patients' Autonomy in Japan viewed in Terms of Consent, Jus medicum 10 (1984), 7ff.

Baldus, Wilhelm: Änderung einiger Bestimmungen in der ärztlichen Berufsordnung, DÄBl. 1979, 1573ff.

Ballerstedt, Kurt: Zur Auslegung der §§ 635, 638 BGB bei den verschiedenen Werkvertragstypen, Festschrift für Karl Larenz, München 1973, S. 717ff.

Balthasar, Klaus-Peter: Der allgemeine Informationsanspruch des Betriebsrats, München 1986

Barrett, D.C.: Annotation. When statute of limitations begins to run upon action against attorney for malpractice, 18 A.L.R. 3d 978 (1968)

Bartelt, Hans-Joachim: Die Verjährung nach § 68 Steuerberatungsgesetz, DStR 1978, 520f.

Bauer, G.: Die Sorgfaltspflicht des Arztes, Forensia 1985, 197ff.

Baumbach, Adolf/Hueck, Alfred/Hueck, Götz/Schulze-Osterloh, Joachim/Zöllner, Wolfgang: GmbH-Gesetz, 15. Aufl., München 1988

Baumgärtel, Gottfried/Wittmann, Arno: Die Beweislastverteilung im Arzthaftungsprozeß, JA 1979, 113ff.

Beckh, Hermann: Die Beweislast nach dem Bürgerlichen Gesetzbuch, München 1899

Benkard, Georg: Kommentar zum Patentgesetz, Gebrauchsmustergesetz, Patentanwaltsgesetz, 4. Aufl., München 1963

Berkowsky, Wilfried: Die personen- und verhaltensbedingte Kündigung, München 1986

Beyerle, Franz: Die Treuhand im Grundriß des deutschen Privatrechts, Weimar 1932

Biedenkopf, Kurt H.: Über das Verhältnis wirtschaftlicher Macht zum Privatrecht, Festschrift für Franz Böhm, Karlsruhe 1965, S. 113ff.

– Vertragliche Wettbewerbsbeschränkung und Wirtschaftsverfassung, Heidelberg 1958

Bindhardt, Walther: Pflicht zur Offenbarung der Mängel des eigenen Architektenwerkes, Dt. ArchBl. 1978, 1073 f.

Bindhardt, Walther/Jagenburg, Walter: Die Haftung des Architekten und seine strafrechtliche Verantwortung, 8. Aufl., Düsseldorf 1981

Bochnik, H.J./Gärtner, H./RichtbergW.: Ärztliche Aufklärung zwischen Vertrauen und Alibi, VersR 1981, 793ff.
Böhme, Lothar: Die Aufklärungspflicht bei Vertragsverhandlungen, Jur. Diss. Göttingen 1963/64
Boergen, Rüdiger: Die vertragliche Haftung des Rechtsanwalts, Berlin 1968
Bokelmann, Erika: Grobe Fahrlässigkeit, Karlsruhe 1973
Bonner Handbuch der Steuerberatung, herausgeg. von Josef Cichon und Wolfgang Späth, Bonn, Stand: März 1989
Borgmann, Brigitte: Haftpflichtfragen, AnwBl. 1984, 497f.
– Korrespondierende Pflichten aus dem Anwaltsvertrag: Die Informationspflicht des Mandanten und die Aufklärungspflicht des Anwalts, Festschrift für Fritz Ostler, Stuttgart 1983, S. 1ff.
Borgmann, Brigitte/Haug, Karl H.: Anwaltshaftung, 2. Aufl., Frankfurt 1986
Brandner, Hans Erich: Der Anwalt als Regreßschuldner, AnwBl. 1969, 384ff.
Brüggemeier, Gert: Deliktsrecht, Baden-Baden 1986
Buchholtz, Dirk: Personenbedingte Kündigung, 3. Aufl., Bergisch-Gladbach 1985
– Verhaltensbedingte Kündigung, 4. Aufl., Bergisch-Gladbach 1985
Burckhard, Hugo: Die Civilistischen Präsumtionen, Weimar 1866
Bydlinski, Franz: Privatautonomie und objektive Grundlagen des verpflichtenden Rechtsgeschäftes, Wien 1967
Canaris, Claus-Wilhelm: Die Vertrauenshaftung im deutschen Privatrecht, München 1971
– Noch einmal: Zinsberechnungsklauseln beim Annuitätendarlehen, NJW 1987, 2407ff.
Carl, Hermann: Anm. zu RG, U. v. 17.5.1938 – III 172/38 –, JW 1938, 2968f.
Carstensen, G./ Schreiber, H.-L.: Die Anzeige- und Offenbarungspflicht des Arztes, Mitteilungen der Deutschen Gesellschaft für Chirurgie 1986, 121ff.
Cohn, Haim H.: The Privilege against Self-Incrimination, Länderbericht Israel, 51 J. Crim. L, Crim. & P.S. (1960/61), 175ff.
Coing, Helmut: Rechtsformen der privaten Vermögensverwaltung, insbesondere durch Banken in USA und Deutschland, AcP 167 (1967), 99ff.
Cüppers, Joseph: Beiträge zur Lehre von der Beweislast, Jur. Diss. Bonn 1902
v. Degenkolb: Der spezifische Inhalt des Schadensersatzes, AcP 76 (1890), 1ff.
Dehner: Anm. zu BGH, U. v. 20.1.1982 – IVa ZR 314/80 –, LM StBerG Nr. 18
Deutsch, Erwin: Anm. zu OLG Köln, U. v. 26.11.1987 – 7 U 108/87 –, NJW 1988, 2306f.
– Anm. zu BGH, U. v. 10.2.1987 – VI ZR 68/86 –, NJW 1987, 1480f.
– Arztrecht und Arzneimittelrecht, Berlin 1983
– Der Begriff der Fahrlässigkeit im Obligationenrecht, Festschrift für Max Keller, Zürich 1989, S. 105ff.
– Fahrlässigkeit und erforderliche Sorgfalt, Köln 1963
– Haftungsrecht, Erster Band: Allgemeine Lehren, Köln 1976
– Rechtswidrigkeitszusammenhang, Gefahrerhöhung und Sorgfaltsausgleichung bei der Arzthaftung, Festschrift für Ernst v. Caemmerer, Tübingen 1978, S. 329ff.
– Reform des Arztrechts. Ergänzende Regeln für das ärztliche Vertrags-(Standes-) und Haftungsrecht?, NJW 1978, 1657ff.
– Theorie der Aufklärungspflicht des Arztes, VersR 1981, 293ff.
– Vertrauen und Recht im Arzt- und Patientenverhältnis, Arztrecht 1980, 289ff.
– Der Zeitpunkt der ärztlichen Aufklärung und die antezipierte Einwilligung des Patienten, NJW 1979, 1905ff.
Dietz, Rolf: Anspruchskonkurrenz bei Vertragsverletzung und Delikt, Bonn 1934
Dilcher, Hermann: Geldkondemnation und Sachkondemnation in der mittelalterlichen Rechtstheorie, SZ (Rom) 78 (1961), 277ff.
Dingeldey, Thomas: Der Schutz der strafprozessualen Aussagefreiheit durch Verwer-

tungsverbote bei außerstrafrechtlichen Aussage- und Mitwirkungspflichten, NStZ 1984, 529ff.
Dittenberger: Die Haftungsbeschränkung, AnwBl. 1921, 211ff.
Düringer, Adalbert/Hachenburg, Max: Das Handelsgesetzbuch, V. Band, 2. Hälfte, 3. Aufl., Mannheim 1932
Dunz, Walter: Zur Praxis der zivilrechtlichen Arzthaftung, Karlsruhe 1974
Eberhardt, Dietrich: Selbstbestimmungsrecht des Patienten und ärztliche Aufklärungspflicht im Zivilrecht Frankreichs und Deutschlands, Karlsruhe 1968
Ehmann, Horst: Informationsschutz und Informationsverkehr im Zivilrecht, AcP 188 (1988), 230ff.
Emmerich, Volker: Besprechung von BGH, u. v. 23. 2. 1989 - IX ZR 236/86 -, JuS 1989, 668
The Jewish Encyclopedia, Bd. I, New York, London 1901
Endemann, Friedrich: Lehrbuch des Bürgerlichen Rechts, I/1, 8. Aufl., Berlin 1903
Engisch, Karl: Einführung in das juristische Denken, 7. Aufl., Stuttgart 1977
– Die Idee der Konkretisierung in Recht und Rechtswissenschaft unserer Zeit, Heidelberg 1953
– Untersuchungen über Vorsatz und Fahrlässigkeit, Berlin 1930
Enneccerus, Ludwig/Nipperdey, Hans Carl: Allgemeiner Teil des Bürgerlichen Rechts, 1. Halbband, 15. Aufl., Tübingen 1959, 2. Halbband, Tübingen 1960
Enneccerus, Ludwig/Lehmann, Heinrich: Recht der Schuldverhältnisse, 15. Aufl., Tübingen 1958
Erdsiek, Gerhard: Verfassungswidrigkeit des § 142 StGB?, NJW 1963, 633ff.
Erman, Walter: Beiträge zur Haftung für das Verhalten bei Vertragsverhandlungen, AcP 139 (1934), 273ff.
– Handkommentar zum Bürgerlichen Gesetzbuch, 1. Bd., 7. Aufl., Münster 1981
Esser, Josef: Besprechung von Schmidt, Reimer, Die Obligationen, Karlsruhe 1953, AcP 154 (1955), 49 ff.
– Schuldrecht, 2. Aufl., Karlsruhe 1960
Esser, Josef/Schmidt, Eike: Schuldrecht, Band I, 6. Aufl., Heidelberg 1984
Esser, Josef/Weyers, Hans-Leo: Schuldrecht, Band II, 6. Aufl., Heidelberg 1984
Evers, Bernd: Anm. zu OLG Frankfurt, U. v. 1.12.1977–16 U 33/77 –, VersR 1979, 776
Fehse, Michael: Der Behandlungsvertrag und die wirtschaftliche Aufklärung, MedR 1986, 115ff.
Fenzl, Friedrich/Völkl, Wolfgang/Völkl, Evelyn: Die Haftung der rechtsberatenden Berufe im Spiegel der Rechtsprechung, ÖJZ 1986, 394ff., 417ff.
Fikentscher, Wolfgang: Schuldrecht, 7. Aufl., Berlin 1985
Fischer, Gerfried: Anm. zu BGH, U. v. 10.3.1981 – VI ZR 202/79 –, JR 1981, 501ff.
Flume, Werner: Allgemeiner Teil des Bürgerlichen Rechts, 2. Band, Das Rechtsgeschäft, 3. Aufl., Berlin : 1979
Francke, Robert/Hart, Dieter: Ärztliche Verantwortung und Patienteninformation, Stuttgart 1987
Franzki, Dietmar: Die Beweisregeln im Arzthaftungsprozeß, Berlin 1982
Franzki, Harald: Arzthaftung – ein neues Aufgabenfeld für den Gesetzgeber?, DRiZ 1978, 257ff.
Franzki, Harald/Franzki, Dietmar: Waffengleichheit im Arzthaftungsprozeß, NJW 1975, 2225ff.:
Friedländer, Adolf/Friedländer, Max: Kommentar zur Rechtsanwaltsordnung vom 1. Juli 1878, 3. Aufl., München 1930
Fritze: Anm. zu BGH, U. v. 4.7.1975 – I ZR 115/73 –, GRUR 1976, 369f.
Fromme, Friedrich Karl: Ein neues Grundrecht ist erfunden, FAZ v. 17.12.1983, S. 12

Füchsel, Konrad: Zum Anerkennungsverbot bei Verkehrsunfällen, NJW 1967, 1215f.
Füllgraf, Lutz: Zur wirtschaftlichen Aufklärungspflicht des Arztes, NJW 1984, 2619ff.
Gadow, Wilhelm: Die Einrede der Arglist, Jher.Jahrb. 84 (1934), 174ff.
Ganten, Hans: Anm. zu BGH, U. v. 15.6.1978 - VII ZR 15/78, NJW 1978, 2593
- Unverzügliche, umfassende und uneigennützige Beratungspflicht des Architekten, Dt. ArchBl. 1978, 1073
- Beratungspflichten des Architekten, BauR 1974, 78ff.
- Pflichtverletzung und Schadensrisiko im privaten Baurecht, Bielefeld 1974
Gaupp, Rolf Dietrich: Beweisfragen im Rahmen ärztlicher Haftungsprozesse, Jur. Diss. Tübingen 1969
Geßler, Ernst/Hefermehl, Wolfgang/Eckardt, Ulrich/Kropff, Bruno: Aktiengesetz, Bd. 2 (§§ 76–147), München 1973/74
Ghestin, Jacques: Traité de droit civil, Les obligations, Le contrat, Paris 1980
Giesen, Dieter: Anm. zu BGH, U. v. 1.10.1987 - IX ZR 117/86 -, JZ 1988, 660f.
v. Godin, Reinhard Freiherr/Wilhelmi, Hans/Wilhelmi, Sylvester: Aktiengesetz, Band I (§§ 1–178), 4. Aufl., Berlin 1971
Gola, Peter: Zur Entwicklung des Datenschutzrechts im Jahre 1984, NJW 1985, 1196ff.
- Zur Entwicklung des Datenschutzrechts im Jahre 1985, NJW 1986, 1913ff.
Goldhahn, Richard/Hartmann, Werner: Chirurgie und Recht, Stuttgart 1937
Gräfe, Jürgen/Suhr, Gerhard: Die Haftung des Steuerberaters, Herne 1978
Grevi, Vittorio: „Nemo tenetur se detegere", Milano 1972
Großkommentar zum Aktiengesetz, 1. Band, 2. Halbband (§§ 76–147), 3. Aufl., Berlin 1973
Großkommentar zum HGB: Das Handelsgesetzbuch, Großkommentar, begründet von Hermann Staub, 1. Band, 3. Aufl., Berlin 1967; 5. Band, 1. Halbband, 3. Aufl., Berlin 1980
Grunewald, Barbara: Zur Haftung von Fachleuten im Zivilrechtsverkehr, JZ 1982, 627ff.
Grunsky, Wolfgang: Der Ersatz fiktiver Kosten bei der Unfallschadensregulierung, NJW 1983, 2465ff.
Gubernatis, Gabriele: Zur Offenbarungspflicht bei ärztlicher Fehlbehandlung, JZ 1982, 363ff.
Günther, Hans-Ludwig: Die Schweigebefugnis des Tatverdächtigen im Straf- und Bußgeldverfahren aus verfassungsrechtlicher Sicht, GA 1978, 193ff.
Hachenburg, Max: Gesetz, betreffend die Gesellschaften mit beschränkter Haftung (GmbHG), 2. Band (§§ 13–52), 7. Aufl., Berlin 1979
Händel, Konrad: Anm. zu BGH, U. v. 21.2.1964–4 StR 519/63 –, NJW 1964, 1139ff.
Hahn, Werner: Offenbarungspflichten im Umweltschutzrecht, Köln 1984
Hanack, E.W.: Rechtspflicht des Arztes bei Erkennen fehlerhafter Behandlung, Med. Klinik 1965, 1263
Hanau, Peter: Objektive Elemente im Tatbestand der Willenserklärung, AcP 165 (1965), 220ff.
Hanau, Peter/Preis, Ulrich: Anm. zu BAG, U. v. 24.11.1987–8 AZR 524/82 –, JZ 1988, 1072ff.
Hartwieg, Oskar: Culpa in contrahendo als Korrektiv für „ungerechte" Verträge, JuS 1973, 733ff.
Hasskarl, Horst: Sicherheit durch Information im Arzneimittelrecht, NJW 1988, 2265ff.
Haug, Karl H.: Die Verjährung von Haftpflichtansprüchen gegen Notare, DNotZ 1977, 472ff.
Haug, Ulrich: Informationelle Strategien im Arbeitsrecht, Berlin 1988
Heck, Philipp: Grundriß des Schuldrechts, Tübingen 1929

Hegel, Georg Wilhelm Friedrich: Grundlinien der Philosophie des Rechts, herausgeg. v. Johannes Hoffmeister, 4. Aufl., Hamburg 1955
Heinrichs, Helmut: Reform des Verjährungsrechts?, NJW 1982, 2021 ff.
Heldrich, Andreas: Die Bedeutung der Rechtssoziologie für das Zivilrecht, AcP 186 (1986), 74 ff.
Hellwig: Die Notlage des Reichsgerichts, JW 1910, 305 ff.
Henckel, Wolfram: Die ergänzende Vertragsauslegung, AcP 159 (1960/61), 106 ff.
Henkel, Heinrich: Einführung in die Rechtsphilosophie, 2. Aufl., München 1977
Henß, Olaf: Obliegenheit und Pflicht im Bürgerlichen Recht, Frankfurt 1988
Herding, Walter/Schmalzl, Max: Vertragsgestaltung und Haftung im Bauwesen, 2. Aufl., München 1967
Heußner, Hermann: Datenverarbeitung und die Rechtsprechung des Bundesverfassungsgerichts im Spannungsfeld zwischen Recht und Politik, AuR 1985, 309 ff.
– Probleme des Datenschutzes in der Sozialversicherung, ZVersWiss. 1978, 57 ff.
Heymann, Ernst: Handelsgesetzbuch, Band 1 (Einl.; §§ 1–104), Berlin 1989
Hildebrandt, Heinz: Erklärungshaftung, Berlin 1931
v. Hippel, Eike: Verbraucherschutz, 3. Aufl., Tübingen 1986
Hönn, Georg Paul: Betrugs-Lexicon, Coburg 1724
Hönn, Günther: Kompensation gestörter Vertragsparität, München 1982
Hoffmanns, Helmut: Nachwirkende Nebenpflichten von Schuldverhältnissen, Jur. Diss. Köln 1986
Hohloch, Gerhard: Ärztliche Dokumentation und Patientenvertrauen, NJW 1982, 2577 ff.
Holder, Angela Roddey: Medical Malpractice Law, 2. Aufl., New York 1978
Hoppenz, Rainer: Die unterhaltsrechtliche Pflicht zu ungefragter Information, FamRZ 1989, 337 ff.
Hopt, Klaus J.: Nichtvertragliche Haftung außerhalb von Schadens- und Bereicherungsausgleich, AcP 183 (1983), 608 ff.
– Was ist von den Sozialwissenschaften für die Rechtsanwendung zu erwarten?, JZ 1975, 341 ff.
Huber, Ulrich: Zur Haftung des Verkäufers wegen positiver Vertragsverletzung, AcP 177 (1977), 281 ff.
Hübner, Arthur/Drost, H.: Ärztliches Haftpflichtrecht, Berlin 1955
Hübner, Ulrich: Die Berufshaftung – ein zumutbares Berufsrisiko?, NJW 1989, 5 ff.
Hueck, Alfred: Der Treuegedanke im modernen Privatrecht, München 1947
Hueck, Alfred/Nipperdey, Hans Carl: Lehrbuch des Arbeitsrechts, 1. Band, 7. Aufl., Berlin 1963
Husmann, Johann Hermann: Die Problematik in der Praxis bei Mitteilung und Übergabe ärztlicher Befunde, in: Mergen, Armand (Hrsg.), Die juristische Problematik in der Medizin, Bd.2, München 1971, S. 183 ff.
Husserl, Gerhart: Negatives Sollen im Bürgerlichen Recht, Festschrift für Max Pappenheim, Breslau 1931, S. 87 ff.
Isele, Walter: Bundesrechtsanwaltsordnung, Essen 1976
Jagenburg, Walter: Die Entwicklung des Architektenrechts 1985/86, NJW 1987, 2974 ff.
Jakobs, Horst Heinrich: Der Architektenvertrag im Verhältnis zum Dienst- und Werkvertragsrecht, Festschrift für Kurt Ballerstedt, Berlin 1975, S. 355 ff.
– Unmöglichkeit und Nichterfüllung, Bonn 1969
Kalvelage: Alles erfaßt – nichts passiert?, HÄBl. 1987, 124 ff.
Karakatsanes, Johannes: Zur Zweckgebundenheit des Anspruchs aus § 249 S. 2 BGB bei noch nicht durchgeführter Herstellung, AcP 189 (1989), 19 ff.
Kaser, Max: Römisches Privatrecht, 14. Aufl., München 1986

Kern, Bernd-Rüdiger/Laufs, Adolf: Die ärztliche Aufklärungspflicht, Berlin 1983
Keuk, Brigitte: Vermögensschaden und Interesse, Bonn 1972
Kleiber, Manfred: Iatrogene Todesfälle – medizinische und rechtliche Probleme, HÄBl. 1989, 43ff.
Kleinewefers, Herbert: Zum Rechtsverhältnis zwischen Arzt und Patient, VersR 1963, 297ff.
Klingler, Joachim: Aufklärungspflichten im Vertragsrecht, Düsseldorf 1981
Kloepfer, Michael: Datenschutz als Grundrecht, Königstein 1980
Kloppenborg, Josef: Ärztliche Aufklärungspflicht beim alten Menschen, MedR 1986, 18ff.
Köhler, Helmut: Abstrakte oder konkrete Berechnung des Geldersatzes nach § 249 Satz 2 BGB? Festschrift für Karl Larenz, München 1983, S. 349ff.
Kölner Kommentar zum Aktiengesetz, herausgeg. von Wolfgang Zöllner, Band 2, 1. Lieferung (§§ 76–94), 2. Aufl., Köln 1989
Köpcke, Günther: Typen der positiven Vertragsverletzung, Stuttgart 1965
Kramer, Ernst August: Die „Krise“ des liberalen Vertragsdenkens, München, Salzburg 1974
Krause, Peter: Das Recht auf informationelle Selbstbestimmung, BVerfGE 65, 1, JuS 1984, 268ff.
Kreß, Hugo: Lehrbuch des Allgemeinen Schuldrechts, München 1929
Kühne, Hans Heiner: Anm. zu BVerfG, Beschl. v. 13.1.1981 – 1 BvR 116/77 –, EuGRZ 1981, 313
Kuhlen, Lothar: Typuskonzeptionen in der Rechtstheorie, Berlin 1977
Kuwert, Joachim: Allgemeine Haftpflichtversicherung, 3. Aufl., Wiesbaden 1988
Laband, Paul: Zum zweiten Buch des Entwurfes eines bürgerlichen Gesetzbuches für das Deutsche Reich, AcP 74 (1889), 299ff.
Laicher, Eberhard: Quo vadis Datenschutz?, DuD 1983, 21ff.
Lammel, Siegbert: Verträge auf Interessenwahrung, in: Vertragsschuldverhältnisse, München 1974, S. 259ff.
Lange, Hermann: Schadensersatz, Tübingen 1979
Larenz, Karl: Zur Beweislastverteilung nach Gefahrenbereichen, Festschrift für Fritz Hauß, Karlsruhe 1978, S. 225ff.
– Lehrbuch des Schuldrechts, 1. Band, Allgemeiner Teil, 14. Aufl., München 1987
– Lehrbuch des Schuldrechts, 2. Band, Besonderer Teil, 1. Halbband, 13. Aufl., München 1986
– Methodenlehre der Rechtswissenschaft, 5. Aufl., Berlin 1983
– Die Prinzipien der Schadenszurechnung, JuS 1965, 373ff.
– Typologisches Rechtsdenken, ARSP 34 (1940/41), 20ff.
– Schuldrecht, Allgemeiner Teil, 11. Aufl., München 1976
– Allgemeiner Teil des deutschen Bürgerlichen Rechts, 7. Aufl., München 1989
– Hegels Zurechnungslehre und der Begriff der objektiven Zurechnung, Leipzig 1927
Lauer, Jürgen: Vorvertragliche Informationspflichten (insbesondere gegenüber Verbrauchern) nach schweizerischem, deutschem und französischem Recht, Bern 1983
Laufs, Adolf: Arztrecht, 4. Aufl., München 1988
– Die Entwicklung des Arztrechts im Jahre 1977/78, NJW 1978, 1177ff.
Leenen, Detlef: Typus und Rechtsfindung, Berlin 1971
Leipold, Dieter: Beweislastregeln und gesetzliche Vermutungen, Berlin 1966
Leipziger Kommentar zum Strafgesetzbuch, 1. Band (Einl., §§ 1–31), 10. Aufl., Berlin 1985
Leithoff, Horst: Die Problematik der Aufklärung des Patienten über ärztliche Fehlbehandlung, Geburtshilfe und Frauenheilkunde 1978, 247ff.

Leonhard, Franz: Besonderes Schuldrecht des BGB, München 1931
Levis, Madeline-Claire: Zivilrechtliche Anwaltshaftpflicht im schweizerischen und US-amerikanischen Recht, Jur. Diss. Zürich 1980, Zürich 1981
de Leyssac, C. Lucas: L'obligation de renseignements dans les contrats, in: Loussouarn, Yvon/Lagarde, Paul (Hrsg.), L'information en droit privé, Paris 1978, S. 305ff.
Lieberwirth, Ralf: Das Schmerzensgeld, 3. Aufl., Heidelberg 1965
Lingenberg, Joachim/Hummel, Fritz: Kommentar zu den Grundsätzen des anwaltlichen Standesrechts, Köln 1981
Lingenberg, Joachim/Hummel, Fritz/Zuck, Rüdiger/Eich, Alexander: Kommentar zu den Grundsätzen des anwaltlichen Standesrechts, 2. Aufl., Köln 1988
Linnenkohl, Karl/Rauschenberg, H.-J.: Anm. zu LAG BW, U. v. 11.7.1985 – 7 Sa 97/84 –, BB 1986, 1715f.
Lippert, Hans-Dieter: Die Mitwirkungspflichten von Ärzten bei der Schadensaufklärung nach Fehlbehandlungen im Krankenhaus, MedR 1987, 176ff.
Littbarski, Sigurd: Verjährungsrechtliche Divergenzen im Sachmängelrecht, NJW 1981, 2331ff.
Locher, Horst: Anm. zu BGH, U. v. 24.5.1973 – VII ZR 92/71 –, BauR 1973, 323f.
– Das private Baurecht, 4. Aufl., München 1988
Loewenfeld, Theodor: Über den Dienst-, Werk- und Auftragsvertrag nach dem Entwurfe des bürgerlichen Gesetzbuches, in: Adams/Wilke/Mecke/Hartmann/Erythropel (Hrsg.), Gutachten aus dem Anwaltstande über die erste Lesung des Entwurfs eines Bürgerlichen Gesetzbuches, Berlin 1890, S. 858ff.
Lorenz, Egon: Immaterieller Schaden und „billige Entschädigung in Geld", Berlin 1981
Lüderitz, Alexander: Ausforschungsverbot und Auskunftsanspruch bei Verfolgung privater Rechte, Tübingen 1966
Lüke, Gerhard: Der Informationsanspruch im Zivilrecht, JuS 1986, 1ff.
Luhmann, Niklas: Vertrauen, 2. Aufl., Stuttgart 1973
Maass, Hans-Heinrich: Information und Geheimnis im Zivilrecht, Stuttgart 1970
Mallach, Hans Joachim/Weiser, Alfons: Kompetente gesetzliche Regelung der Leichenschau, Festschrift für Helmut Narr, Berlin 1988, S. 65ff.
Marburger, Peter: Die Regeln der Technik im Recht, Köln 1979
Martin, Pierre: Probleme des Rechtsschutzes, ZSR 107 II (1988), 1ff.
Matthies, Karl-Heinz: Probleme der Verjährung bei Anrufen einer ärztlichen Gutachter- oder Schlichtungsstelle, VersR 1981, 1099ff.
– Schiedsinstanzen im Bereich der Arzthaftung: Soll und Haben, Berlin 1984
Maunz, Theodor/Dürig, Günter/Herzog, Roman/Scholz, Rupert/u.a.: Grundgesetz, München, Stand. Nov. 1988
Mayer-Maly, Theo: Rechtsirrtum und Rechtsunkenntnis als Probleme des Privatrechts, AcP 170 (1970), 133ff.
McNaughton, John T.: The Privilege against Self-Incrimination, 51 J. Crim. L, Crim. & P.S. (1960/61), 138ff.
Medicus, Dieter: Vertragliche und deliktische Ersatzansprüche für Schäden aus Sachmängeln, Tübinger Festschrift für Eduard Kern, Tübingen 1968, S. 313ff.
– Schadensersatz und Billigkeit, VersR 1981, 593ff.
– Zum Stand der Überarbeitung des Schuldrechts, AcP 188 (1988), 168ff.
– Allgemeiner Teil des BGB, 3. Aufl., Heidelberg 1988
Meinecke, Georg: Die ärztliche „Unfallflucht, in: Allgemeiner Patienten-Verband (Hrsg.), Ärztefehler – pfuschen und vertuschen, Frankfurt 1985, S. 20ff.
Meisner, Christian/Heinrich, Robert: Anwaltsbrevier, 2. Aufl., Berlin 1971
Meister, Herbert: Datenschutz und Privatrechtsordnung, BB 1976, 1584ff.
– Datenschutz im Zivilrecht, 2. Aufl., Bergisch Gladbach 1981

– Orwell, Recht und Hysterie, DuD 1984, 162ff.
– Das Schutzgut des Datenrechts, DuD 1983, 163ff.
Mertens, Hans-Joachim: Das Recht des Geschäftsführers der GmbH, Berlin 1979
– Die gesetzlichen Einschränkungen der Disposition über Ersatzansprüche der Gesellschaft durch Verzicht und Vergleich in der aktien- und konzernrechtlichen Organhaftung, Festschrift für Hans-Joachim Fleck, Berlin 1988, S. 209ff.
Mestern, Armand: Der Patentanwalt, Berlin 1932
Mestmäcker, Ernst-Joachim: Über die normative Kraft privatrechtlicher Verträge, JZ 1964, 441ff.
Meyer-Landrut, Joachim/Miller, F. Georg/Niehus, Rudolf J.: Gesetz betreffend die Gesellschaften mit beschränkter Haftung (GmbHG), Berlin 1987
Meyer-Lindemann, Hans Jürgen: Die Bedeutung der Schadensersatzhaftung des Verkäufers für unterlassene Aufklärung von Sachmängeln, Frankfurt 1987
Moser, Gabriele: Beratungs- und Hinweispflichten des Architekten, Der Architekt 1986, 111f.
Motzer, Stefan: Die „positive Vertragsverletzung" des Arbeitnehmers, Köln 1982
Mückenberger, Ulrich: Legitimation durch Realitätsverleugnung, KJ 1971, 248ff.
Mühlbauer, Thomas: Haftpflichtfragen, AnwBl. 1979, 475ff.
Mühsam-Werther, Georg: Beweislast im Anwaltsregreßprozeß, JW 1925, 1362f.
Müller, Klaus: Die Pflichten des Anwalts in Zusammenhang mit der Führung des Prozesses, JR 1969, 161ff.
Münchener Kommentar zum Bürgerlichen Gesetzbuch, Band 1 (§§ 1–240), 2. Aufl., München 1984; Band 2 (§§ 241 – 432), 2. Aufl., München 1985; Band 3, 1. Halbband (§§ 433 – 651 k), 2. Aufl., München 1988; Band 3, 2. Halbband (§§ 652–853), 2. Aufl., München 1986
Musielak, Hans-Joachim: Beweislastverteilung nach Gefahrenbereichen, AcP 176 (1976), 465ff.
Mutze, Otto: Zur Geltendmachung von Schadensersatzansprüchen der Mandanten gegen Steuerberater und Steuerbevollmächtigte, StB 1977, 149ff.
– Zur Verjährung von Schadensersatzansprüchen gegen Steuerberater und Steuerbevollmächtigte, StB 1976, 93ff.
Narr, Helmut: Ärztliches Berufsrecht, 2. Aufl., Köln, Stand: Jan. 1988
Neuenfeld, Klaus: Handbuch des Architektenrechts, Stuttgart, Stand: Februar 1986
Neumann, Hans-Adolf: Der vertragliche Ausschluß der Klagbarkeit eines privatrechtlichen Anspruchs im deutschen und im deutschen internationalen Recht, Jur. Diss. München 1967
Neumann, Angelika: Fremdkörper, sub operationem zurückgelassener, in: Heinrich, Peter (Hrsg.), Das Operationsrisiko, Weinheim 1987, S. 172f.
Neuner, Robert: Interesse und Vermögensschaden, AcP 133 (1931), 277ff.
Niemöller, Martin/Schuppert, Gunnar Folke: Die Rechtsprechung des Bundesverfassungsgerichts zum Strafverfahrensrecht, AöR 107 (1982), 387ff.
Nikisch, Arthur: Arbeitsrecht, I. Band, 2. Aufl., Tübingen 1955
Nirk, Rudolf: Rechtsvergleichendes zur Haftung für culpa in contrahendo, RabelsZ 18 (1953), 310ff.
Nothhelfer, Martin: Die Freiheit von Selbstbezichtigungszwang, Heidelberg 1989
Oertmann, Paul: Rechtsordnung und Verkehrssitte insbesondere nach Bürgerlichem Recht, Leipzig 1914
Opderbecke, Hans Wolfgang: Schwerwiegende Folgen einer „Verrechtlichung" der Medizin, Arzt im Krankenhaus 1982, 229ff.
Pagel, Julius: Medicinische Deontologie, Berlin 1897
Palandt, Otto: Bürgerliches Gesetzbuch, 48. Aufl., München 1989

Parker, Reginald: Das Privatrecht der Vereinigten Staaten von Amerika, Wien 1960

Deutscher Patienten-Schutzbund e.V.: Der DPS nimmt Stellung, Betrifft: Patienten-Anspruch auf Herausgabe der Krankenakte, o.O., o.J.

Peters, Frank/Zimmermann, Reinhard: Verjährungsfristen, in: Bundesminister der Justiz (Hrsg.), Gutachten und Vorschläge zur Überarbeitung des Schuldrechts, Bd. 1, Köln 1981, S. 77ff.

Pollock, Sir Frederick: Principles of Contract, 9. Aufl., London 1921

Prinz, Matthias: Der juristische Supermann als Maßstab, VersR 1986, 317ff.

Probst, S.: Zur Verjährung von Schadenersatzansprüchen nach § 51 BRAO, AnwBl. 1977, 20

Prölss, Jürgen: Anm. zu BGH, U. v. 17.12.1968 – VI ZR 212/67 –, ZZP 82 (1969), 468

– Beweiserleichterungen im Schadensersatzprozeß, Karlsruhe 1966

Prölss, Erich Robert/Martin, Anton: Versicherungsvertragsgesetz, 24. Aufl., München 1988

Prütting, Hanns: Gegenwartsprobleme der Beweislast, München 1983

Rabel, Ernst: Das Recht des Warenkaufs, Band I, Berlin 1936

Raiser, Ludwig: Vertragsfunktion und Vertragsfreiheit, in: Festschrift zum hundertjährigen Bestehen des Deutschen Juristentages, Bd. 1, Karlsruhe 1960, S. 101ff.

Rehhahn, Hans: Die Sicherungspflichten des Arbeitnehmers, RdA 1979, 216ff.

Reich, Norbert: Schuldrechtliche Informationspflichten gegenüber Endverbrauchern, NJW 1978, 513ff.

Reich, Norbert/Micklitz, Hans-W.: Verbraucherschutzrecht in der Bundesrepublik Deutschland, 1980

RGRK: Das Bürgerliche Gesetzbuch, Kommentar, herausgeg. von Mitgliedern des Bundesgerichtshofes, Band 1 (§§ 1–240), 12. Aufl., Berlin 1982; Band II, 1. Teil (§§ 241–413), 12. Aufl., Berlin 1976; Band II, 4. Teil (§§ 631–811), 12. Aufl., Berlin 1978

Reuss, Karl Friedrich: Die Intensitätsstufen der Abreden und die Gentlemen-Agreements, AcP 154 (1955), 485ff.

Reutlinger, Heinrich: Die Anzeigepflicht im Vertragsrecht, eine Nebenpflicht nach Treu und Glauben, Jur. Diss. Zürich 1945

Rieger, Hans-Jürgen: Aufklärung des Patienten über Behandlungsfehler, DMW 1986, 234f.

– Lexikon des Arztrechts, Berlin 1984

Riezler, Erwin: Venire contra factum proprium, Leipzit 1912

Rill, Heinz Peter: Das Grundrecht auf Datenschutz, DuD 1983, 96ff.

Rinke, Winfried: Kein Ersatz fiktiver Operationskosten? DAR 1987, 14f.

Rinsche, Franz-Josef: Der sekundäre Schadensersatzanspruch gegen den Rechtsanwalt, VersR 1987, 239ff.

Rogall, Klaus: Der Beschuldigte als Beweismittel gegen sich selbst, Berlin 1977

Roscher, Falk: Vertragstheorie mit Herrschaftsfunktion?, ZRP 1972, 111ff.

Rosenberg, Leo/Schwab, Karl Heinz: Zivilprozeßrecht, 14. Aufl., München 1986

Roth, Günter: Gesetz betreffend die Gesellschaften mit beschränkter Haftung (GmbHG), München 1983

Roth, Wulf-Henning: Der Vergütungsanspruch bei schlechter Leistung im Recht der freien Berufe, VersR 1979, 494ff.

Rowedder, Heinz: Gesetz betreffend die Gesellschaften mit beschränkter Haftung (GmbHG), München 1985

Sack, Rolf: Produzentenhaftung und Produktbeobachtungspflicht, BB 1985, 813ff.

Säcker, Franz-Jürgen: Gruppenautonomie und Übermachtkontrolle im Arbeitsrecht, Berlin 1972

Savatier, René: Les contrats de conseil professionnel en droit privé, D. 1972, Chron. 137ff.
Schäfer, Hans/Finnern, Richard/Hochstein, Reiner: Rechtsprechung zum privaten Baurecht, Düsseldorf, Stand: Mai 1989
Schaub, Günter: Arbeitsrechts-Handbuch, 6. Aufl., München 19877
Scheffler: Anm. zu BGH, U. v. 11.7.1967 – VI ZR 41/66 – und U. v. 2.7.1968 – VI ZR 39/67 –, AnwBl. 1969, 50ff.
Scheuerle, Wilhelm: Finale Subsumtionen, AcP 167 (1967), 305ff.
Schiemann, Gottfried: Argumente und Prinzipien bei der Fortbildung des Schadensrechts, München 1981
– Der freie Dienstvertrag, JuS 1983, 649ff.
Schlegelberger, Franz: Handelsgesetzbuch, Kommentar, Band 2, 5. Aufl., München 1973; Band 6, 5. Aufl., München 1977
Schlenker, Gerhard: Das „berufsunwürdige Handeln" des Arztes, München 1973
Schlund, G.H.: Zur neuen Gebührenordnung für Ärzte – insbesondere zur Auswirkung der Entscheidung des BGH (VI ZR 104/81 – ArztR 1983, 177ff.) vom 1.2.1983 auf die GoÄ 1982, ArztR 1983, 305ff.
Schmalzl, Max: Die Haftung des Architekten und des Bauunternehmers, 4. Aufl., München 1980
Schmid, Michael J.: Zur Haftung des Fahrers bei Beschädigung des Fahrzeugs anläßlich einer Probefahrt, JR 1980, 138ff.
Schmidt, Reimer: Die Obliegenheiten, Karlsruhe 1953
Schmidt-Rimpler, Walter: Grundfragen einer Erneuerung des Vertragsrechts, AcP 147 (1941), 130ff.
– Das Kommissionsgeschäft, in: Ehrenbergs Handbuch des gesamten Handelsrechts, Bd. 5, I. Abt., 1. Hälfte, Leipzig 1928, S. 477ff.
– Zum Problem der Geschäftsgrundlage, in: Festschrift für Hans Carl Nipperdey, München 1955, S. 1ff.
– Zum Vertragsproblem, in: Festschrift für Ludwig Raiser, Tübingen 1974, S. 3ff.
Schmidt-Salzer, Joachim: Rechtspolitische Grenzen der zivilrechtlichen Vertragsfreiheit, NJW 1971, 173ff.
Schneider, Volkmar: Die Leichenschau, Stuttgart 1987
Schönke, Adolf/Schröder, Horst: Strafgesetzbuch, 23. Aufl., München 1988
Scholz, Franz: GmbH-Gesetz, II. Band (§§ 41–85), 7. Aufl., Köln 1988
Schreiber, Hans-Ludwig: Recht und Ethik – am Beispiel des Arztrechts, in: Festschrift für Hanns Dünnebier, Berlin 1982, S. 633ff.
– Falldiskussionen aus rechtlicher, ethischer und medizinischer Sicht, Konsequenzen bei Kunstfehlern, Kommentar aus rechtlicher Sicht, in: v. Troschke, Jürgen/Schmidt, Helmut (Hrsg.), Ärztliche Entscheidungskonflikte, Stuttgart 1983, S. 187ff.
Schubert, W.: Anm. zu BGH, U. v. 16.3.1978 – VII ZR 145/76 –, JR 1979, 21f.
– Anm. zu BGH, U. v. 2.6.1980 – VIII ZR 78/79 –, JR 1981, 111f.
Schumacher, Rolf: Vertragsaufhebung wegen fahrlässiger Irreführung unerfahrener Vertragspartner, Bonn 1979
Schünemann, Wolfgang B.: Die positive Vertragsverletzung – eine kritische Bestandsaufnahme, JuS 1987, 1ff.
Schwab, Karl Heinz: Zur Abkehr moderner Beweislastlehren von der Normentheorie, Festschrift für Hans-Jürgen Bruns, Köln 1978, S. 505ff.
Schwark, Eberhard: Kaufvertragliche Mängelhaftung und deliktsrechtliche Ansprüche, AcP 179 (1979), 57ff.
Schwenzer, Ingeborg: Rückruf- und Warnpflichten des Warenherstellers, JZ 1987, 1059ff.
Senf: Zulässige Reklame, AnwBl. 1931, 226f.

Seybold: Anm. zu RG, U. v. 10.2.1937 – V 198/1936 –, DNotZ 1937, 416f.
Sick, Joachim: Beweisrecht im Arzthaftpflichtprozeß, Fankfurt 1986
Siebert, Wolfgang: Verwirkung und Unzulässigkeit der Rechtsausübung, Marburg 1934
Siegert, Karl: Besprechung von: Grevi, Vittorio, „Nemo tenetur se detegere“, Milano 1972, GA 1975, 156
Simitis, Spiros: Die informationelle Selbstbestimmung – Grundbedingung einer verfassungskonformen Informationsordnung, NJW 1984, 398ff.
Soergel, Theodor: Bürgerliches Gesetzbuch, Band I (§§ 1–432), 9. Aufl., Stuttgart 1959. Band 2 (§§ 241 – 610), 10. Aufl., Stuttgart 1967. Band 2/1 (§§ 241–432), 11. Aufl., Stuttgart 1986; Bd. 3 (§§ 516–704), 11. Aufl., Stuttgart 1980. Bd. I (§§ 1–240), 12. Aufl., Stuttgart 1988
Solbach, Günter: „Aufklärung“ des Patienten über wirtschaftliche Aspekte der Behandlung?, JA 1986, 419ff.
Solbach, Thomas: Arztstrafrechtliche Ermittlungsverfahren in Aachen, Med. Diss. Aachen 1985
Sonnenberger, Hans-Jürgen: Verkehrssitten im Schuldvertrag, München 1970
Späth, Wolfgang: Anm. zu LG Stuttgart, Urteil vom 24.11.1976–27 O 66/76 –, StB 1977, 82
– Anm. zu OLG Stuttgart, U. v. 26.5.1981–6 U 26/81 –, Stbg. 1983, 208f.
– Die zivilrechtliche Haftung des Steuerberaters, 3. Aufl., Bonn 1987
– Die berufliche Tätigkeit des Rechtsbeistands – Freier Beruf oder Gewerbe, Rbeistand 1979, 51ff.
– Verjährung von Schadensersatzansprüchen gegen den Steuerberater nach § 68 Steuerberatungsgesetz, StB 1976, 233ff.
– Verjährung von Schadensersatzansprüchen der Mandanten gegen Steuerberater und Steuerbevollmächtigte, StB 1977, 201ff.
Speiser, Harald: Einflüsse auf die Rechtsposition des Patienten, ÖJZ 1988, 744ff.
Staudinger, Julius v.: J. v. Staudingers Kommentar zum Bürgerlichen Gesetzbuch, I. Band, Allgemeiner Teil, 11. Aufl., Berlin 1957; II. Band, Teil 1 a, §§ 241, 243–248, 11. Aufl., Berlin 1967; II. Band, Teil 1 b, § 242, 11. Aufl., Berlin 1961. 2. Buch (§§ 243–254), 12. Aufl., Berlin 1983; 2. Buch (§§ 255–327), 12. Aufl., Berlin 1979; 2. Buch, (§§ 620–630), 12. Aufl., Berlin 1979; 2. Buch (§§ 657–740), 12. Aufl., Berlin 1980; 2. Buch (§§ 823–832), 12. Aufl., Berlin 1986
Steffen, Erich: Abkehr von der konkreten Berechnung des Personenschadens und kein Ende?, VersR 1985, 605ff.
Steindorff, Ernst: Anm. zu BGH, Urteil vom 6.11.1962 – VI ZR 29/62 –, JZ 1963, 370f.
Steinmüller, Wilhelm/Lutterbeck, B./Mallmann, C./Harbort, U./Kolb, G./Schneider, J.: Grundfragen des Datenschutzes, BT-Drucks. 6/3826
Stiefel, Ernst/Hofmann, Edgar: Kraftfahrtversicherung, 13. Aufl., München 1986
Stoll, Hans: Die Beweislastverteilung bei positiven Vertragsverletzungen, Festschrift für Fritz von Hippel, Tübingen 1967, S. 517ff.
– Haftungsverlagerung durch beweisrechtliche Mittel, AcP 176 (1976), 145ff.
Stoll, Heinrich: Abschied von der Lehre von der positiven Vertragsverletzung, AcP 136 (1932), 257ff.
– Anm. zu RG, U. v. 22.12.1925 – VI 374/25 –, JW 1926, 795
Strobel, Michael: Die Verdachtskündigung, Hamburg 1967
Ströfer, Joachim: „Beratungspflicht“ und Haftung beim Sterilisationsvertrag – „neue“ Wege im Arzthaftungsrecht?, VersR 1981, 796ff.
– Die Haftung bei Probefahrten mit einem Gebrauchtwagen, NJW 1979, 2553ff.
Studienkommentar zum BGB, 2. Aufl., Frankfurt 1979

Stürner, Rolf: Der Anspruch auf Erfüllung von Treue- und Sorgfaltspflichten, JZ 1976, 384ff.
– Die Aufklärungspflicht der Parteien des Zivilprozesses, Tübingen 1976
– Strafrechtliche Selbstbelastung und verfahrensförmige Wahrheitsermittlung, NJW 1981, 1757ff.
Systematischer Kommentar zum Strafgesetzbuch, Besonderer Teil, Frankfurt, Stand: Februar 1988
Taupitz, Jochen: Rechtliche Bindungen des Arztes: Erscheinungsweisen, Funktionen, Sanktionen, NJW 1986, 2851ff.
– Der praktische Fall, Bürgerliches Recht: Die enge Durchfahrt, JuS 1986, 980ff.
– Prozessuale Folgen der „vorzeitigen" Vernichtung von Krankenunterlagen, ZZP 100 (1987), 287ff.
– Die Standesordnungen der freien Berufe. Geschichtliche Entwicklung, Funktionen, Stellung im Rechtssystem, unveröff. Habilitationsschrift, Göttingen 1988
– Wertvorstellungen als Leitbilder ärztlichen Handelns: Rechtliche Bindungen des Arztes, Allgemeinmedizin 1987, 21ff.
Teichmann, Arndt: Nebenverpflichtungen aus Treu und Glauben, JA 1984, 545ff.
Tempel, Otto: Der Architektenvertrag, in: Vertragsschuldverhältnisse, München 1974, S. 155ff.
– Inhalt, Grenzen und Durchführung der ärztlichen Aufklärungspflicht unter Zugrundelegung der höchstrichterlichen Rechtsprechung, NJW 1980, 609ff.
Thomä, Karl: Auskunfts- und Betriebsprüfungsrecht der Verwaltung, Heidelberg 1955
v. Tuhr, Andreas: Der allgemeine Teil des Deutschen Bürgerlichen Rechts, I. Bd., Berlin 1910, II. Bd. 1. Hälfte, München 1914, II. Bd. 2. Hälfte, München 1918
Tunc, André: Torts, Chapter 1, Introduction, International Encyclopedia of Comparative Law, Vol. XI, Tübingen 1983, I – 1ff.
Uhlenbruck, W.: Das Recht und die Pflicht des Arztes zur restitutio ad integrum nach einem Behandlungsfehler, Festschrift für Walther Weißauer, Berlin 1986, S. 150ff.
Ullrich, Hanns: Lohngewähr oder Mängelgewährleistung, NJW 1984, 585ff.
van Venrooy, Gerd J.: Die Verjährung der Schadensersatzansprüche gegen Rechtsanwälte, Steuerberater, Wirtschaftsprüfer und Notare, DB 1981, 2364ff.
Vogelsang, Klaus: Grundrecht auf informationelle Selbstbestimmung? Baden-Baden 1987
Wacke, Andreas: Circumscribere, gerechter Preis und die Arten der List, SZ (Rom) 94 (1977), 184ff.
Welzel, Hans: Zur Problematik der Unterlassungsdelikte, JZ 1958, 494ff.
Wendt, Michael: Gegenstände, Bedingungen und Sorgfaltsanforderungen bei der privatrechtlichen Tätigkeit des Rechtsanwalts, Jur. Diss. Bremen 1984
Werres, Rüdiger: Aufklärungspflichten in Schuldverhältnissen und deren Grenzen, Jur. Diss. Köln 1985
Weyer, Friedhelm: Die Beratungspflichten des Architekten – insbesondere rechtliche und wirtschaftliche Beratung vor Vertragsschluß und während der Leistungsphasen 1–4 –, BauR 1987, 131ff.
Wieacker, Franz: Zur rechtstheoretischen Präzisierung des § 242 BGB, Tübingen 1956
– Privatrechtsgeschichte der Neuzeit, 2. Aufl., Göttingen 1967
– Das Sozialmodell der klassischen Privatrechtsgesetzbücher und die Entwicklung der modernen Gesellschaft, Karlsruhe 1953
Wieling, Hans Josef: Venire contra factum proprium und Verschulden gegen sich selbst, AcP 176 (1976), 334ff.
Wigmore, John Henry: A Treatise on the Anglo-American System of Evidence in Trials at Common Law, Vol. 8, 3d. ed., Boston 1940

Wilhelm, Dorothee: Verantwortung und Vertrauen bei Arbeitsteilung in der Medizin, Stuttgart 1984
Wilts, Walter/Kleinewefers, Herbert: Die zivilrechtliche Haftung des Arztes, in: Mergen, Armand (Hrsg.), Die juristische Problematik in der Medizin, Bd. 3, München 1971, S. 25ff.
Winkler v. Mohrenfels, Peter: Abgeleitete Informationsleistungspflichten im deutschen Zivilrecht, Berlin 1986
Würtenberger, Thomas: Zeitgeist und Recht, Tübingen 1987
Zeuner, Albrecht: Anm. zu BGH, U. v. 14.1.1986 – VI ZR 48/85 –, JZ 1986, 640f.
– Auskunftserteilung als Schadensersatz bei Geheimnisverrat, Festschrift für Walter Reimers, Berlin 1979, S. 217ff.
Zimmermann, Reinhard: „Sekundäre" und „tertiäre" Schadensersatzansprüche gegen den Rechtsanwalt, NJW 1985, 720f.
– Die Verjährung, JuS 1984, 409ff.
Zippelius, Reinhold: Die Verwendung von Typen in Normen und Prognosen, in: Festschrift für Karl Engisch, Frankfurt 1969, S. 224ff.
Zöllner, Wolfgang: Datenschutzrechtliche Aspekte der Bankauskunft, ZHR 149 (1985), 179ff.
– Die gesetzgeberische Trennung des Datenschutzes für öffentliche und private Datenverarbeitung, RDV 1985, 3ff.

Sachregister

Rolf Stürner

Die Aufklärungspflicht der Parteien des Zivilprozesses

Auch die nicht risikobelastete Partei des Zivilprozesses ist verpflichtet, letztlich alles zur Aufklärung des Sachverhalts Notwendige zu tun. Stürners Untersuchung bemüht sich um eine genaue Erarbeitung der Voraussetzungen der Aufklärungspflicht, konkretisiert ihren Inhalt und zeigt mögliche Grenzen auf.

1976. XXI, 404 Seiten (Tübinger Rechtswissenschaftliche Abhandlungen 44). Leinen.

Rolf Stürner

Die richterliche Aufklärung im Zivilprozeß

Die richterliche Aufklärung im Zivil- und Arbeitsgerichtsprozeß ist für die Zusammenarbeit von Richtern und Rechtsanwälten von grundlegender Bedeutung. Umfang und Grenzen der richterlichen Hinweispflicht spielen eine wesentliche Rolle bei Entscheidungen über die Wiedereröffnung der mündlichen Verhandlung zur besseren Sachaufklärung und bei Entscheidungen über die Präklusion verspäteten Vorbringens; versäumter richterlicher Hinweis ist ein Revisionsgrund. Stürner liefert mit seiner Arbeit eine Gesamtdarstellung der richterlichen Aufklärungspflicht im Zivil- und Arbeitsgerichtsprozeß.

1982. XI, 103 Seiten (Veröffentlichungen zum Verfahrensrecht 1). Leinen.

Handbuch des Internationalen Zivilverfahrensrechts

„Dieses auf vier Bände angelegte Handbuch will eine moderne, umfassende Darstellung des in der Bundesrepublik Deutschland geltenden internationalen Zivilprozeßrechts bieten und zwar in breit angelegten, vorbildlich systematisch geordneten und zugleich wissenschaftlich herausragenden Einzeldarstellungen zu den Hauptthemen des internationalen Zivilprozeßrechts."
PETER GOTTWALD in *Das Standesamt* (1984), Nr. 4

Band 1: *Hans Joachim Herrmann:* Supranationale und internationale Gerichte – *Jürgen Basedow:* Generalia zum europäischen Zivilprozeßrecht – *Jan Kropholler:* Internationale Zuständigkeit

1982. XXXVI, 570 Seiten. Leinen.

Band 3/1: *Dieter Martiny:* Anerkennung ausländischer Entscheidungen nach autonomem Recht

1984. XLV, 807 Seiten. Leinen.

Band 3/2: *Dieter Martiny:* Anerkennung nach multilateralen Staatsverträgen – *Jan Peter Waehler:* Anerkennung nach bilateralen Staatsverträgen – *Martin K. Wolff:* Vollstreckbarerklärung

1984. XXXVI, 595 Seiten. Leinen.